복 있는 사람
오직 여호와의 율법을 즐거워하여 그 율법을 주야로 묵상하는 자로다.
저는 시냇가에 심은 나무가 시절을 좇아 과실을 맺으며 그 잎사귀가 마르지 아니함 같으니
그 행사가 다 형통하리로다. (시편 1:2-3)

오늘의 한국과 세계는, 그리스도의 교회가 복음을 온전히 선포하며 하나님 나라의 샬롬을 이루어 가기를 절실히 요청하고 있다. 그러나 오늘의 한국 교회는 여러 면에서 심각히 타락해 가고 있음을 부인할 수 없다. 교회의 본래 사명을 제대로 감당하지 못할뿐더러, 오히려 시대정신과 타협한 왜곡된 복음을 선포하고 있다. 이런 상황에서, 김회권 목사가 목회자적 사명감에 영적·신학적 통찰력, 예언자적 비판정신을 겸하여 이 책을 출간하게 된 것을 진심으로 기뻐한다. 기독청년들을 비롯해 진지한 많은 성도들이 이 책을 통해 깨우침과 도전을 받아 하나님 나라 운동의 열렬한 일꾼들이 되기를 바란다.

김세윤 미국 풀러신학교 신약학 교수

저자는 청년들의 목자로서 신음하며 던지던 질문들을 생생한 영적 경험과 학자적 양심, 울부짖는 기도와 말씀을 통해 그 답을 찾아내어 이 땅의 가난한 청년들에게 전하고 있다. 김회권 목사의 『청년 설교』는 싸구려 은혜가 범람하는 강단의 현실 속에서 잠든 영혼을 깨우는 희귀한 하나님의 말씀이자, 영적 기갈에 시들어 가는 한국 교회를 위한 하나님의 생수다.

이승장 아름마을교회 담임목사, 학원복음화협의회 고문

교회 속의 청년들은 사유되지 않은 추상과 공감되지 않는 억지, 욕망의 사주를 받은 선동과 조작의 언어에 자주 시달린다. 하지만 바울은 복음 선포를 '설득'이라 부른다. 그런 점에서 김회권 목사의 『청년 설교』는 제대로 된 복음 선포가 어떤 것인지를 선명하게 보여 준다. 이 책의 여러 설교들이 보여주듯, 저자의 선포는 결코 단순하지 않다. 숙련된 성서학자의 눈길은 성서 텍스트들이 서로 다른 상황에 부딪히며 만드는 다채로운 메시지를 예리하게 분석해 낸다. 오늘의 현실을 그려 내는 저자의 필치는 저자 특유의 광범위한 독서와 치밀한 사유와 합쳐지며 더욱 날카로워진다. 우리 시대의 현실이 부정되지도, 가벼이 미화되지도 않은 채, 그 자체로 적나라하게 포착되고 묘사된다. 바로 이 상황에 복음이 말을 건다. 물론 복음과 상황의 이 만남을 주선하는 것은 설교자 자신의 삶이다. 저자 자신의 삶에서 울려나는 육성 고백이기에, 이 설교들은 '꼰대'의 설교가 아닌 영적 선배의 호소로 우리 '청년'들에게 말을 건다. 이 책의 설교들은 성경에 대한 보다 뜨거운 열정을 불러일으키고, 현실에 대해 더 깊은 사랑과 책임을 일깨우며, 복음에 뿌린 소망을 더욱 뚜렷이 바라보게 한다. 하나님 앞에서 언제나 '청년'이어야 할 모든 이에게 큰 유익이 되리라 생각한다.

권연경 숭실대학교 기독교학과 교수

불온하지 않은 젊은이, 기존 질서에 순치된 젊은이들을 볼 때마다 가슴이 아프다. 자녀들이 예언하고 노인들이 꿈을 꾸고 젊은이들이 환상을 보는 세상을 꿈꾸었던 요엘의 뜨거운 심장이 이 시대에 다시 고동칠 수 있을까? 복음은 상처 입은 이들을 위로하기도 하지만, 굳어진 마음을 타격하여 균열을 만들기도 한다. 무릇 예수를 믿고 따른다는 것은 당연의 질서에 도전하며 다른 세상을 시작하는 일이다. 김회권 목사의 설교는 청년들을 그 지점으로 소환한다. 거침없고 가차 없다. 살아 있는 말씀은 우리 영혼을 뒤흔들어 어지럼증과 전율을 일으킨다. 정직하게 그 전율을 받아들일 때, 새로운 역사가 시작된다.

김기석 청파교회 담임목사

저자는 우리 시대에 가장 신뢰받는 신학자이자 목회자다. 신학자로서는 과거의 역사를 오늘 살아나게 하며, 목회자로서는 이 시대를 사는 사람들을 위로하고 격려하며 도전한다. 그의 위로는 하나님 나라에 대한 견고한 희망에서 오고, 그의 도전은 하나님 나라를 향한 뜨거운 열정에서 온다. 이 책에 담긴 설교는 주로 청년들을 대상으로 했다는 점에서 '청년 설교'라고 이름 붙여졌지만, 이 설교가 불러일으키는 젊은 정신 때문에도 그렇게 이름 지어질 만하다. 그런 의미에서 김회권 목사의 『청년 설교』는 바로 '오늘을 위한 예언서'다.

김영봉 와싱톤사귐의교회 담임목사

하나님 말씀의 선포는 하늘이 열리는 사건이어야 한다. 또한 땅에 갇혀 있던 우리의 시각을 하늘로 향하게 하고, 맥없는 발걸음을 경쾌하게 만드는 능력이어야 한다. 청중과의 교감을 핑계로 본질을 양보하고, 시대의 얄팍함을 따라 말씀의 무게를 저버린 달콤한 디저트 같은 설교가 대세인 지금, 진리의 역동을 거칠게 전하는 설교를 마주하게 되어 참으로 반갑다. 말로 전한 설교를 글로 옮기면 그 활력이 사라지는 게 보통인데, 김회권 목사의 설교는 예외인 것 같다. 책을 읽으면서 저자의 음성을 듣는다. 청중을 각성시키고, 설교자들을 회개하게 한다. 편안한 자들을 곤고하게 하고 곤고한 자들을 편안하게 하는 그의 설교가 아프면서 또한 기쁘다.

박영호 포항제일교회 담임목사

김회권 목사
청년 설교 2

김회권 목사

청년 설교 2

짐승의 나라를 파쇄하는 하나님 나라

복 있는 사람

김회권 목사 청년 설교 2

2009년 8월 5일 초판 1쇄 발행
2017년 3월 10일 초판 6쇄 발행
2019년 5월 16일 2판 1쇄 인쇄
2019년 5월 23일 2판 1쇄 발행

지은이 김회권
펴낸이 박종현

도서출판 복 있는 사람
주소 서울특별시 마포구 연남동 246-21(성미산로23길 26-6)
전화 02-723-7183, 7734(영업·마케팅) 팩스 02-723-7184
이메일 hismessage@naver.com
등록 1998년 1월 19일 제1-2280호

ISBN 978-89-6360-293-6 04230
ISBN 978-89-6360-291-2 04230(세트)

이 도서의 국립중앙도서관 출판예정도서목록(CIP)은
서지정보유통지원시스템 홈페이지(http://seoji.nl.go.kr)와 국가자료공동목록시스템
(http://www.nl.go.kr/kolisnet)에서 이용하실 수 있습니다. (CIP 제어번호: 2019015333)

ⓒ 김회권 2019

이 책의 저작권은 저자와 도서출판 복 있는 사람이 소유합니다.
신저작권법에 의하여 한국 내에서 보호를 받는 저작물이므로 무단전재와 복제를 금합니다.

차례

저자 서문 … 008

1 뜻을 정한 다니엘 다니엘 1장 … 019

2 고지론(高地論)과 미답지론(未踏地論)의 교차로, 국가경영 컨설턴트 다니엘 … 059
다니엘 2장

3 흉악한 자들을 이긴 기독청년들의 신앙고백 다니엘 3장 … 095

4 공의를 행하고 가난한 자를 긍휼히 여김으로 제국의 죄악을 속하소서! … 129
다니엘 4장

5 "메네 메네 데겔 우바르신" 다니엘 5장 … 167

6 기독청년들의 일상적 순교, 하루에 세 번씩 드리는 기도 다니엘 6장 … 201

7 짐승의 나라들과 싸우는 기독청년들의 총사령관, 구름 타고 오시는 인자 … 227
다니엘 7장

전체 결론 … 261

저자 서문

이 책은 구약의 대표적인 묵시문학인 다니엘서를 강해한 책입니다. 묵시문학은 압도적인 악의 세력에게 박해를 받고 있거나 타락한 주류 세력에게 밀려난 소수파 성도들에게, 하나님께서 은밀히 주신 환상과 묵시를 기록한 문서를 가리킵니다. 다니엘서를 묵시문학이라고 부르는 이유는, 고난과 박해 속에서도 신앙을 지키기 위해서 분투한 성도들을 위한 하나님의 위로와 소망의 말씀이 그 안에 담겨 있기 때문입니다. 이 책은 곧 출간될 『하나님 나라 신학으로 읽는 다니엘서』 중 1-7장 강해 부분을 발췌하여 청년 독자들의 눈높이에 맞춰 개정한 책입니다. 이런 점에서 이 책은 『김회권 목사 청년설교 1』의 속편이기도 합니다.

다니엘서는 주전 7-6세기에 살았던 다니엘의 신앙 무용담과 그가 받은 환상들('하존', '마르에')과 묵시들('다바르')로 구성되어 있습니다. 1-6장은 주전 605년에 바벨론으로 유배된 다니엘과 그의 세 친구의 영적 무용담을 기록하고 있고, 7-12장은 다니엘이 바벨론 제국 시대와 페르시아 제국 시대에 걸쳐 하나님께 받았던 환상을 기록한 것입니다. 이 환상들의 배경(背景)은 세계 제국들의 연속적인 출현과 그 제국들의 흥망성쇠이며, 그 전경(前景)은 이 세계 제국들 한복판에서 하나님께 순종하고 하나님의 다스림을 받으며 살기 위해 이스라엘 백성이 치르는 영적 혈투와 항쟁입니다. 1-6장이 교과서적인 승리주의 신앙을 노래한다면, 7-12장은 악의 제국과 맞서는 성도들의 저항과 그 과정에서 맛보는 패배와 쇠락, 극한 고난의 경험을 기술합니다. 이 후반부에는, 하나님의 성도들이 일시적으로 패배할 수 있으며 하나님 나라의 대의명분이 지상 권력자들의 만행 앞에 무기력하게 굴복하는 것처럼 보이는, 곧 악이 지배하는 것처럼 보이는 세계상이 펼쳐집니다. 대부분의 주석가들이 해석하는 것처럼, 다니엘서 7-12장은 주전 4세기 그리스 제국의 알렉산더 대왕 사후에 일어난 시리아 셀류키드 왕국의 안티오커스 에피파네스 4세가 유대인을 박해한 것에 저항하여 일어난 유다 마카베오 항쟁이라는 역사적 맥락 속에서 가장 잘 해석됩니다.

그러나 다니엘서가 오로지 주전 167-164년의 안티오커스 에피파네스 4세의 유대교 박해와 유다 마카베오 항쟁이라는 역사적 배경 속에서만 해석될 수 있다는 뜻은 아닙니다. 다만 다니엘서의 최종 저작 배경으로 마카베오 항쟁이 활용되었을 가능성이 크다는 것입니다. 성경은 특정 역사적 상황에 매이지 않고 보편적인 적용성을 갖습니다. 그래서 모든 세대 성도들의 삶과 신앙의 표준이며 잣대인 정경이 될 수 있는 것입니다. '정경'이라는 말은 신앙과 삶의 표준이 되는 하나님의 경험과 하나님의 말씀과 교훈을 담은 책이라는 뜻입니다. 다니엘서가 특정 시대의 역사와 특정 인물을 배경으로 저작되었을지라도, 그 속에는 역사적 특수성을 넘어서는 해석학적 개방성이 있습니다. 안티오커스 에피파네스 4세 같은 박해자는 어느 시대에든 일어날 수 있고, 그런 박해자에 대한 저항 또한 어떤 시대에도 일어날 수 있기 때문입니다. 성경에서 중요한 것은 하나님 나라의 운동 원리입니다. 다니엘서는 하나님 나라의 운동 원리를 잘 표현해 주는 정경입니다.

성경신학적 관점에서 볼 때, 다니엘서는 구약과 신약 사이의 약 400여 년의 공백을 메워 주는 아주 중요한 책입니다. 주전 3세기 이후 이집트의 알렉산드리아에 거주하던 유대인 교포들을 위해 코이네 헬라어로 번역된 70인역 구약성경(the Septuagint, LXX)[1]에는, 신구약 중간사 기간에 일어난 하나님의 구원사와 그 기간에 활동했던 신앙 인물들의 활약상이 기록되어 있습니다. 이 신구약 중간기에 일어난 하나님의 구원사를 증언하는 책은 흔히 외경(deutero-canonical literature)으로 알려져 있는데, 1977년에 나온 한글 신구교 공동번역성서에는 이 외경이 포함되어 있습니다. 그리스 정교회를 비롯한 정교회 교단들이 사용하는 성경에는 지금도 외경이 정경으로 포함되어 있고, 로마 가톨릭교회도 대부분 외경을 정경으로 인정합니다. 그러나 외경을 인

---

1. 주전 250년경 아프리카의 알렉산드리아 거주 유대인 교포들을 위해 코이네 헬라어로 번역된 구약성서를 가리킨다. 이 책은 이스라엘의 12지파의 각 지파를 대표하는 6명씩의 랍비들, 곧 72명의 랍비들이 당시의 예루살렘 성전 대제사장 엘르아살의 감독으로 72일 동안 이집트에서 모세오경 번역을 완성했다고 하여 72인역이라고 부르다가 줄임말로 70인역으로 부르게 되었다. 위경(僞經)의 하나인 '아리스테아스의 편지'는 이 70인역이 프톨레미 왕국의 왕 프톨레미 2세(Ptolemy II Philadelphos)의 요구로 나오게 되었다고 말한다(B. G. Wright III, "Transcribing, Translating, and Interpreting in the Letter of Aristeas: On the Nature of the Septuagint," in A. Voitila & J. Jokiranta eds., *Scripture in Transition. Fs. R. Sollamo* [Leiden/Boston: Brill, 2008], 147-161).

정하지 않던 팔레스틴 본토 중심 유대교의 영향을 받은 개신교는, 이 70인역에 포함된 외경을 정경으로 채택하지 않았습니다. 다만, 교리 문제에 관해 권위 있는 가르침으로는 사용할 수 없으나 신앙의 덕을 세우는 데 요긴한 참고자료로는 인정하고 있습니다. 한글성경에서 다니엘서는 대예언서로 분류되지만, 원래 히브리 성경은 다니엘서를 시편과 같은 성문서로 간주합니다. 다니엘은 주전 7세기와 6세기에 걸쳐 활동한 예언자요 묵시가이지만, 다니엘서의 역사적 배경은 신구약 중간기의 상황이므로, 마카베오상하, 토비트, 유딧, 수산나, 벨과 용, 아사랴의 기도 같은 외경으로 구분된 문헌들과 구약 정경의 예언서로 분류되는 학개, 스가랴, 말라기와 함께 읽을 수 있습니다.

다니엘서의 주제는 하나님 백성으로서의 정체성을 결코 희생시키지 말아야 한다는 것입니다. 다니엘서는 하나님께서 역사를 주관하시기 때문에 모든 것이 하나님의 계획 속에 포함되어 있다고 믿으며 악에 대한 하나님의 궁극적 승리를 주장합니다. 악에 대한 하나님의 승리를 이 땅에서 맛보기 위해서는 성도의 견인(堅忍)이 필요합니다(7-12장). 다니엘서는 모든 것이 하나님의 계획 속에 있다는 믿음을 근거로, 역사로부터 도피하지 말 것과, 하나님 나라의 도래를 믿음으로 역사 안에서 준동하는 악과의 싸움에 능동적으로 참여할 것을 독려합니다. 다니엘서의 이런 주장을 구현한 인물이 바로 다니엘과 그의 세 친구입니다. 다니엘서는 바벨론에 잡혀 온 유다의 포로였던 다니엘과 세 친구가 이방 세계 제국의 한복판에서도 하나님 백성의 정체성을 지키기 위해 고난과 박해를 감수하지만 결국은 하나님이 주신 승리를 경험한다는 이야기입니다.

이 두 번째 청년설교집이 예상하는 독자는 청년입니다. "청년"은 일차적으로 생물학적 청년을 가리키지만, 넓은 의미에서 "청년"은 하나님 나라 운동에 참여하는 모든 성도들을 지칭하는 말입니다. 요한일서 2:13-14에 따르면, 청년은 하나님의 말씀이 그 안에 있어서, 하나님 나라에 대항하는 흉악한 자들을 물리치는 영적 용사를 가리킵니다. 청년은 그 가슴속에 하나님의 말씀을 품고 살면서, 이 세상에 준동하는 악의 세력에 맞서 영적 싸움에 참여하는 사람인 것입니다. 하나님 나라의 비전(vision)에 의해 견인되고, 하나님의 말씀에 예민하게 순종하며, 하나님 나라의 권세를 찬탈한 반역자들이 활개 치는 이 세상에 하나님 나라를 세우기 위해 투신하는 사람이 바로 청년인 것입니다. 하나님이 지시하는 새로운 땅을 향해 위험한 순례 여정을 떠난 75세의 아브라함, 80세에 소명을 받아 출애굽 구원 역사의 지도자로 활약하다가 120세에 산 채로 느보 산에서 죽음을 맞이한 모세, 왕조가 바뀌어도 독야청청하며 세계 제국의 국가 경영 컨설턴트로 활동한 60세의 다니엘, 이 세 사람은 모두 청년입니다. 하나님 나라 운동에 참여하는 모든 세대의 목회자, 주일학교 교사, 성경을 사랑하는 교우들이 모두 다 청년입니다.

    요즘 우리가 현실 속에서 만나는 청년들은 안정적인 직장을 얻을 기회가 매우 희귀해졌다는 의미에서 기성세대의 완강한 기득권 체제에 박해를 받고 있습니다. 청년들은 실업난에 시달리는 희생자이며 기성사회 진입에 실패한 덜된 어른으로 규정되고 있습니다. 패배주의와 낙담, 비전과 상상력 없는 전망에서 오는 불확실성이 청년들의 마음을 지배하는 것처럼 보입니다. 극도로 현실적이고 경쟁적인 사회 분위기

속에서 청년들은 현실을 뛰어넘는 미래의 청사진을 그리는 데 어려움을 겪고 있습니다. 기성사회의 옥죄는 힘에 맞서 자신의 인생항로를 스스로 결정하고 출범할 모험심마저 빼앗긴 상황으로 내몰리고 있습니다. 이러한 때에, 기독청년들의 가슴속에도 미래에 대한 불안이 켜켜이 쌓이고 있습니다. 한두 번의 수련회나 부흥회로는 쫓아낼 수 없는 여러 가지 양상의 불신앙이 기독청년들의 가슴을 움켜쥐고 있습니다. 무기력, 불만, 불순종, 냉담, 고독, 열등감, 불안감, 좌절감, 피해의식이 기독청년들의 심장을 마비시키고 있습니다. 그리하여 기독청년들은 하나님께 절대 순종하는 자유를 맛볼 수 있는 모험심도 없이, 고단한 인생 여정을 함께하며 격려와 사랑을 나누고 서로 지지해 줄 친밀한 공동체나 우정도 기대하지 못한 채 살아갑니다.

따라서 오늘날 많은 기독청년들은 "과연 이 세상에서 기독청년으로 살아가는 것이 가능한가? 이 극단적인 생존경쟁 속에서 성경과 교회가 그토록 강조하는 사랑, 공동체, 성령 충만을 믿으며 살아가는 것이 가능한가?"를 되묻습니다. 이 질문의 이면에는, "현실 영합도 아니고 현실 도피도 아닌, 현실 참여적이고 현실 변혁적인 기독청년의 삶은 거의 불가능하지 않은가" 하는 안타까운 의심이 작동하고 있습니다.

다니엘서는 이런 상황에 직면한 기독청년들을 강력하게 도전하고 장엄하게 격려합니다. 다니엘서는 기독청년들을 왜소하게 만들고 그들의 참신한 기백과 상상력을 앗아 가는 세계정신이라는 우상 앞에 무릎 꿇지 않고 살아가는 길을 제시합니다. 다니엘서의 하나님 나라는 현실 도피적인 내세의 영역이 아니라, 청년들에게 굴종을 강요하면서 들어오라고 윽박지르는 현실 체제를 대체할 대안적 세계 질서로 나타납니다. 그것은 하나님의 간단없는 돌봄을 맛보고 형제자매의 견결한 우정이 흘러넘치며 하나님과의 내밀한 영적 소통으로 지상의 두렵고 매혹적인 우상들을 혁파해 가는 성령 충만한 공동체입니다. 또한 그것은 짐승의 나라에서 살아갈 수밖에 없는 성도들을 구출하려고 오시는 천상적 인자(人子)의 지도력으로 결속된 공동체입니다.

    이 책은 하나님 나라 신학의 관점으로 다니엘서를 읽습니다. 하나님 나라 신학으로 성경을 읽는다는 것은, 이 땅에 하나님께 순종하는 한 공동체, 곧 하나님 나라를 세우시려는 하나님의 목적과 의도의 빛 아래서 읽는 것을 의미합니다. 하나님 나라의 신학 아래서 이뤄지는 성경 읽기는 하나님께 순종하기 위해, 그럼으로써 자신을 통해 하나님의 다스림이 이 세계 속에 매개되도록 순종할 마음으로 수행하는 성경 읽기입니다. 그렇게 읽을 때 우리는 바벨론 제국 느부갓네살 치하의 삶과 같은 현실에서 신앙생활하는 것이 무슨 의미가 있는지를 감격적으로 재발견할 수 있습니다.

    이 강해설교집은 도서관에 앉아 1-2년 동안 연구한 결과로 나온 책이 아닙니다. 구체적으로 말하면 이 책은 저자가 대학생 선교단체의 간사 사역을 시작한 1983년부터 2008년까지 여러 공동체에 속한 "청년들"에게 행한 설교 원고와 개인적인 묵상을 한데 결집하고 다듬은 결과물입니다.[2] 이 설교들 대부분은 일차적으로 1980-1990년대에 여러 차례에 걸쳐 한국기독대학인회(ESF) 관악 지구의 청년대학생 형

---

2. 10-11장을 제외한 모든 본문들은 한두 차례 이상 설교된 본문들이다. 다니엘서의 나머지 부분 강해를 참조하고 또 다소 학술적인 쟁점들에 대한 저자의 견해를 참조하려면 곧 출간될 『하나님 나라 신학으로 읽는 다니엘서』를 참조하기 바란다.

제자매들에게 선포된 설교입니다. 그 당시 우리나라는 인권을 탄압하고 학살하는 야수적 짐승의 시간에 포획되어 있었습니다. 지금 청년들은 상상도 할 수 없는 짐승의 시간이었습니다. 대학 캠퍼스는 공수특전단의 탱크에 점령되었고 시위 학생들을 체포하려는 군부정권 부하들의 야영지로 돌변했습니다. 저는 그때 다니엘서를 읽으면서, 그럼에도 역사의 주관자는 하나님임을, 폭력과 권력자들의 음모 아래 말없이 죽으셨다가 삼일 만에 부활하신 갈릴리의 예수 그리스도임을, 더욱 굳게 믿었습니다. 역사의 진보는 악당들이 퇴장한다고 저절로 이루어지는 것이 아니며, 의롭고 선한 개인과 공동체가 거룩한 대의를 위해 연대하지 않으면 안된다는 것을 절감했습니다. 따라서 이때의 다니엘서 설교는 무엇보다도 악 지배론적 허무주의가 기승을 부리던 어둠의 시간에 던져진 제 자신을 향해 선포한 설교이기도 했습니다.

다음으로, 다니엘서 강해설교는 저자가 2002년에 개척해서 4년간 담임목사로 섬겼던 일산두레교회(현 사랑누리교회)의 교우들에게 선포되었습니다. 교우들은 다니엘서를 듣고 감동하면서도, 이 세상이 결코 다니엘서처럼 단순한 선악 구도로 구성되어 있지 않음을 자주 토로했습니다. 건설업에 종사하는 한 교우는, 다니엘서의 말씀대로 세상을 이기지 못하고 뇌물과 리베이트를 주고받을 수밖에 없는 완강한 직업 세계에 속박되어 살아가는 자신을 한탄했습니다. 영업상 많은 사람을 만나서 대접하고 함께 어울려야 하는 사업가 교우는, 적절한 거리에서 이 세상을 비판하면서 세상의 비릿한 논리에 굴복하지 않고도 살 수 있는 가난한 시민단체 간사가 부럽다면서 한탄했습니다. 저는 이런 교우들과 4년을 보내면서, 세상을 이기는 믿음이 얼마나 지난한 과업이며 동시에 하나님의 순전한 선물일 수밖에 없는지를 절감했습니다. 마지막으로, 이 설교들은 영락교회 대학청년부와 서울 영동교회 교우들에게 새천년의 버전(version)으로 증보되어 선포되었습니다. 시장에 대한 물신숭배가 만개한 2000년대, 신자유주의라는 엄혹한 시장 전체주의 아래 시달리는 교우들이 구두로 선포된 이 강해설교의 마지막 청중이었던 셈입니다.

구두로 선포된 설교를 책으로 만드는 과정에서 구어체는 문어체로 다듬고 필요한 곳에 약간의 주와 해설을 덧붙였습니다. 이 책에서는 편의상 개역개정판 한글성경의 각 장을 설교 본문의 단위로 삼았고, 필요한 경우 개역개정판이 드러내지 못한 언어적·구문론적 함의를 부각시키기 위해 다니엘서의 아람어-히브리어 본문을 참조했습니다. 강해가 사변적인 학문적 담론으로 치우치지 않도록, 저자의 다른 책에서와 마찬가지로 이번에도 2차 자료의 사용을 절제했습니다. 이처럼 구두 선포가 책으로 바뀌는 과정에서 몇 가지 외양상의 변화가 있었으나, 구두 설교나 이 책의 설교나 핵심 메시지는 동일합니다. 아직도 짐승의 나라들이 주도하는 세계 질서가 존속하는 한 다니엘서와 같은 상황은 종료되지 않았다고 믿습니다. 기독청년들은 다니엘서의 묵시와 환상을 깊이 연구하고 묵상함으로써 기존 세계를 지배하는 우상 체제에 근본적으로 도전할 기개를 확실히 갖출 수 있을 것입니다.

저자는 다니엘의 묵시와 환상을 해석하고 묵상하고 저술하는 과정에서 영적 집중과 소진, 영적 재충전과 소생을 동시에 맛보았습니다. 그 경험은 다니엘서에서 다니엘의 경험이기도 합니다. 독자들도 이 강해서를 발판 삼아 다니엘서 자체의 영감어린 말씀의 물결 속에 깊이 잠영할 수 있기를 간절히 바랍니다.

이 책이 청년들에게 호소력 있는 책이 되도록 여러 가지 불명료한 점을 지적하고 교정해 준 나의 조교 양진일 목사와 김윤경 자매에게 감사드립니다. 두 분은 불명료하고 불충분한 부분에 추가적인 해설이나 교정을 시도하도록 적절한 제안을 아끼지 않았습니다. 또한 마지막 저자 교정본까지 철저하게 읽어 준 아내에게도 감사드립니다. 늘 그렇듯이 이 책이 완성되기까지 복 있는 사람의 박종현 대표와 박명준 편집장과 편집진이 보여준 지지와 기대에 감사를 드립니다. 편집진의 주의 깊고 성실한 교정과 교열 작업이 이 책을 독자들에게 사랑받고 잘 읽힐 수 있는 책이 되도록 만드는 데 크게 기여했습니다. 여러분들의 사랑의 수고로 빛을 본 이 책이 무엇보다도 청년들에게 널리 읽히는 책이 되기를 빕니다. 그중에서도 이제 청년이 된 나의 사랑하는 두 자녀 김하은과 김소은에게 먼저 읽히는 책이 되기를 간절히 기도합니다.

2009년 오순절 성령강림 주간에
독일 튀빙엔 숲속에서
저자 김회권

1

뜻을 정한 다니엘

다니엘 1장

다니엘 1장

유다 왕 여호야김이 다스린 지 삼 년이 되는 해에 바벨론 왕 느부갓네살이 예루살렘에 이르러 성을 에워쌌더니 주께서 유다 왕 여호야김과 하나님의 전 그릇 얼마를 그의 손에 넘기시매 그가 그것을 가지고 시날 땅 자기 신들의 신전에 가져다가 그 신들의 보물 창고에 두었더라. 왕이 환관장 아스부나스에게 말하여 이스라엘 자손 중에서 왕족과 귀족 몇 사람 곧 흠이 없고 용모가 아름다우며 모든 지혜를 통찰하며 지식에 통달하며 학문에 익숙하여 왕궁에 설 만한 소년을 데려오게 하였고 그들에게 갈대아 사람의 학문과 언어를 가르치게 하였고 또 왕이 지정하여 그들에게 왕의 음식과 그가 마시는 포도주에서 날마다 쓸 것을 주어 삼 년을 기르게 하였으니 그 후에 그들이 왕 앞에 서게 될 것이더라. 그들 가운데는 유다 자손 곧 다니엘과 하나냐와 미사엘과 아사랴가 있었더니 환관장이 그들의 이름을 고쳐 다니엘은 벨드사살이라 하고 하나냐는 사드락이라 하고 미사엘은 메삭이라 하고 아사랴는 아벳느고라 하였더라. 다니엘은 뜻을 정하여 왕의 음식과 그가 마시는 포도주로 자기를 더럽히지 아니하리라 하고 자기를 더럽히지 아니하도록 환관장에게 구하니 하나님이 다니엘로 하여금 환관장에게 은혜와 긍휼을 얻게 하신지라. 환관장이 다니엘에게 이르되 내가 내 주 왕을 두려워하노라. 그가 너희 먹을 것과 너희 마실 것을 지정하셨거늘 너희의 얼굴이 초췌하여 같은 또래의 소년들만 못한 것을 그가 보게 할 것이 무엇이냐. 그렇게 되면 너희 때문에 내 머리가 왕 앞에서 위태롭게 되리라 하니라. 환관장이 다니엘과 하나냐와 미사엘과 아사랴를 감독하게 한 자에게 다니엘이 말하되 청하오니 당신의 종들을 열 흘 동안 시험하여 채식을 주어 먹게 하고 물을 주어 마시게 한 후에 당신 앞에서 우리의 얼굴과 왕의 음식을 먹는 소년들의 얼굴을 비교하여 보아서 당신이 보는 대로 종들에게 행하소서 하매 그가 그들의 말을 따라 열흘 동안 시험하더니 열흘 후에 그들의 얼굴이 더욱 아름답고 살이 더욱 윤택하여 왕의 음식을 먹는 다른 소년들보다 더 좋아 보인지라. 그리하여 감독하는 자가 그들에게 지정된 음식과 마실 포도주를 제하고 채식을 주니라. 하나님이 이 네 소년에게 학문을 주시고 모든 서적을 깨닫게 하시고 지혜를 주셨으니 다니엘은 또 모든 환상과 꿈을 깨달아 알더라. 왕이 말한 대로 그들을 불러들일 기한이 찼으므로 환관장이 그들을 느부갓네살 앞으로 데리고 가니 왕이 그들과 말하여 보매 무리 중에 다니엘과 하나냐와 미사엘과 아사랴와 같은 자가 없으므로 그들을 왕 앞에 서게 하고 왕이 그들에게 모든 일을 묻는 중에 그 지혜와 총명이 온 나라 박수와 술객보다 십 배나 나은 줄을 아니라. 다니엘은 고레스 왕 원년까지 있으니라.

다니엘서는 나라 잃은 청년들의 비극과 그것을 초극하는 신앙 무용담인 동시에(1-6장), 하나님 나라가 도래하기 직전의 세계사적 격변기에 하나님의 백성 이스라엘이 겪는 환난과 그 환난을 극복하는 희망의 노래입니다(7-12장). 다니엘서는 많은 젊은이들이 기회주의적 인생관이나 힘을 숭배하는 세계관에 영향을 받으며 살아가는 시대에, 세계 역사를 주관하시는 살아 계신 하나님을 믿고 사는 청년들이 세상을 이긴(요 16:33, 요일 5:4) 신앙 분투기입니다. 거대한 세속사회 속에서 신앙 양심을 지키며 살아가기란 순교자의 사명감이 없이는 불가능합니다. 다니엘서는 순교적 각오 없이는 이 세상에서 믿음을 지키기 어렵다고 말합니다. 그리스도인에게 순교는 일상생활에서 얼마든지 일어날 수 있습니다. 또래 집단의 문란한 생활에도 아랑곳하지 않고 순결을 지키는 청년, 모든 학우가 부정행위를 하더라도 혼자 정직하게 시험을 치르는 청년, 그리고 성형 열풍이 몰아치는 언덕에 서서 자신의 맨 얼굴로 살아가기로 결단하는 외로운 소나무 같은 청년은 다 순교자입니다. 손해 볼 각오를 하고 공정한 상거래를 하는 상인이나 뇌물을 받지 않고 민원을 해결해 주는 공무원도 순교자급에 해당하는 성자입니다. 자신의 노력과 성실로 출세했으나 그 성공의 열매를 가난한 이웃과 나누는 사람은 순교자입니다. 다니엘서는 세상을 핑계 대며 도덕과 윤리를 파기하거나 신앙 양심을 더럽히는 우리 시대의 청년들에게 강하게 도전합니다.

청년 나사렛 예수는 세상의 유혹과 시험을 이기고 나서 메시아의 길을 개척해 갑니다. 유대 광야에서 세 가지 유혹을 이기고 메시아적 사명감과 능력으로 충만해져서 갈릴리로 돌아갑니다. 그는 정치권력, 종교권력, 대중의 지지를 통한 하나님 나라 운동을 거부하고, 일상적이고 누적된 순종을 통해 하나님 나라를 이루겠다고 다짐한 것입니다. 이처럼 유혹을 이긴 청년이 자신을 구원하고 나라와 세계를 구원하는 하나님 나라의 대역사에 참여하게 됩니다.

오늘날의 대한민국에 사는 사람들은 치열하고 각박한 생존경쟁으로 인해 착한 마음과 의로운 일에 열심을 내는 의기(義氣)를 잃어 가고 있습니다. 의기와 선량한 마음은 자취를 감추고, 힘을 숭배하는 문화와 쾌락 충족적인 야만이 기승을 부리고 있습니다. 대한민국에서 살아가는 모든 세대의 국민들에게 이 나라는 잔혹한 검투사들의 원형 경기장 같습니다. 10대에게는 상상력과 고상한 정신을 쇠패시키는 획일화 교육과 서열을 매기는 통제 교육이 저항할 수 없는 바벨론 제국의 힘으로 역사하고 있습니다. 20대에게는 어른이 되지 말고 어린이처럼 살라고 윽박지르는 엄혹한 기득권 수호 체제가 맞서 있습니다. 30대에게는 경쟁력 있는 인간이 되라고 소리치는 공사판 십장 같은 독려가 가위눌리는 힘으로 역사합니다. 40대에게는 해고당하지 않으려거든 죽도록 조직에 충성하라고 다그치는 고위층의 함성이 쩌렁쩌렁 들려옵니다. 50대에게는 어서 짐을 싸서 은퇴할 준비를 하라는 압력이 가해집니다. 대한민국에 사는 사람들은 미로(迷路)에 갇힌 실험실의 쥐들처럼, 두려움과 공포와 불안과 자기학대적인 맹폭한 인간성에 사로잡혀 있는 듯이 보입니다.

이러한 대한민국이 하나님 사랑과 이웃 사랑을 외치는 기독교 신앙을 장려하거나 지지할 리 만무합니다. 이처럼 모든 세상 사람이 자기주장 의지, 자기권력 의지로 각축하고 경쟁하는 세상 한복판에서, 사랑으로 그 세상을 변화시킬 수 있다고 믿으며 자기부인으로 이 세상을 하나님께 이끌어 가려는 그리스도인의 신앙은 참으로 순진해 보일지 모릅니다. 그래서 많은 그리스도인들이 세속사회에서 살아가야 하는 자신의 처지를 원망하기도 합니다. 자신의 불신앙적인 삶을 세상 탓으로 돌리기도 합니다. 직장 상사의 부당한 명령, 세속적인 직장 문화, 획일적이고 반기독교적인 조직 문화가 신앙생활을 방해한다고 불평하기도 합니다. 기독교적 신앙 원칙대로 살면 세상에서 낙오하고 패배한다고 믿으며 지극히 세속적인 처신을 정당화하기도 합니다.

다니엘서는 이런 상황에 내몰린 기독청년들을 위한 영감과 계시의 책입니다. 다니엘서는 이런 극한적인 세상에 사는 사람들에게도 신앙고백의 여지가 있으며, 이 거대한 세상 구조의 틈새에 비쳐 오는 하나님 나라의 서광이 있다고 역설합니다. 다니엘서는 엄밀하게 말해 하나님의 역사 주재권과 창조 주권을 믿는 사람들에게 "세속적인 사회"는 존재할 수 없다고 선언합니다. 온 누리가 하나님의 온기에서 숨을 수 없듯이(시 19:6), 이 세계에는 하나님의 통치가 미치지 않는 곳이 없다는 것입니다. 이방군주의 궁궐 안에서도 하나님의 역사 주재권은 작용하고 있습니다. 따라서 다니엘서는 이방군주들과 고위공무원들까지도 하나님의 다스림 안에 있다고 말합니다. 결론적으로, 다니엘서는 세속과 교회를 구분하는 이원론을 초극하도록 돕는 책이며, 기독교 신앙의 원칙대로 살면 패배한다는 패배주의적인 신앙생활을 청산하도록 도와주는 책입니다.

참혹한 비극의 주인공이 된 십대 청소년들(1-7절)

다니엘서 첫 장의 첫 단락은 엄청난 비극적 재난 한복판에 던져진 십대 청소년들의 운명을 다룹니다. 이들은 왕족이나 귀족 가문 출신의 장래가 촉망되는 청소년들이었으나, 조국의 멸망과 함께 그들의 인생도 송두리째 난파되었습니다. 다니엘과 그의 세 친구, 하나냐, 아사랴, 미사엘이 그들입니다. 1절은 다니엘과 세 친구가 바벨론으로 유배된 역사적 배경을 말하고 있습니다. "유다 왕 여호야김이 다스린 지 삼 년이 되는 해에 바벨론 왕 느부갓네살이 예루살렘에 이르러 성을 에워쌌더니." 여기서 우리는 두 인물에 주목해야 합니다. 여호야김과 느부갓네살입니다. 한 명은 정복자요 다른 한 명은 정복당한 자입니다. 한 명은 당시 세계 최강 제국의 왕이었고, 다른 한 명은 그 세계 최강의 군주가 전개한 정복전쟁의 희생자인 약소국의 왕이었습니다. 강한 나라가 약한 나라를 에워싸 정복하는 것은 세계사에서 흔한 일입니다. 따라서 세계 최강 제국의 왕 느부갓네살이 약소국의 왕 여호야김을 에워싸 정복한 일은 특이한 일이 아닙니다. 약육강식이라는 자연법칙 아래 일어난 일처럼 보입니다. 그러나 2절은 이 일이 하나님께서 작정하셔서 일어난 일이라고 말합니다. 힘이 약한 나라라고 해서 반드시 강한 나라가 벌이는 정복전쟁의 희생물로 전락하는 것은 아닙니다. 이 세상에는 그렇지 않은 경우도 많이 있습니다. 다니엘서는 느부갓네살의 예루살렘 포위와 함락이 하나님의 작정 아래 일어난 일이라고 말합니다. 이런 이해를 바탕으로 우리는 정복자와 피정복자에 대해 좀 더 자세히 살펴볼 필요가 있습니다.

여호야김 3년에 예루살렘을 침략한 느부갓네살(주전 605-562년)은 아주 강력한 신흥 정복군주였고 국제 질서의 재편자였습니다. 그는 바벨론 제국의 창건자인 나보폴라살 왕의 아들이었는데, '느부갓네살'이라는 그의 이름은 정복군주의 사명을 천명하는 이름이었습니다. 그 이름은 아카드어로 '나부(Nabu) 신이여! 나의 영토를 지켜 주소서'를 의미했습니다. 그 이름은 앗수르 제국을 대신해 고대 중근동의 패권자가 되어 근동 및 이집트 일대를 정복한 신흥 정복군주에게 썩 잘 어울리는 이름이었습니다. 쇠락하던 앗수르를 돕기 위해 멀리서 원정 온 이집트 군을 시리아의 칼그미스(Carchemish) 전투에서 격파하고 고대 근동의 종주권을 획득한(렘 46:2) 느부갓네살은, 이집트를 믿고 신흥 제국 바벨론에 저항한 유다 왕국의 여호야김을 정벌하러 원정에 나선 것입니다. 여호야김은 외교정책상의 잘못된 판단으로 인해 국난을 자초한 것입니다. 외교정책상의 국가적 오판은 전 국가적 재난으로 연결되었습니다. 이미 쇠락한 앗수르와 한통속이 되어 신흥 바벨론 제국에 대항한 행위는 그 자체로 선악 판단의 문제가 아니라 영민함과 완매함의 문제였습니다. 악한 마음만이 악을 유발하는 것이 아니라 어리석고 완고한 마음도 재난을 초래한다는 점이 참으로 중요합니다. 국제 정세에 어둡고 어리석은 지도자는 도덕적으로 타락한 지도자만큼이나 한 나라를 치명적인 재난으로 몰아갈 수 있습니다. 적대적으로 저항하던 여호야김을 징벌하기 위해 예루살렘을 에워싼 느부갓네살은 결국 여호야김을 바벨론으로 끌고 갔습니다. 아울러 그는 하나님의 성전 그릇 얼마를 시날 땅(창 10:10; 11:2; 14:1, 9, 수 7:21, 사 11:11, 슥 5:11 참조)에 있는 자기 신들(마르둑과 그의 아들 신 나부)의 신전 보물창고에 가져다 두었습니다.[3] 느부갓네살은 자신에게 정복당한 피정복민들이 섬기던 신들의 형상들을 약탈해 바벨론 신전 창고에 두었는데, 이스라엘의 하나님 야웨는 어떤 형상도 갖지 않았기에 성전의 제기나 귀중한 집기류를 노획해 가져간 것입니다. 이 행위에도 일종의 신학적 의미가 있습니다. 그가 야웨 하나님을 자신에게 정복당한 한 나라의 신으로 간주했다는 뜻입니다.

　　앞서 말씀드렸듯이, 2절은 이런 일이 하나님의 허락 아래 일어난 것임을 강조합니다(렘 32:26-32). '주 야웨께서 느부갓네살의 손에 여호야김 왕과 포로들, 그리고 성전의 보물들을 넘겨주셨다'는 것입니다. 바벨론 왕의 주도적인 침략 행위처럼 보이는 행동조차도 하나님의 의지를 대변하는 행동이었다는 것입니다. 왜 이런 일이 여호야김 때에 일어났을까요? 하나님께서 유다 왕 여호야김을 바벨론 제국의 손에

---

3. 바벨론 신전들의 기능을 보려면, H. Ringgren, *Religions of the Ancient Near East* (trans. J. Sturdy; Philadelphia: Fortress, 1973), 77-81을 참조하라.

넘겨준 사건은 단순한 대자연의 법칙에 따라 일어난 현상이 아니었습니다. 그것은 여호야김의 악한 통치가 더 이상 존속될 만한 가치가 없음을 선포하는 사건이었습니다. 당시에 활동하던 예언자 예레미야에 따르면, 여호야김은 악하고 무능한 왕으로서 나라의 멸망을 재촉한 군주였습니다.

> 불의로 그 집을 세우며 부정하게 그 다락방을 지으며 자기의 이웃을 고용하고 그의 품삯을 주지 아니하는 자에게 화 있을진저. 그가 이르기를 내가 나를 위하여 큰 집과 넓은 다락방을 지으리라 하고 자기를 위해 창문을 만들고 그것에 백향목으로 입히고 붉은 빛으로 칠하도다. 네가 백향목을 많이 사용하여 왕이 될 수 있겠느냐. 네 아버지가 먹거나 마시지 아니하였으며 정의와 공의를 행하지 아니하였느냐. 그때에 그가 형통하였었느니라. 그는 가난한 자와 궁핍한 자를 변호하고 형통하였나니 이것이 나를 앎이 아니냐. 여호와의 말씀이니라. 그러나 네 두 눈과 마음은 탐욕과 무죄한 피를 흘림과 압박과 포악을 행하려 할 뿐이니라 (렘 22:13-17).

여호야김은 왕궁 건설을 위해 백성들로부터 막대한 노동력을 강제 징발했고 백성들의 경제적 희생을 요구했습니다. 선대왕(先大王) 요시아와는 달리 여호야김은 가난한 자들과 연약한 자들을 위한 공의와 정의의 정치를 거부했습니다. 대신 그들을 압제하고 학대했습니다. 탐욕과 무죄한 피를 흘리는 폭압의 정치가 그의 왕 노릇이었습니다. 그는 어떻게 하면 나라를 신속하게 멸망시킬 수 있는지를 아는 자처럼 행동했습니다.

사회 구성원 가운데 가장 연약한 계층을 압제하거나 학대하는 나라는 망합니다. 나라는 일종의 토목공학적 구조물이기 때문입니다. 나라의 밑바닥을 떠받치고 있는 하층 계급은 상층부의 무거운 하중을 지탱하느라(귀족과 왕족들, 곧 지배 권력 엘리트들이 부과해 놓은 가혹한 강제 노역, 전쟁 부역, 세금 납부) 이미 한계를 넘는 곤비함에 도달해 있습니다. 그런데 하나님은 그 가난한 자들의 삶에서 한시도 눈을 떼지 않고 계시며 그들의 삶을 감찰하고 계십니다. 가난한 자들과 하나님은 특별한 동맹 관계에 있기 때문입니다. 가난한 자들이 생겨나는 것은 죄악된 인간의 각축과 경쟁, 전쟁과 갈등의 산물입니다. 지상의 전제군주들이 가난한 자들을 극한의 생존 위기와 죽음의 고통으로 내몰면, 공동체를 떠받치는 가난한 자들이 견디다 못해 쓰러져 버립니다. 그러면 공동체는 순식간에 와해됩니다. 가난한 자들과 연약한 자들을 보호하지 못하고 살려 주지 못하는 공동체는 그 자체의 하중을 견디지 못해 결국 해체되고 맙니다(사 30:13). 모든 나라와 제국의 멸망에는 반드시 가난한 자들에 대한 왕의 학대와 압제가 있습니다. 조선이 무너진 이유 중 하나는, 1811년 홍경래의 난부터 1862년 진주민란까지 전국에서 동시다발적으로 발생한 여러 민란과 그러한 민란의 총결산 격인 1894년 동학혁명의 아우성에 응답하지 못한 지배 계층의 무감각과 수구적 태도 때문이었습니다. 19세기 말 조선을 다녀간 한 외국인 여행가는, 조선은 쇠락하고 죽어 가는 나라이며 궁중에서부터 밑바닥 빈민까지 개혁에 대해 마지막까지 저항하는 나라라고 묘사했습니다. 여호야김은 한 왕조를 멸망으로 몰아갈 정도로 도덕적 무감각과 정치적인 어리석음, 그리고 국제 정세에 대한 혼미한 인식을 두루 갖추고 있었던 것입니다.

하나님께서는 여호야김이 왕으로 있을 때 바벨론 침략이 일어나게 하셔서 유다 왕국에 거의 마지막 경종을 울리셨습니다. 가난한 자들을 학대하기로 유명했던 소돔과 고모라, 스보임과 아스마 네 왕국이 그 죄악이 관영해져 그돌라오멜 동맹군의 공격을 받아 극한 위기에 빠졌듯이(창 14:1-12, 신 29:23, 겔 16:47-49), 유다는 장차 다가올 엄청난 대홍수급 재난의 예고편에 해당하는 파랑(波浪)을 맛보았던 것입니다. 유다 왕국은 예레미야와 같은 참 선지자의 통렬한 신탁을 감당할 만한 영적 감수성을 유지하지 못하고 자기 죄의 무게로 서서히 침몰해 가고 있었습니다. 물론 유다가 완전히 망하기까지는 약 20여 년이 소요될 예정이었으나 유다 왕국의 침몰은 이미 돌이킬 수 없는 대세였습니다. 그것이 바로 바벨론 침략군이 주전 605년에 국가의 중추 기관인 왕을 생포하고 성전 기명들을 약탈해 간 사건으로 나타난 것입니다.

3-4절은 그 외에도 다른 약탈물이 있었음을 말합니다. 느부갓네살 왕이 환관장[4] 아스부나스(Ashpenaz)에게 이스라엘 자손 중에서 왕족과 귀족 몇 사람, 곧 흠이 없고 용모가 아름다우며 모든 지혜를 통찰

---

4. 아스부나스의 관직인 환관장은 궁중 관리들의 감독자를 의미하는 랍사리스다. 앗수르 왕 산헤립을 대신하여 히스기야와 항복 협상을 벌이던 랍사게(사 37:8)의 경우처럼 이것은 특정 관직을 가리킨다('랍'은 우두머리를 가리키는 말). 여기서 사리스가 반드시 환관(ennuch)을 의미하는 것은 아닐 수도 있으나(창 37:36의 보디발도 사리스로 불린다) 왕의 자문관들이 대개 환관이었음을 고려해 볼 때 그것이 환관을 가리킬 가능성도 크다. 대부분의 유대교 문헌에서는 이 랍사리스가 환관장일 것이라고 본다.

하고 지식에 통달하며 학문에 익숙하여 왕궁에 설 만한 소년을 바벨론으로 나포(拿捕)해 오라고 명령한 것입니다. 그 목적은 총명하고 유망한 유다 소년 포로들에게 갈대아(바벨론의 옛 이름) 사람의 학문과 언어를 가르쳐 왕실 자문관으로 쓰기 위함이었습니다(4절). 여기서 핵심 교과목은 갈대아 사람의 책과 언어라는 점이 인상적입니다. 갈대아 사람의 책과 언어에서 제일 중요한 말은 "갈대아 사람"이라는 말입니다. 갈대아(Chaldea)는 유프라테스 강과 티그리스 강의 발원지인 바벨론 지역의 옛 이름입니다. 그곳은 인류 최고(最古)의 문명 발상지인 수메르 문명 때부터 점성술과 미래 예측을 위한 영매술이 고도로 발달한 지역이었습니다. 그래서 '갈대아 사람'은 곧 점성술사 또는 영매술사, 미래 예측(이상과 몽조 해석)의 전문가를 지칭하는 말이 되었습니다. 다니엘과 세 친구는 그저 포괄적인 바벨론 학문과 언어가 아니라 점성술, 영매술, 미래 예측학, 국가 경영을 위한 이상과 몽조 해석학 등의 분야에서 엘리트 교육을 받았던 것입니다. 이런 부류의 사람들이 왕의 측근 중에서도 최측근을 형성하여 국가 정책에 중대한 영향을 끼쳤다는 것은 고대 근동과 이집트, 시리아, 이스라엘의 다양한 문헌에서 확인되고 있습니다. 바벨론은 이제 당시 알려진 세계의 대부분을 다스리는 제국이 되었으므로, 그 큰 나라를 유지하는 일이 제국의 최우선 과제였을 것입니다. 이를 위해 느부갓네살 왕은 민족과 인종을 초월하여 인재를 발굴하고 양성했을 것입니다.

바벨론과 같은 고대 세계의 제국들은 매우 다문화적이고 다인종적인 복합 국가였기 때문에, 피정복민 출신 엘리트를 양성해서 피정복민 통치에 활용하겠다는 것은 그리 낯선 발상이 아니었습니다. 바 바벨론 제국이나 페르시아 제국은 자신들이 정복한 나라들로부터 인재를 발탁해서 제국의 관료 집단이나 토목·예술·문화의 역군으로 활용했습니다. 이런 맥락에서 느브갓네살 왕은 사로잡아 온 유다 포로들을 특별히 대우하고 교육시킨 것입니다. 그들이 3년간 교육과 훈련을 받고 왕 앞에 서서 그의 자문관이 되기까지, 왕은 그들에게 왕이 지정한 왕의 음식과 왕이 마시는 포도주를 날마다 공급하기로 했습니다(5절). 일종의 특별대우를 하면서 고급공무원으로 양성하려고 한 것입니다.

6절은 그렇게 잡혀 온 유다의 청소년 포로 네 명을 소개합니다. 그들은 다니엘과 하나냐와 미사엘과 아사랴였습니다. 그들의 직속상관이 환관장인 것을 볼 때 그들은 환관의 신분으로 왕을 자문할 자문관 후보생이었을 것입니다. 바벨론의 환관장 아스부나스는 그들의 유대 이름(야웨 하나님과 관련된 이름)을 바벨론 식으로 개명해 버렸습니다. 다니엘은 벨드사살, 하나냐는 사드락, 미사엘은 메삭, 그리고 아사랴는 아벳느고로 개명했습니다(7절). 야웨 하나님을 향한 열정과 충성심을 표현하는 이름('엘'과 '야', '냐', '랴'는 야웨의 '야'를 의미) 대신에 바벨론 신을 섬길 의지를 드러내는 이름으로 바꾸었습니다. 미사엘은 '누가 엘(하나님)과 같은가', 하나냐는 '하나님은 은혜로우시다', 그리고 아사랴는 '하나님이 도우셨다'를 의미했습니다. 미사엘은 메삭('바벨론의 땅의 여신 아쿠[Aku]와 같다'), 아사랴는 아벳느고('바벨론의 신 느고[Nego]의 종'), 그리고 하나냐는 사드락('바벨론의 신 아쿠[Aku]의 명령')으로 개명되었습니다. 마지막으로 다니엘은 '하나님이 재판하신다'(하나님은 나의 재판관이시다)를 의미했는데 이제 벨드사살('벨이여, 왕을 보호하소서')로 바뀌었습니다(단 4:8). 벨(Bel)이라는 바벨론 신(사

46:1-2)의 봉사자와 예배자를 뜻하는 이름으로 바뀐 것입니다. 네 명의 유다 청년 포로들은 저항할 틈도 없이 순식간에 자신의 유대인 정체성을 빼앗겨 버렸습니다. 이렇게 순식간에 창씨개명을 당한 다니엘과 세 친구는, 갈대아인의 학문과 언어를 습득하고 바벨론 제국의 무력숭배 정치에 적응해 가면서 서서히 바벨론 사람이 되도록 요구받고 있는 자신의 모습을 발견했을 것입니다. 바벨론 왕을 위한 충성스러운 신하로 변모되는 과정은, 야훼의 백성으로서 살아가야 할 영적 의기(義氣)를 심각하게 부식시키는 과정임을 그들은 피부로 느꼈을 것입니다. 그들은 중대한 기로에 서 있는 자신들을 발견했습니다. "자, 이제 어떻게 살 것인가? 누구의 신하로 살 것인가? 어느 나라의 백성으로 살 것인가?"

이 흐름을 그대로 방치하면 다니엘과 세 친구는 이제 바벨론 사람 벨드사살, 메삭, 사드락, 아벳느고가 되어 버립니다. 바벨론의 언어, 학문, 세계관, 그리고 바벨론의 음식은 그들을 영락없이 바벨론 사람으로 변화시킬 것입니다. "바벨론 사람으로 살아갈 것인가? 아니면 온 세계의 주재이신 야훼 하나님의 사람으로 남을 것인가? 야훼 하나님의 사람으로 남고자 한다면, 바벨론화를 중단시킬 방법은 무엇인가?" 중대한 결단을 앞에 두고 갈림길에 선 다니엘과 세 친구는 숱한 번민의 밤을 보내며 갈등했을 것입니다.

바벨론 제국이라는 거대한 세속사회 한복판에서 하나님 자녀의 정체성을 부정당할 위기에 처한 다니엘과 세 친구는 그 거대한 흐름에 어떻게 맞설 수 있을까요? 바벨론 왕에게 약탈되어 바벨론 왕국 창고에 적치된 예루살렘 성전 기명 같은 신세로 전락한 그들이 무엇을 할 수 있을까요? 스스로의 운명을 개척할 권리마저 빼앗긴 채 바벨론 왕의 자문관으로 훈육될 수밖에 없는 그들이 무슨 결심을 하더라도 자신의 비통한 운명을 초극할 가능성은 거의 없어 보였습니다.

거룩한 반항, 대안 제시형 불복종(8-14절)

그러나 다니엘은 같이 포로로 끌려온 세 친구와 함께 바벨론 왕의 산해진미와 포도주로 자신을 더럽히지 않으려는 위대하고도 단호한 결심을 하기에 이르렀습니다. "뜻을 정하여 왕의 음식과 그가 마시는 포도주로 자기를 더럽히지 아니하리라"는 굳센 결심을 한 것입니다(8절). 이 결심은 숱한 밤과 낮 동안 그들을 괴롭혀 온 질문에 대한 장엄한 응답이었습니다. "지금 세계를 제패한 바벨론 제국의 영화를 바라고 거기에 빌붙어 살 것인가? 아니다. 총칼을 의지해 세계를 정복한, 힘을 숭배하는 나라에 빌붙어 살 수는 없다." 그 결심은 그들을 야웨의 나라에 굳게 결박시켰습니다.

> 우리를 지켜 주지 못한 조국 유다와, 그 유다를 지켜 주지 못한 무능한 신 야웨를 믿고 신봉할 것인가? 아니다. 유다 왕이 바벨론으로 유배되고 성전의 귀한 그릇과 제구들이 바벨론에게 약탈되는 사태가 벌어진 것은 하나님의 무능 때문이 아니라, 우리의 죄악 때문이다. 우리는 전능하고 신실하신 야웨를 믿고 경배할 것이다.

포로로 끌려온 대다수의 동시대인들과는 달리, 다니엘과 세 친구는 야웨 하나님을 당신의 백성을 지켜 주지 못한 무능한 신이라고 원망하지 않았습니다. 그들은 그들 민족이 하나님을 배반했기 때문에 하나님의 공의로운 심판을 받고 있다고 판단했습니다. 자신의 선택에 따라 자신의 미래도 결정될 순간에 다니엘과 세 친구는 야웨 하나님을 향해 전심에서 우러난 신뢰와 경배를 드리기로 결심한 것입니다. 마치 동면기에 접어든 것같이 침묵하시는 하나님, 역사의 주무대를 힘 있는 지상 제국에게 위탁하신 채 구만리장천 천궁으로 퇴각하신 것처럼 보이는 하나님, 공의와 정의의 팔을 거두시고 형형하고도 혁혁한 당신의 임재를 철수시킨 것처럼 보이는 야웨 하나님을 믿기로 결단한 것입니다. 이처럼 다니엘과 세 친구는 오랜 심사숙고 끝에 바벨론 사람으로 살지 않기로 결심했습니다. 좋지 않은 패가 들어오자 판을 뒤엎고 다시 시작하고 싶어 하는 사람들과는 달리, 그들은 나쁜 패를 안고도 하나님을 믿고 끝까지 고(go) 하기로 결심했습니다. 다니엘과 세 친구는 바벨론의 산해진미를 먹으며 바벨론 사람으로 변화되는 것을 거부하기로 작정했습니다. 하나님을 향한 결심으로, 험악한 세상 속에서 하나님 나라의 일꾼으로 자라 가기로 결단한 것입니다.

여기서 잠시 생각해 봅시다. 이 유다 청소년들의 영적 복원력은 어디서 생겨난 것일까요? 그들의 이름 속에 답이 있어 보입니다. 그들이 받은 유년의 가정교육과 신앙교육이 야웨의 백성으로 살기로 한 그들의 결심을 가능케 했다는 것입니다. 다니엘과 세 친구는 야웨 하나님을 섬기는 신실한 가문의 자녀였기 때문에 이런 영적 저항력과 자기복원력을 가질 수 있었던 것입니다. 그들의 이름에 '야'(Yahweh)

와 '엘'(Elohim)이 있다는 것은, 그들의 가정이 야웨 하나님과 엘로힘 하나님을 믿는 데 충성된 가정이었음을 시사합니다. '야'와 '엘'이 새겨진 이름을 가진 청소년들은 야웨 하나님(엘로힘)에 대한 충성심을 함양받으며 양육되었기에 바벨론 제국의 유혹에 맞설 내공을 쌓을 수 있었을 것입니다. 여기서 우리는 어린 시절에 '야'와 '엘'의 사랑과 돌봄의 손길을 깊이 경험한 청소년들이 영적 상록수와 재목으로 자라갈 가능성이 크다는 암시를 받습니다.

이런 비장한 분위기 속에서 다니엘과 세 친구는 자기를 더럽히지 않겠다는 다소 애매모호한 말로 직속상관에게 자신들의 결정을 알립니다(8절). 바벨론 황실 장학생들에게 주어진 특혜를 오히려 시험과 유혹이라고 판단하고 자신에게 지정된 왕실 음식을 먹지 않기로 결심한 것입니다. 이 작은 자기부인이 나중에 있을 훨씬 더 중대한 위기와 유혹의 상황에서 한결 수월하게 자기부인을 할 수 있게 만들었을 것입니다. 그들은 화려하고 기름기 넘치는 왕의 음식이 단순히 음식이 아니라 그 이상이라는 것을 알았습니다. 그들은 그 화려한 식탁이 바로 바벨론의 호의를 먹고 바벨론 사람으로 살아가자는 바벨론 제국의 유혹이자 초청인 것을 인지했습니다. 루드비히 포이어바흐(Ludwig Feuerbach)가 말했듯이, 사람은 그가 먹는 바 그 자체입니다(Man is what he eats). 음식물이 인격과 사유를 지배한다는 말입니다. 바벨론 음식을 먹으면 바벨론 사람이 된다는 것입니다. 그래서 다니엘과 세 친구는 바벨론 왕이 주는 특별음식을 거부하기로 한 것입니다. 다니엘이 대표로 이 결심을 환관장에게 알렸습니다. 자신을 더럽히지 않겠다는 다니엘의 이 결심은 바벨론 왕실 정책에 대한 반발로 보일 수도 있었으나, 한편으로는 신들의 호의와 접촉 알현권을 얻기 위해 부정한 것들과의 접촉을 삼가려는 영적 구도자의 경건한 수련 태도로 보일 수도 있었을 것입니다. 듣기에 따라서는 환관장이 그다지 어렵지 않게 이해할 수도 있는 제안이었다는 것입니다. 아니나 다를까, 환관장은 일단은 우호적으로 반응했습니다. 9절은 하나님이 다니엘로 하여금 환관장에게 은혜와 긍휼을 얻게 하셨다고 증언합니다. 하나님의 사람은 때때로 가장 세속적인 직속상관의 마음을 얻을 수도 있습니다. 그러나 10-13절을 보면, 이 환관장의 우호적인 반응은 손쉽게 얻어 낸 것이 아니라 나름대로의 합리적인 지혜와 대안 제시를 통해 얻어 낸 것임을 알 수 있습니다.

다니엘은 직속상관에게 합리적인 대안을 제시하면서 왕이 지정한 음식을 먹으라는 명령에 불복종하겠다고 한 것입니다. 우선, 채식이라는 대안을 제시하고, 자신이 하는 그 대안 식사가 용납될 수 있는 것인지 검증해 보자고 합리적인 제안을 한 것입니다. 비록 이름을 빼앗기고 언어와 학문은 빼앗겼을지라도 먹는 문제만큼은 유대인의 정체성을 지키고자 하는 간절한 염원이 그로 하여금 채식을 하겠다고 선언하게 한 것입니다. 다니엘은 이 일에 자신의 세 친구까지 참여시켰습니다. 네 명이 단결하여 왕의 진미와 포도주를 거부하고 채식을 하겠다고 나섰습니다. 네 명의 유다 포로 청소년들은 체제 안에서 대안적 불복종을 시작한 것입니다. 법이 정한 테두리 안에서 바벨론 사람처럼 되기를 거부하기로 한 것입니다. 그들은 바벨론 왕의 지정음식을 거부함으로써 자신들이 바벨론 사람처럼 되는 것에 스스로 제동을 걸었습니다. 바벨론 왕의 지정음식으로 살아간다는 것은 바벨론의 호의와 힘으로 살아간다는 것을 의미했기에, 바벨론 왕의 음식을 거절한다는 것은 저항이나 도전으로 해석될 수 있었습니다. 더군다나 왕궁에서 왕의 지정식단에 따라 제공되는 음식을 먹는 것은 종교행사(바벨론 신들과의 친족관계 형성 의례)의 일부일 때가 많았을 것입니다. 고대의 희생제사가 신과 인간 사이에 친족관계를 만들어 내거나 이미 형성된 친족관계를 유지시켜 주는 영양학적 계약 의례였다는 것은 이미 학자들의 연구 결과 밝혀진 사실입니다. 다니엘과 세 친구가 "왕의 진미와 포도주"를 거부한 것은 바벨론 신들과 친족관계 맺기를 거부한 행동이었던 것입니다. '계약'을 의미하는 히브리어 '버리트'는 '음식을 먹다'를 뜻하는 '바라'에서 파생되었습니다(삼하 12:17; 13:6, 10, 겔 34:20. 또한 BDB, 186을 보라). 이처럼 고대 사회에서 식사가 계약적인 함의가 강한 행사라는 점을 고려할 때, 이 네 청년이 바벨론 왕의 식단을 거부한 것은 적지 않은 모험이었을 것입니다.

다니엘과 세 친구가 바벨론 왕의 산해진미와 포도주가 자신들을 더럽힐 것이라고 생각하고 그것을 거부한 데는 보다 분명하고 구체적인 종교적 이유가 있었을 것입니다. 우선, 바벨론 왕의 식사는 레위기 11장이 금지하는 모든 육식이 포함된 식단이었을 가능성이 있습니다. 더 심하게는, 다니엘과 세 친구가 거부한 왕의 진미와 포도주가 바벨론 제국의 신들에게 바쳐진 음식이었을 가능성도 배제할 수 없습니다. 왕의 음식과 포도주가 자신들을 더럽힌다고 생각한 것을 보면 이런 추론이 가능합니다. 더럽혀진다는 것은 무엇을 말하는 것일까요? 우선, 이방군주가 주는 산해진미를 먹고 포만감에 빠져 야웨 하나님을 잊어버리고 이방 신에게 충성을 맹세하는 행위가 바로 더럽혀지는 것입니다. 이방군주가 주는 음식을 먹고 배부르고 취하게 되면 야웨 하나님의 백성으로서의 정체성은 급격하게 쇠약해질 수밖에 없습니다. 야웨 하나님께 대한 충성심은 금세 사라지고 맙니다. 따라서 바벨론 왕의 진미와 포도주는 하나님의 자녀들의 영적 순결성을 더럽히는 부정한 것이 됩니다. 이런 관점에서 보면 왕의 진미와 포도주를 먹는 것은 십계명의 1계명을 어기는 셈이 됩니다. 다니엘과 세 친구는 바벨론의 종교와 문화에 동화되기를 거부하겠다는 뜻으로 왕의 진미와 포도주를 거부한 것입니다. 그들은 채식과 물로 상징되는 단순한 삶(simple life)을 선택한 것입니다. 채식과 물은 포만감의 문화보다는 약간의 건강한 허기를 대표하는 식단이요 자기부인의 식단입니다. 간절함과 기대를 상징하는 식사입니다. 다니엘과 세 친구는 이처럼 이방군주가 제공하는 고칼로리의 산해진미 대신에 단순하고 검소한 식단을 선택함으로써, 하나님의 간섭과 도움을 기대하며 스스로 자기축소와 자기부인을 실험해 본 것입니다.

하지만 10절이 보여주듯이, 직속상관은 다니엘의 대표 제안을 듣고 처음에는 당혹스러워했습니다. 그는 만일 다니엘과 세 친구가 채식을 하다가 영양이 결핍되어 얼굴이 초췌해지면 자신의 목숨이 위태로워질 것이라고 말하며 그들에게 자신의 사정을 하소연하는 처지가 되었습니다. 고대 바벨론 제국과 페르시아 제국에서 환관의 얼굴빛은 왕의 하루 심기를 좌우할 정도로 큰 영향을 끼쳤습니다. 왕 앞에서는 사람은 험상궂은 얼굴빛을 보여서는 안되며 초췌한 낯빛으로 왕의 마음에 불안감을 일으켜서도 안되었습니다. 환관을 포함한 왕의 측근 보좌진은 왕의 목숨을 노릴 수 있는 가장 위험한 인물이기도 했습니다. 얼굴빛이 사납거나 불안하면 왕이 신변에 불안을 느낄 수 있었습니다. 다니엘의 직속상관은 바로 이 점을 염려한 것입니다. 그들의 얼굴빛이 사납거나 초췌해져 있으면, 왕이 노여워하거나 불안해 할 수 있습니다. 이 점에 비추어 볼 때, 페르시아의 수산궁에서 아닥사스다 1세의 술 맡은 관원장이었던 느헤미야가 얼굴에 수심이 가득한 채 왕의 면전에 나가 공무를 보았다는 것이 얼마나 위태로운 상황을 초래할 수 있었던 것인지 짐작이 됩니다(느 2:2). 왕이 눈치챌 정도로 수색이 가득한 얼굴로 왕 앞에 출입했다는 것은, 파직은 물론이고 경우에 따라서는 사형에 처해질 수도 있는 위험한 행동이었습니다. 그럼에도 느헤미야는 조국의 동포들이 직면한 역경을 듣고 그 얼굴에서 수색을 지우지 못한 진정성의 사람이었습니다. 다니엘과 세 친구는 얼굴빛에 따라 운명이 바뀔 수 있는 상황에 처한 것입니다.

이런 상황에 대비하여 다니엘과 세 친구는 직속상관에게 한 가지 합리적인 제안을 합니다. 채식과 물만 먹고 얼굴에 광채가 나는지 초췌한 얼굴빛이 나타나는지 실험해 보자고 나선 것입니다(12절). 다니엘은 담당 환관에게 10일 동안 채식과 물만 먹는 시험 기간을 가져 보자고 제안합니다. "청하오니 당신의 종들을 열흘 동안 시험하여 채식을 주어 먹게 하고 물을 주어 마시게 한 후에 당신 앞에서 우리의 얼굴과 왕의 음식을 먹는 소년들의 얼굴을 비교하여 보아서 당신이 보는 대로 종들에게 행하소서"(12-13절). 누가 들어도 합리적인 제안이었습니다. 담당 환관은 이 제안을 수락하고 다니엘과 세 친구에게 열흘간 채식과 물을 공급했습니다. 이처럼 다니엘은 작고 "사소한" 일에서부터 자신의 결심을 밀고 나갔습니다. 세속의 조직사회 속에서 살아가는 그리스도인들에게는 이처럼 중간공리적인 순교가 필요합니다. 큰 순교에 앞서, 자신의 양심을 지킬 수 있는 작고 사소해 보이는 일에서부터 순교하는 것이 필요한 것입니다.

거룩한 반항이 거둔 작은 성공(15-21절)

다니엘과 세 친구의 거룩한 불복종은 어떤 결과를 낳았을까요? "열흘 후에 그들의 얼굴이 더욱 아름답고 살이 더욱 윤택하여 왕의 음식을 먹는 다른 소년들보다 더 좋아 보인지라"(15절). 채식은 섬유질 음식이라 우리 얼굴빛을 결정하는 간, 내장, 위 등을 깨끗하게 청소하고 혈액순환을 원활하게 함으로써 윤기와 광채를 내게 합니다. 이 사실은 모든 영양학자들의 공통된 주장입니다. 그러나 다니엘서가 단지 채식주의를 옹호하는 것은 아닙니다. 오히려 영적인 절제와 기도생활, 자기부인의 영성 수련을 더욱 부각시키는 것처럼 보입니다. 아름다운 얼굴은 조형의 문제만이 아니라 광채의 문제라는 것입니다. 얼굴의 윤기와 광채는 하나님을 향한 영적 집중에서 나온다는 뜻입니다. 얼굴은 얼('정신'의 순우리말)의 고을('장소', '굴'의 옛말)입니다. 얼이 비쳐서 머무는 곳이 얼굴입니다. 하나님과 밀접하게 동행한 사람은 그 얼이 하나님의 영광을 반사하게 됩니다. 그 영광의 반사작용이 우리 얼굴빛으로 나타나는 것입니다. 이런 원리 때문에 다니엘과 세 친구는 누구보다도 더 윤택하고 생기 넘치는 얼굴빛을 유지할 수 있었던 것입니다. 이처럼 열흘 동안의 실험을 토대로 네 청소년의 얼굴빛이 더욱 윤택해진 것을 확인한 감독관은 그들에게 지정된 음식을 제하고 채식을 주었습니다. 3년 내내 그들은 이처럼 영적으로 깊이 있는 단순한 식사를 하면서 하나님께 몰입된 기도와 학문에 전력투구했습니다.

다니엘과 세 친구의 작지만 거룩한 불순종은 결국 그들이 하나님의 자녀라는 자신의 정체성을 지키는 데 결정적인 계기가 되었습니다. 17-20절은 왕의 진미와 포도주를 거부하고 하나님의 자녀의 정체성을 지키기 위해 분투했던 젊은이들을 하나님께서 어떻게 축복하셨는지를 증언합니다.

> 하나님이 이 네 소년에게 학문을 주시고 모든 서적을 깨닫게 하시고 지혜를 주셨으니 다니엘은 또 모든 환상과 꿈을 깨달아 알더라. 왕이 말한 대로 그들을 불러들일 기한이 찼으므로 환관장이 그들을 느부갓네살 앞으로 데리고 가니 왕이 그들과 말하여 보매 무리 중에 다니엘과 하나냐와 미사엘과 아사랴와 같은 자가 없으므로 그들을 왕 앞에 서게 하고 왕이 그들에게 모든 일을 묻는 중에 그 지혜와 총명이 온 나라 박수와 술객보다 십 배나 나은 줄을 아니라(17-20절).

하나님께서는 경건한 다니엘과 세 친구에게 학문을 주시고(배우고 깨닫는 마음), 서적을 깨닫는 마음을 주시고, 모든 환상과 꿈을 해석할 수 있는 미래학과 운명 해석학에 통달한 중보자와 예언자가 되게 하셨습니다. 17절에는 특별히 주목할 만한 세 가지 표현이 나옵니다. "학문", "모든 서적"('세페르'), "지혜"('호크마')와, 특히 다니엘에게 주신 "환상"('하존)과 "꿈"('할로모트') 해석 능력이 그것입니다.

첫째, 학문이라고 번역된 히브리어는 '지식'('마다')입니다. 하나님께서 네 청년에게 '지식'을 선사하셨습니다. 지식은 야웨를 경외하는 자에게 주시는 하나님의 일반은총입니다. 그것은 인격적인 하나님께서 이 세계를 창조하실 때 정해 두신 법칙과 원리들을 통달하고 해박하게 이해하는 능력입니다. 지식은 인격적인 창조주 하나님에 대한 친밀한 앎, 곧 하나님을 경외하고 예배하는 삶을 통해 받아 누리는 하나님의 선물입니다. 하나님은 경건하고 의로운 네 소년에게 하나님이 지으시고 운행하시는 이 역사와 세계에 대한 깊은 통찰력을 주셨던 것입니다. 사실 하나님이 지으신 이 세상 속에 생겨난 모든 지식은 근본적으로 하나님을 반영하고 묘사하는 지식이거나 하나님을 아는 지식에서 파생된 사유의 결과입니다. 모든 개별 학문 영역의 지식도 그것이 인류의 번영에 이바지하고 하나님을 경외하게 만드는 겸비 안에서 작동하는 한 어디까지나 신학의 지류인 셈입니다. 토마스 아퀴나스(Thomas Aquinas)에 따르면, 신학은 하나님께 인도하고, 하나님에 의해 가르쳐지고, 하나님을 가르치는 학문입니다. 모든 학문은 하나님의 창조주적인 위엄과 권능뿐 아니라 구원자요 역사의 주재자이신 하나님의 섭리에 대한 직간접적 증언이며 추론이라는 점에서 신학입니다. 인격적인 창조주 하나님께 대한 깊은 경외심과 창조 주권에 대한 믿음 안에서 쌓은 지식만이 참 지식이요 홍익인간적 지식이며 이 세계를 살리는 지식입니다. 하나님의 창조 주권에 대항하면서 반인류적인 실험과 관찰, 조작을 통해 얻어지는 지식은 금단의 열매를 따먹으면서 쟁취한 지식입니다. 그런 지식은 실상 반(反)지식입니다. 올더스 헉슬리(A. Huxley)가 쓴 『멋진 신세계』에 등장하는 조작적·도구적·인간과

괴적 과학지식은 지식의 탈을 썼으나 인간을 파괴하고 비인간화하며 하나님께 저항하게 만드는 반지식인 셈입니다. 오늘날 대학에서 가르치는 지식은 창조주 하나님에 대한 바른 앎에서 연원하고 파생된 지식이기보다는 계몽된 인간 혹은 무의식의 심연에 좌우되는 감성적 인간을 신격화하고 하나님의 창조 주권을 침범하는 반지식일 경우가 많습니다. 제도 교회에 다니지 않는 자들도 양심과 창조 질서에 편만한 하나님의 성품과 능력에 대한 경외심으로(시 19:1-7, 롬 1:20) 어느 정도의 지식을 획득할 수 있으나, 그 지식은 특별계시인 성경에 의해 완전케 되어야 할 예비지식입니다. 미적분을 푸는 능력, 외국어 실력, 법학 지식, 컴퓨터 기술 등은 모두 실용적이고 도구적인 지식입니다. 이 지식은 이 세상에서 직장을 얻는 데 필요하기는 하지만 하나님을 경외하게 만드는 지식이 아니라는 점에서 분명 한계가 있습니다. 하나님을 경외하고 이웃을 사랑하고 섬기는 참된 지식의 견제를 받지 않는 실용적·도구적·조작적 지식은 반드시 사망의 열매를 맺게 됩니다. 다니엘과 세 친구에게 주신 학문은 하나님을 두려워하고 삼가며 사는 삶을 가능케 해주는 실천적 지식이었습니다.

둘째, 하나님께서는 경건한 다니엘과 세 친구로 하여금 책과 지혜에 능통하게 하셨습니다. 앞서 말한 학문의 은사가 신적 직관력을 의미한다면, 책과 지혜에서의 "능통"은 구전된 지식 체계와 오랫동안 축적된 지혜를 잘 분별하고 활용할 수 있는 능력을 뜻합니다. 갈대아인의 책과 지혜란, 당시 고대 메소포타미아 문명이 이미 2천 년간 축적해 온 지혜를 총집결해 둔 책과 문서와 구전으로 전해져 온 지혜 총람을 가리킵니다. 그것들은 한 개인과 한 나라의 흥망성쇠의 원리를 담은 정치학 교과서이자 윤리학적 언명이 담긴 잠언이며 세상 변혁의 징후를 예측하는 점성술 서적이었습니다. "지혜"는 요즘 표현으로 하면 윤리학과 정치학을 겸비한 경세학적 원리였습니다. 하나님께서 이 네 소년으로 하여금 갈대아인의 책을 이해하고 해석하며 구전 및 문헌으로 내려온 지혜를 습득하는 일에 탁월하게 하셨다는 것은, 그들이 나라들의 흥망성쇠를 예측하는 일에 탁월한 식견을 갖추었다는 것을 의미합니다. 여기서 하나님을 경외하고 순종하는 기독청년들은, 책과 역사적으로 축적된 지혜 습득에 민첩해야 하며 그 분야에서 탁월성을 이룰 수 있다는 생각에 도전받아야 합니다. 책과 역사 속에 축적된 지혜를 습득하는 탁월함을 통해 하나님 나라 운동에 기여할 수 있다는 생각도 도덕적·윤리적 영성 함양만큼이나 중요합니다. 기독청년들은 착하고 선량한 마음과 사상을 이 세계 속에 펼칠 수 있는 전문적이고 각론적인 실력으로 구비되어야 합니다. 기독청년들이 세상에 하나님 나라를 확장하려면 탁월한 실력을 갖추어 영향력을 끼칠 수 있는 지위를 가져야 한다는 고지점령론(高地占領論)이나 세상 사람들이 다 흠모하고 선망하는 고지보다는 아무도 가지 않은 좁고 협착한 미답지를 찾아 내려가야 한다는 미답지론(未踏地論) 둘 다 중요합니다. 그런데 일단 이 두 입장이 의미 있게 적용되려면 하나의 전제조건이 충족되어야 합니다. 그것은 기독청년들이 자신의 전문분야에서 고도의 탁월성과 식견을 쌓아, 어떤 경우에도 직장을 잃을까 두려워 하나님의 진리를 희생시킬 수밖에 없는 구차한 지경에 몰리는 일은 일단 없어야 한다는 것입니다. 이것은 기독청년들이 계량화된 학교 성적 체제에서 엘리트적 위치를 점해야 한다는 말이 아닙니다. 한 분야에서 일가견을 이룰 만한 식견과 실력을 갖출 필요성을 강조하는 것입니다. 기독청년들은 이런 식견과 실력을 갖춘 뒤에 각자 자신을 향한 하나님의 부르심을 따라가면 됩니다. 이 부르심이 있기 전에는, 하나님의 은총에 힘입어 공부와 지혜 습득에 있어서 발군의 기량을 갖춘 기독청년들이 되어야 합니다. 일촌광음 불가경(一寸光陰不可輕)의 마음으로 자기 분야에서 절차탁마하는 청년들에게 하나님 나라 운동에 참여할 기회가 주어질 것입니다.

마지막으로, 하나님께서는 다니엘에게 "모든" 환상과 꿈을 분변하고 해석하는 능력까지 더해 주셨습니다. 환상과 꿈은 미래에 일어날 일을 보여주는 동영상 형식의 신탁(信託)입니다. 이것은 깊은 잠이나 비몽사몽의 시점에서 받는 신탁으로서, 올바르게 해석되어야만 그것을 받는 자에게 유용한 신탁으로 기능할 수 있습니다. 여기서 강조된 "모든"이라는 관형사는 다니엘서가 진행될수록 두각을 드러낼 환상과 꿈 해석 능력을 예기케 합니다. 다니엘은 제왕들의 악몽 해석 전문가로 국제적 명성을 얻게 될 것이라는 말입니다. 결국, 다니엘서는 다니엘의 환상과 꿈 해석집이라고 부를 수 있습니다. 이 분야에서 다니엘은 얼마나 탁월했던지, 왕조가 교체되어도 그 명성을 유지할 수 있을 정도였습니다(21절). 다니엘서가 진행될수록 점점 더 드러나겠지만, 다니엘과 세 친구는 고도의 전문 실력으로 고지를 점령한 뒤에 결국은 미답지를 향해 내려갑니다. 자신의 모든 성공이 가져온 영광을 초개처럼 버리고 하나님의 살아 계심과 역사 주재권을 입증하기 위해 낮게 엎드립니다. 전인미답의 경지, 순교적인 정절 추구라는 좁고 좁은 길로 들어선 것입니다. 그들에게 실력 양성의 궁극적 목적은 하나님의 세계 통치권을 입증하고 확장하기 위한 것임이 드러날 것입니다.

20절이 시사하듯, 이 네 소년은 바벨론 황실대학교의 국가 경영학과 미래학 같은 분야에서 자신들의 탁월한 실력을 입증했습니다. 특히 다니엘은 바벨론 왕의 자문 역할에서 타의 추종을 불허하는 자문관이 되었습니다. 제국을 통치하는 왕을 돕는 국가 경영 컨설턴트가 된 것입니다. 그는 실력을 쌓아 바벨론 중심이 아니라 하나님 나라 중심의 세계 경영 컨설턴트가 되었던 것입니다. 다니엘과 세 친구가 선사받은 영적 예지와 통찰력은 그들의 경건생활에 대한 하나님의 선물이었지만(시 119:97-100, 잠 1:7; 2:6-9; 21:30; 22:29) 그들의 능동적 분투 또한 칭찬받아 마땅합니다. 특히 다니엘서 2장은 세계를 통치하시는 하나님 나라의 자문관으로 승격된 다니엘의 활약상을 보여줍니다. 그는 이방군주인 동시에 부당한 명령을 남발하는 직속상관인 느부갓네살을 영적으로 감동시키기도 합니다(4장). 폭력과 불의로 세상을 다스리는 제국의 황제 느부갓네살과 벨사살을 책망하고 그들에게 공평과 정의를 시행할 것을 촉구하기도 합니다(5장).

1장 21절은 다니엘이 바벨론 제국을 멸망시킨 페르시아의 초대 왕 고레스 원년(주전 539년)까지 왕성하게 활동했음을 증언합니다. 그가 바벨론 제국보다 더 오래 살아남았다는 것입니다. 느부갓네살이 죽고(주전 562년) 23년 후, 바벨론 제국은 페르시아의 초대 황제인 고레스에게 멸망당해 역사 속으로 사라졌습니다.

결론

다니엘서 1장은 다니엘과 세 친구가 자신의 정체성을 지키기 위해 치른 희생과 그 결과를 말합니다. 그들의 이야기는 바벨론 제국의 헤게모니를 인정하면서도 자신의 개인적·영적 정절과 지조를 유지하는 것이 얼마나 중요한지를 가르쳐 줍니다. 성경에서 바벨론은 성도들이 가까이해서는 안되는 반(反)하나님적인 인간 도성을 대표하는 것으로 각인되어 있습니다(창 11:1-9). 바벨론 제국은 하나님의 자녀들에게 충성과 경배를 요구하는 "현실 권력"과 "부귀영화"를 상징합니다. 현실 권력과 부귀영화는 이 세상을 살아가는 모든 사람들에게 뿌리치기 힘든 유혹입니다. 유다 왕국의 멸망으로 하나님 나라의 가시적 형체는 흔적 없이 사라진 것처럼 보이고, 그 자리에 바벨론 제국이라는 화려한 현실 권력이 휘광을 발휘하면서 경배와 충성을 요구할 때, 다니엘과 세 친구는 바벨론 제국의 현실 권력보다 더 궁극적으로 실재하는 하나님 나라의 질서를 믿고 거기에 투신했습니다. 그들이 그렇게 할 수 있었던 것은, 자신이 누구인지 정확히 알고 있었기 때문입니다. 자기가 누구인지를 아는 것, 곧 정체성 의식이야말로 모든 기독청년들의 가장 으뜸되는 교양입니다.

다니엘서 1장은 몇 가지 면에서 정체성(identity) 위기에 빠져 있는 기독청년들에게 강력하게 도전합니다. 다니엘과 세 친구는 정체성을 박탈당할 위기를 경험하지만 매순간 그 위기에 맞서지는 못했습니다. 바벨론 제국은 야웨와 엘로힘의 자녀들의 이름을 이방 신과 문화와 유착된 이름으로 바꾸는 방식으로, 그들의 자아정체성을 박탈하려고 했습니다. 바벨론 제국이 그들을 위해 새롭게 이름을 지어 준 일은 그들에 대한 바벨론 제국의 주권 행사를 의미합니다(창 2:20, 23; 17:4-5, 15 참조). 바벨론 제국은 나름대로 호의와 특혜를 베풀면서 다니엘과 세 친구에게 더 이상 야웨 하나님의 자녀로 살지 말라고, 배타적 유일신앙의 올무에서 빠져나와 광활한 상대주의의 바다로 헤엄쳐 가라고 유혹한 것입니다. 다니엘과 세 친구는 이 초보적인 위협, 곧 창씨개명의 결정에는 저항하지 못했습니다. 그들이 한갓 포로에 불과했기 때문이었습니다.

바벨론식으로 이름을 개명당한 것뿐만 아니라 바벨론 황실이 직영하는 학교를 다닌 경험 또한 그들이 유대인 정체성을 유지하는 데 도전적인 상황을 초래했을 수 있습니다. 이 도전적 상황에서도 그들은 내면의 신앙심으로 정체성을 지킬 수 있었습니다. 하지만 바벨론 왕의 식탁에서 제공되는 음식을 먹는 문제만은 단호한 결심으로 맞섰습니다. 바벨론 왕의 음식을 먹는 것은 자신들이 바벨론화되는 것을 결정적으로 촉진시킬 수 있다고 믿었기 때문입니다. 바벨론 포로 공동체의 영적 지도자였던 에스겔 선지자는 바벨론 포로들이 자신을 부정케 하는 음식을 먹게 될 상황을 경고했습니다(겔 4:10, 12-15). 부정한 떡과 가증한 고기를 먹게 될 상황을 미리 경고한 것입니다. 다니엘과 세 친구가 거절한 식사는 단순한 음식이 아니라 왕의 기대와 왕의 은총을 대표하는 산해진미였고, 또한 그것은 모세의 제사법(레 11장)에 따르면 부정한 음식으로 가득 찬 식사였을 것입니다. 그래서 왕의 산해진미로 가득한 식사를 향유하는 것은 바벨론적 정신에 투항하는 중간단계의 심리적 무장해제와 같은 의례였을 것입니다. 다니엘과 세 친구는 이 지점이 정체성을 박탈당할 수 있는 최대 위기라고 느끼고 저항했던 것입니다.

이처럼 예언자적 영성을 둔화시키는 세속의 산해진미를 즐기면 영적으로 죽어 버립니다. 하지만 오늘날 우리는 왕이 즐기는 산해진미를 탐하는 시대에 살고 있고 있지 않습니까? 유다에서 올라온 하나님의 사람이 벧엘 성소의 패역과 우상숭배 죄를 탄핵하는 예언을 하러 갔다가 벧엘 선지자의 융숭한 향응을 받은 뒤 어떻게 되었는지 기억해 보십시오(왕상 13장). 그는 사자의 밥이 되는 처지로 전락했습니다. 그러나 그를 찢어 죽인 사자는 그를 먹지 않았습니다. 먹지 말라는 하나님의 명령에 순종하기 위해서였을 것입니다. "이세벨의 상에서 먹는" 바알 선지자와 아세라 선지자처럼(왕상 18:19), 부정한 산해진미를 먹는 예언자는 영적인 백치가 되어 버립니다. 광야에서 굶주린 엘리야, 하나님의 우로와 이슬만 먹고 연명하는 엘리야만이 하나님과 영적인 소통을 유지했고 그 시대를 향한 하나님의 말씀을 대언했습니다. 부유한 사람들의 융숭한 대우에 길들여지면 진리의 외침을 외쳐야 하는 결정적인 순간에도 짖지 못하는 개가 된다는 사실을, 기독청년들은 명심해야 합니다. 자신이 먹는 음식이 누가 주는 것인지를 자나 깨나 조심하며 먹어야 합니다.

기독청년들은 자신의 정체성을 흐리게 만들거나 부인하게 만드는 바벨론의 느부갓네살과 같은 유혹과 위협을 어떻게 맞아야 할까요? 가장 중요한 것은 하나님 자녀의 정체성을 분명히 선언하는 일입니다. 하나님 자녀의 정체성은 하나님과 계약적 결속감을 누리고 사는 자의 정체성입니다. 신구약 성경 말씀에 기록된 계명의 말씀에 자신을 결박하는 정체성입니다. 성경에 기록된 하나님 말씀을 요약하면, 하나님 사랑과 이웃 사랑의 계명입니다. 전심으로 하나님을 사랑하고 이웃을 자기 몸처럼 사랑하라는 말씀을 지키겠다고 단호하고 지속적으로 결심할 때 이 정체성은 정립됩니다. 우리가 사는 세상이 의롭고 공평한 사회라면 하나님의 자녀로 살겠다는 결단은 사회 속에서도 무리 없이 용납되고 지지받을 것입니다. 그러나 우리가 살아가는 이 세상은 하나님을 등진 욕망과 자랑이 주도하는 사회입니다. 따라서 하나님 자녀의 정체성을 지키는 일은 이 세상의 주류 가치 및 지배 질서와 긴장과 갈등을 유발합니다. 바벨론 제국이 피정복민 유다 포로들을 그냥 내버려 두지 않고 그들에게 바벨론화되기를 강요했듯이, 이 세상의 지배적 가치와 문화는 그 안에 사는 개인들을 부단하게 규정하고 지배하며 체제에 순응하는 개인으로 변질시키려고 합니다. TV 광고, 신문 기사, 동시대 사람들이 사는 모습에 무방비로 노출될 때, 그런 지배적 가치와 질서에 무심결에 편승하게 됩니다. '7년 직장생활해서 33평 아파트 사는 법'이나 '30일간 15킬로 빼는 다이어트 비법' 등의 슬로건에 자주 노출되면, 그런 광고가 그려 내는 세상 질서에 순응하는 개인으로 변해 간다는 말입니다. 그러므로 세상의 지배적인 흐름과 주류 문화가 반성경적이고 반기독교적일 때 하나님 자녀의 정체성을 지키는 길은 명예로운 고립을 선택하는 것입니다. 세상의 주류 문화에 끼고 싶어 하는 자신의 열망을 단순하게 살겠다는 결심으로 극복하면 하나님 자녀의 삶이 가능하다는 것입니다. 급속하게 부자가 되려는 마음, 부당한 방법으로 부귀영화를 이루려는 의지에서 해방되면 하나님 자녀의 정체성을 지키기가 그만큼 쉬워집니다. 초의(草衣)를 입고 우로(雨露)를 마시는 마음으로 사는 자만이 영적인 능력을 입고 역사와 인생을 주재하시는 하나님의 통치 궤적을 환히 꿰뚫어 볼 수 있습니다. 눈에 보이는 바벨론 제국은 눈에 보이지는 않지만 더 궁극적인 실재인 하나님 나라에 대한 충성심의 진정성을 검증하는 일종의 보조무대일 뿐임을, 그는 확신할 수 있습니다.

다시 우리는 묻습니다. "나는 야웨 하나님께 속한 하나님의 자녀인가? 나는 누구이며, 나에게 기대되는 삶은 무엇인가? 내 인생에서 일어나서는 안되는 일은 무엇인가?" 사실 "나는 누구인가"를 아는 것이 "나는 무엇을 할 것인가", "어떤 직업에 종사할 것인가"를 결정하는 필수적인 선행 지식입니다. "나는 유행과 동료들과 직장 상사의 압력에 허물어지는 진흙 같은 정체성을 가진 사람인가, 아니면 바람이 불수록 더욱 깊이 뿌리내리는 나무 같은 기독청년인가? 억만년의 세월 속에 고열과 바람으로 구워지고 담금질된 바위 같은 성도인가, 아니면 바람에 흔들리는 갈대인가?" 다니엘서 1장을 읽는 기독청년들은 이 질문을 회피할 수 없습니다. 기독청년들은 어떤 환경에도 흔들리지 않는 금강석 같은 영적 정체성을 정립해야 합니다. 다니엘과 세 친구가 걸어간 길이 오늘 한국의 기독청년들에게 한없는 격려와 함께 세찬 도전 의식을 불러일으키기를 바랍니다. 그들은 자신이 하나님 자녀의 정체성을 새롭게 함으로써 역경에 장엄하게 응전했습니다. 오늘날 우리 기독청년들도 하나님 자녀의 정체성을 지키기 위해서는 바벨론 제국의 문화가 주는 위협과 유혹으로부터 창조적 탈출과 분리를 감행하지 않으면 안될 것입니다.

이런 이유 때문에 예언자 이사야는, 바벨론 제국이 망하고 이제 이스라엘 고국으로 돌아가도 좋다는 고레스의 칙령을 듣고도 바벨론 땅에 잔류하고자 했던 이스라엘 동포들에게 즉각적으로 바벨론을 떠날 것을 강력하게 권고했습니다. 바벨론에서 나와서 갈대아인을 피해 사막과 광야를 거치더라도 이스라엘로 돌아가라고 권고한 것입니다(사 48:20-21). 왜냐하면 바벨론은 참된 신앙을 와해시키는 영적 무저갱이기 때문입니다. 어느 시대이건 순결한 성도들은 바벨론 제국의 실체를 위협과 유혹으로 느낍니다. 요한계시록에 가면 바벨론 제국(실상 로마 제국)은 세상 권력과 제국을 뜻하는 상징이 됩니다. 초대교회 성도들은 종말의 거룩한 순결을 보전하는 전투 와중에 "내 백성아, 바벨론에서 나오라. 음녀 바벨론에서 나오라"는 다급한 하나님의 명령을 들었습니다(계 18:1-4). 성도의 영적 순결을 위협하는 유혹과 박해의 도시인 바벨론은 하나님의 어린양의 인을 맞은 순결한 성도들이 머물 곳이 못 된다는 것입니다. 계시록에 따르면, 바벨론 제국은 음란과 더러움의 영들이 깃든 거대한 성읍이며 광대한 그림자를 드리운 나무와 같습니다.

오늘날에는 대다수의 사람들이 거대 도시를 중심으로 주거지를 형성해 살고 있고, 성도들도 이 바벨론 같은 도시의 주거지역에 살고 있습니다(계 14:8; 17:5; 18:4). 17세기 영국의 시인 존 던(John Donne)이나 프랑스의 개신교 사상가 자크 엘룰이 말했듯이, 도시는 하나님으로부터 독립한 인간의 신학적 저항 의지의 산물입니다. 동생을 살해하고 하나님의 존전을 떠나 자기 안전을 보장하기 위해 성을 쌓은 가인이 창시한 문명인 것입니다(창 4:16). 도시 문명 자체가 하나님에 대해 저항하는 경향이 있다는 것이 성경의 암묵적인 주장입니다. 그래서 하나님께서는 우리 성도들에게 멸망할 바벨론 도성으로부터 창조적인 탈출을 감행하라고 명령하십니다. 도시생활의 편리와 호화스러움과 기름진 혜택으로부터 창조적 분리와 탈출을 감행하라고 명하십니다. 하나님의 자녀들이 도시생활에서 탈출해야 하는 이유는, 도시가 하나님께 대한 경외심과 이웃 사랑보다는 가인과 같은 저항과 독립 의지가, 이웃에 대한 사랑보다는 경계와 적의와 각축의 열기가 지배하는 곳이기 때문입니다. 도시생활이 주는 외양적 화려함이나 풍요함은 하나님께 대한 감미로운 순종과 이웃 사랑을 실천하기에 지난한 환경이라는 것입니다. 결국, 물과 채소로 대표되는 단순하고 검소한 삶으로 전환하는 것이야말로 가장 일차적인 바벨론 탈출이요 바벨론과의 창조적 분리입니다. 물과 채소는 자기부인, 겸손, 절제, 하나님께 대한 경외심을 상징합니다. 바벨론 제국은 정복욕, 자기주장 의지, 자기숭배, 힘 숭배 문화를 대표합니다.

우리가 살고 있는 세계는 힘 숭배와 권력 숭배, 욕망의 과잉 충족을 장려하는 바벨론 제국입니다. 따라서 이 세상과 긴장과 거리감을 느끼지 못하는 사람은 하나님 나라의 통치 밖에 버려진 사람입니다. 그 마음에 하나님의 통치보좌가 펼쳐져 있는 기독청년들은 이 세상을, 빠져나와야 할 바벨론 제국으로 간주합니다. 우리는 다니엘과 세 친구의 모범을 따라 바벨론 제국이 주는 호의와 특권을 잘 분별하여 거절할 수 있는 내적 용기를 갖추어야 합니다. 뱀처럼 지혜롭고 비둘기처럼 순결하게 살면서 바벨론 도성으로부터 창조적 탈출을 감행해야 합니다. 세상을 위한 빛과 소금이 되려면 이 세상으로부터 구별되어야 합니다. 아무리 활기차고 영속적인 것처럼 보여도, 세상은 기껏해야 안목의 정욕, 육신의 정욕, 그리고 이생의 자랑이 판치는 곳이기 때문입니다(요일 2:15-16).

그럼에도 예수님은 대제사장의 기도를 드리시면서, 제자들이 이 세상을 떠나 세상과 결별하는 것이 아니라 세상 한복판에서 진리로 거룩하게 보전되기를 원하셨습니다(요 17:15, 고전 5:10). 그래서 하나님은 구원받은 성도를 곧바로 천국으로 데려가시는 것이 아니라 죄 많은 이 세상 안에서 살아가기를 기대하시는 것입니다. 다만 세상 속에 있되 세상에 속하지 말아야 합니다. 구원받은 성도가 이 세상에서 살아가야 하는 이유는 세 가지입니다. 첫째, 이 세상을 구원하시려는 하나님의 구원 의지 때문에 성도는 세상 속에서 살아야 합니다. 그러나 다시 강조하거니와 세상에 속해서는 안됩니다(in the world, but not of the world). 직장생활은 세상 속에 있는 것을 의미하지만, 뇌물 수수, 금품 향응, 불의한 접대 등을 통해 사업 확장이나 경제적 성공을 추구하는 것은 "세상 속에 있는" 차원을 벗어나 세상에 "속한" 행위입니다. 공평과 정의를 실천하기 위해 국회의원직에 출마하는 것은 "세상 속에 있는 일"이나, 권세를 얻고 정권을 잡아 각종 특혜를 누리기 위한 공직 진출이나 출마는 단연 "세상에 속한 행위"입니다. 세상 속에 있는 성도는 반드시 자기 옆에 있는 누군가를 돕도록 파송되었다는 사실을 기억해야 합니다. 느부갓네살 같은 직장 동료나 상사는 다니엘 같은 그리스도인들에 의해 구원을 받도록 예정된 사람일 수 있습니다. 우리 그리스도인들은 먼저 구원받은 사람일 뿐입니다. 믿지 않는 사람이나 다른 종교를 가진 사람들에 비해 도덕적으로나 윤리적으로 우월해서 구원받은 것이 아닙니다. 따라서 우리는 바벨론 제국 같은 세상의 속성을 정확히 이해하면서도 세상을 경멸하며 거리감을 갖기보다는 아버지 하나님 같은 책임의식과 주인의식을 가져야 합니다. 우리 하나님이 온 세계의 주재자시라면 이 우주 어디에도 순전한 의미에서의 "세속사회"란 존재할 수 없습니다.

둘째, 구원받았지만 성도의 몸은 아직 구원받지 못했기 때문에 세상 속에서 살 수밖에 없습니다. 충분한 준비 없이 시도하는 분리주의보다는 세상과의 긴장어린 대치가 낫습니다. 구원받은 성도가 자신의 구원을 완성해 가는 영적 싸움을 벌이는 곳이 세상이며, 세상의 가치와 삶의 원리를 극복해 가는 실험이 이뤄져야 할 곳 역시 이 세상입니다. 우리 성도가 받은 구원이 진짜인지 가짜인지를 실증해 주는 것이 세상살이입니다. 세상과의 접촉점을 잃어버린 성도는 소극적으로 살거나 패배주의에 물들어 살기 쉽습니다. 세상은 단지 생계를 유지하게 해주는 일터일 뿐 아니라, 우리가 믿는 이 신앙이 참으로 진리인지를 실험하고 시험할 수 있는 무대이기도 합니다. 우리는 이 세상에서 기독교 신앙의 진리가 아무 막힘없이 통하고 적용된다는 확신을 갖기 위해 하나님의 진리를 열흘간 혹은 3년간 시험해 보도록 세속사회에 던져졌는지도 모릅니다.

셋째, 이 세상의 모든 악과 악의 주동자들을 일망타진하기 위해 기다리시는 하나님의 섭리 때문에 성도는 세상과의 접촉을 유지해야 합니다. 죄가 관영해 보이는 이 세상은 즉시 망하지 않습니다. 우리가 나중에 세상을 심판하실 하나님과 함께 이 믿지 않는 세상을 다스리려면 세상 사람들의 고단한 삶에 동참해 볼 필요가 있습니다. 더럽고 죄악된 세상에 대한 하나님의 심판의 토대를 확보하기 위해 성도들은 세상 속에서 하나님께 순종하며 살아야 합니다. 여기서 심판은 구원받을 자와 심판받을 자의 분리를 의미합니다(딤후 4:1). 우리는 세상에 살면서 그 세상으로 육박해 오는 하나님 나라의 통치권으로 악의 영토들을 무장해제시켜야 합니다. 물론 우리 그리스도인들의 순종만으로 이 세상이 하나님 나라로 변화되는 것은 아닙니다. 실로 그 변화는 인간적 분투의 몫이기도 하지만 궁극적으로는 순전히 하나님의 몫입니다. 하나님 나라는 선물인 동시에 과업입니다. 그럼에도 우리는 히틀러와 스탈린 같은 악마적 지배가 땅의 권세를 주장하는 세상에서 하나님의 공의로운 심판의 명분을 축적하기 위해 기다리고 순종하며 살아야 합니다. 이 기다림은 이 세상 죄인들에게 회개의 기회를 의미하는 것이기도 합니다.

그러나 분명한 것은 세속사회 안에서도 하나님의 구원과 회복의 역사는 아무 막힘없이 진행되고 있다는 점입니다. 가장 부조리하고 혼탁한 직장과 조직 속에서도 하나님의 세상 통치와 주권을 확증할 수 있습니다. 그러므로 기독청년들은 세속사회가 거대하고 완강하더라도 그 때문에 위축되지 말아야 합니다. 아무리 거대하고 위협적이고 유혹적인 세속사회라 할지라도, 그것은 여전히 하나님 나라 안에 있는 작은 먼지에 불과합니다(사 40:15). 바벨론 제국이 거대하다고 한들, 느부갓네살 왕이 세계를 제패한 절대군주라 한들, 그것들은 모두 야웨 하나님의 세계 경영과 통치 계획 가운데 활동하는 조연들에 불과합니다. 바벨론이 다스리는 세계 제국도 하나님 나라 안에서는 작은 점에 불과합니다. 그러므로 기독청년 여러분! 여러분의 충성심의 눈금을 하나님 나라로 옮겨 보기 바랍니다. 그때 비로소 박진감 넘치는 신앙생활이 시작될 것이며, 우리 인생은 거룩한 회오리바람을 타고 하늘 세계를 조감하는 영적 도약에 이를 수 있습니다. 그러기 위해 우리 기독청년들은 다니엘과 세 친구와 같이 아름다운 우정과 지지와 격려의 교제권을 만들고 그 안에 머물러야 합니다. 강력한 영적 모집단에 속한 개인만이 세상을 이기는 믿음의 승리자가 될 수 있습니다.

오늘날 여러분이 탈출해야 할 바벨론 제국은, 혹독한 경쟁 체제를 강요하며 기독청년들의 영적 염도를 묽게 만드는 신자유주의적 질서일 수 있습니다. 상품과 이윤의 관점에서 모든 인간의 활동에 값을 매기고 사람들을 평가하는 시장 전체주의적 세계 질서가 바로 오늘날의 바벨론 제국인 것입니다. 사람의 값어치를 경제적 생산성으로 재단할 수는 없습니다. 사람은 하나님의 형상을 따라 지음받은 거룩한 피조물이기 때문입니다. 오직 하나님 나라만이 사람을 상품화하는 이런 전일적 시장 지배체제를 비신화화할 수 있는 역사 변혁적이고 초월적인 준거를 제공합니다. 하나님 나라 운동에 결속된 청년만이 세상을 이길 수 있고 바벨론을 탈출할 수 있습니다. 다니엘 1장은 기독청년들로 하여금 이 바벨론 제국에 맞서 거룩한 저항 전선을 형성하도록 격려합니다.

2

고지론(高地論)과 미답지론(未踏地論)의 교차로, 국가경영 컨설턴트 다니엘

다니엘 2장

다니엘 2장

느부갓네살이 다스린 지 이 년이 되는 해에 느부갓네살이 꿈을 꾸고 그로 말미암아 마음이 번민하여 잠을 이루지 못한지라. 왕이 그의 꿈을 자기에게 알려 주도록 박수와 술객과 점쟁이와 갈대아 술사를 부르라 말하매 그들이 들어가서 왕의 앞에 선지라. 왕이 그들에게 이르되 내가 꿈을 꾸고 그 꿈을 알고자 하여 마음이 번민하도다 하니 갈대아 술사들이 아람 말로 왕에게 말하되 왕이여, 만수무강 하옵소서. 왕께서 그 꿈을 종들에게 이르시면 우리가 해석하여 드리겠나이다 하는지라. 왕이 갈대아인들에게 대답하여 이르되 내가 명령을 내렸나니 너희가 만일 꿈과 그 해석을 내게 알게 하지 아니하면 너희 몸을 쪼갤 것이며 너희의 집을 거름더미로 만들 것이요 너희가 만일 꿈과 그 해석을 보이면 너희가 선물과 상과 큰 영광을 내게서 얻으리라. 그런즉 꿈과 그 해석을 내게 보이라 하니 그들이 다시 대답하여 이르되 원하건대 왕은 꿈을 종들에게 이르소서. 그리하시면 우리가 해석하여 드리겠나이다 하니 왕이 대답하여 이르되 내가 분명히 아노라. 너희가 나의 명령이 내렸음을 보았으므로 시간을 지연하려 함이로다. 너희가 만일 이 꿈을 내게 알게 하지 아니하면 너희를 처치할 법이 오직 하나이니 이는 너희가 거짓말과 망령된 말을 내 앞에서 꾸며 말하여 때가 변하기를 기다리려 함이라. 이제 그 꿈을 내게 알게 하라. 그리하면 너희가 그 해석도 보일 줄을 내가 알리라 하더라. 갈대아인들이 왕 앞에 대답하여 이르되 세상에는 왕의 그 일을 보일 자가 한 사람도 없으므로 어떤 크고 권력 있는 왕이라도 이런 것으로 박수에게나 술객에게나 갈대아인들에게 물은 자가 없나이다. 왕께서 물으신 것은 어려운 일이라. 육체와 함께 살지 아니하는 신들 외에는 왕 앞에 그것을 보일 자가 없나이다 한지라. 왕이 이로 말미암아 진노하고 통분하여 바벨론의 모든 지혜자들을 다 죽이라 명령하니라. 왕의 명령이 내리매 지혜자들은 죽게 되었고 다니엘과 그의 친구들도 죽이려고 찾았더라. 그 때에 왕의 근위대장 아리옥이 바벨론 지혜자들을 죽이러 나가매 다니엘이 명철하고 슬기로운 말로 왕의 근위대장 아리옥에게 물어 이르되 왕의 명령이 어찌 그리 급하냐 하니 아리옥이 그 일을 다니엘에게 알리매 다니엘이 들어가서 왕께 구하기를 시간을 주시면 왕에게 그 해석을 알려 드리리이다 하니라. 이에 다니엘이 자기 집으로 돌아가서 그 친구 하나냐와 미사엘과 아사랴에게 그 일을 알리고 하늘에 계신 하나님이 이 은밀한 일에 대하여 불쌍히 여기사 다니엘과 친구들이 바벨론의 다른 지혜자들과 함께 죽임을 당하지 않게 하시기를 그들로 하여금 구하게 하니라. 이에 이 은밀한 것이 밤에 환상으로 다니엘에게 나타나 보이매 다니엘이 하늘에 계신 하나님을 찬송하니라. 다니엘이 말하여 이르되 영원부터 영원까지 하나님의 이름을 찬송할 것은 지혜와 능력이 그에게 있음이로다. 그는 때와 계절을 바꾸시며 왕들을 폐하시고 왕들을 세우시며 지혜자에게 지혜를 주시고 총명한 자에게 지식을 주시는도다. 그는 깊고 은밀한 일을 나타내시고 어두운 데에 있는 것을 아시며 또 빛이 그와 함께 있도다. 나의 조상들의 하나님이여, 주께서 이제 내게 지혜와 능력을 주시고 우리가 주께 구한 것을 내게 알게 하셨사오니 내가 주께 감사하고 주를 찬양하나이다. 곧 주께서 왕의 그 일을 내게 보이셨나이다 하니라. 이에 다니엘은 왕이 바벨론 지혜자들을 죽이라 명령한 아리옥에게로 가서 그에게 이같이 이르되 바벨론 지혜자들을 죽이지 말고 나를 왕의 앞으로 인도하라. 그리하면 내가 그 해석을 왕께 알려 드리리라 하니 이에 아리옥이 다니엘을 데리고 급히 왕 앞에 들어가서 아뢰되 내가 사로잡혀 온 유다 자손 중에서

한 사람을 찾아내었나이다. 그가 그 해석을 왕께 알려 드리리이다 하니라. 왕이 대답하여 벨드사살이라 이름한 다니엘에게 이르되 내가 꾼 꿈과 그 해석을 네가 능히 내게 알게 하겠느냐 하니 다니엘이 왕 앞에 대답하여 이르되 왕이 물으신 바 은밀한 것은 지혜자나 술객이나 박수나 점쟁이가 능히 왕께 보일 수 없으되 오직 은밀한 것을 나타내실 이는 하늘에 계신 하나님이시라. 그가 느부갓네살 왕에게 후일에 될 일을 알게 하셨나이다. 왕의 꿈 곧 왕이 침상에서 머리 속으로 받은 환상은 이러하니이다. 왕이여, 왕이 침상에서 장래 일을 생각하실 때에 은밀한 것을 나타내시는 이가 장래 일을 왕에게 알게 하셨사오며 내게 이 은밀한 것을 나타내심은 내 지혜가 모든 사람보다 낫기 때문이 아니라 오직 그 해석을 왕에게 알려서 왕이 마음으로 생각하던 것을 왕에게 알려 주려 하심이니이다. 왕이여, 왕이 한 큰 신상을 보셨나이다. 그 신상이 왕의 앞에 섰는데 크고 광채가 매우 찬란하며 그 모양이 심히 두려우니 그 우상의 머리는 순금이요 가슴과 두 팔은 은이요 배와 넓적다리는 놋이요 그 종아리는 쇠요 그 발은 얼마는 쇠요 얼마는 진흙이었나이다. 또 왕이 보신즉 손대지 아니한 돌이 나와서 신상의 쇠와 진흙의 발을 쳐서 부서뜨리매 그 때에 쇠와 진흙과 놋과 은과 금이 다 부서져 여름 타작 마당의 겨 같이 되어 바람에 불려 간 곳이 없었고 우상을 친 돌은 태산을 이루어 온 세계에 가득하였나이다. 그 꿈이 이러한즉 내가 이제 그 해석을 왕 앞에 아뢰리이다. 왕이여, 왕은 여러 왕들 중의 왕이시라. 하늘의 하나님이 나라와 권세와 능력과 영광을 왕에게 주셨고 사람들과 들짐승과 공중의 새들, 어느 곳에 있는 것을 막론하고 그것들을 왕의 손에 넘기사 다 다스리게 하셨으니 왕은 곧 그 금 머리니이다. 왕을 뒤이어 왕보다 못한 다른 나라가 일어날 것이요 셋째로 또 놋 같은 나라가 일어나서 온 세계를 다스릴 것이며 넷째 나라는 강하기가 쇠 같으리니 쇠는 모든 물건을 부서뜨리고 이기는 것이라. 쇠가 모든 것을 부수는 것 같이 그 나라가 뭇 나라를 부서뜨리고 찧을 것이며 왕께서 그 발과 발가락이 얼마는 토기장이의 진흙이요 얼마는 쇠인 것을 보셨은즉 그 나라가 나뉘일 것이며 왕께서 쇠와 진흙이 섞인 것을 보셨은즉 그 나라가 쇠 같은 든든함이 있을 것이나 그 발가락이 얼마는 쇠요 얼마는 진흙인즉 그 나라가 얼마는 든든하고 얼마는 부서질 만할 것이며 왕께서 쇠와 진흙이 섞인 것을 보셨은즉 그들이 다른 민족과 서로 섞일 것이나 그들이 피차에 합하지 아니함이 쇠와 진흙이 합하지 않음과 같으리라. 이 여러 왕들의 시대에 하늘의 하나님이 한 나라를 세우시리니 이것은 영원히 망하지도 아니할 것이요 그 국권이 다른 백성에게로 돌아가지도 아니할 것이요 도리어 이 모든 나라를 쳐서 멸망시키고 영원히 설 것이라. 손대지 아니한 돌이 산에서 나와서 쇠와 놋과 진흙과 은과 금을 부서뜨린 것을 왕께서 보신 것은 크신 하나님이 장래 일을 왕께 알게 하신 것이라. 이 꿈은 참되고 이 해석은 확실하니이다 하니 이에 느부갓네살 왕이 엎드려 다니엘에게 절하고 명하여 예물과 향품을 그에게 주게 하니라. 왕이 대답하여 다니엘에게 이르되 너희 하나님은 참으로 모든 신들의 신이시요 모든 왕의 주재시로다. 네가 능히 이 은밀한 것을 나타내었으니 네 하나님은 또 은밀한 것을 나타내시는 이시로다. 왕이 이에 다니엘을 높여 귀한 선물을 많이 주며 그를 세워 바벨론 온 지방을 다스리게 하며 또 바벨론 모든 지혜자의 어른을 삼았으며 왕이 또 다니엘의 요구대로 사드락과 메삭과 아벳느고를 세워 바벨론 지방의 일을 다스리게 하였고 다니엘은 왕궁에 있었더라.

"세상이 아무리 사악한 통치자가 다스리는 곳이라 할지라도 하나님의 다스림은 멈추지 않는다." 이것이 다니엘서가 시종일관 주장하는 중심 메시지입니다. 사악한 통치자가 다스리는 나라에서 살아가는 하나님의 백성도 신앙의 지조와 절개를 지키며 승리할 수 있다는 것입니다. 다니엘과 세 친구는 십대 때 이미 세속문화에 저항하는 영성을 길렀기 때문에 인생의 전성기에도 독야청청한 신앙적 패기를 견지할 수 있었습니다. 1장에서 살펴보았듯이, 하나님은 다니엘과 세 친구에게 "지식"을 통달하는 학문의 은사를 선사하고 모든 책과 지혜에 능통하게 하셨으며, 특별히 다니엘에게는 이상과 몽조를 깨닫는 특별 은사를 허락하셨습니다(1:17; 5:11-12). 다니엘과 세 친구의 예에서 알 수 있는 것은, 경건한 기독청년들은 단지 도덕적으로 선하고 윤리적으로 정결할 뿐만 아니라 세상을 경영하고 운영하는 일반학문과 기술 분야에서도 탁월성을 과시할 수 있어야 한다는 것입니다. 이 말은 엘리트주의를 찬양하거나 옹호하려는 것이 아닙니다. 탁월한 실력이 도덕성을 대신할 수는 없으나 어떤 경우에는 굉장한 도덕적 의미를 가질 수 있다는 점을 강조하는 것입니다. 억울한 해고나 죽음의 위기로부터 자신과 직장 동료를 구해 내는 능력이 될 수 있다는 것입니다. 다니엘의 환상 및 꿈 해석 능력은 이런 의미의 전문가적 실력 발휘의 좋은 예가 됩니다.

탁월한 전문가적 실력을 갖춘 기독청년들은 좋은 의미에서 출세하고 성공합니다. 여기서 출세와 성공에 대해 방어적인 자세를 가질 필요는 없습니다. 그보다는 출세와 성공을 어떻게 정의하는가 하는 것이 중요합니다. 출세와 성공은 부귀영화를 점할 수 있는 위치에 오르는 것이 아니라 한 공동체의 운명을 바꿀 수 있는 지도력을 발휘하는 위치에 오르는 것을 의미합니다. 하나님의 다스림을 펼칠 수 있는 곳에 오르는 것, 섬김과 봉사를 통해 이 세상을 하나님의 다스림 아래 복속시키는 기회를 얻는 것이 바로 출세요 성공입니다. 9급 공무원도 회사 말단조직의 직원도 의지만 있으면 자신의 지위를 활용해 하나님 나라의 대의를 펼칠 수 있습니다.

요즘 우리가 목도하고 있는 한국형 출세와 성공은 출세와 성공에 대한 환멸을 심어 줍니다. 세상이 말하는 출세와 성공은 대개 혹독한 고난과 무명의 시절을 보낸 인물이 온갖 권력과 부귀영화를 누리다가 마지막에는 감옥으로 가거나 패가망신으로 귀결되는 음울한 포물선을 그리지만, 성경적 의미의 성공과 출세는 철저한 자기비움이요 자기부인이며 하나님 사랑과 이웃 사랑을 위해 장렬히 산화(散華)하는 좁은 길의 행로입니다. 이 같은 성경적 의미의 출세와 성공은 겉보기에는 실패처럼 보일 수도 있습니다. 오히려 성경적인 출세와 성공을 추구하는 사람보다 편법과 불법, 기회주의적 처신에 능한 사람이 더 화려한 성공과 출세가도를 달리는 것처럼 보이는 때가 많습니다. 더욱 안타까운 것은 비열하고 불의한 방법으로 성공한 사람이 쉽게 망하지 않는다는 데 있습니다. 불의한 방법으로 성공하고도 망하지 않는 사람들이 우리 사회에는 많이 있습니다. 이것이 바로 윤리적 허무주의 혹은 도덕적 무정부 상태를 일으키는 현실입니다. 이렇듯 한국 사회는 열심히 일하지만 늘 힘들게 살아가는 사람들에게 분노와 좌절을 불러일으키는 면이 있습니다.

이런 상황에서 기독청년들은 시편 1편의 복 있는 사람의 인생 궤적에 주목하며 흔들리지 않을 수 있어야 합니다. 설령 반칙과 불법으로 성공한 사람이 생전에 하나님의 심판을 받지 않는 것처럼 보일지라도, 그의 성공과 출세가 온갖 부귀영화를 독점하기 위한 것이라면 그것은 성경이 말하는 성공과 출세가 아님을 명심해야 합니다. 시편 73편은 이 세상에서 성공한 것처럼 살고 마지막까지 평안하게 죽은 사람들이 하나님 앞에서 어떤 심판을 받는지를 실감나게 묘사합니다. 다니엘은 권력을 얻었으나 그것을 자신의 사리사욕을 채우는 데 쓰지 않았습니다. 고위직 공무원의 자리에 올랐으나 그것으로 개인적 영달을 추구하지 않았습니다. 그의 성공과 출세는 자신을 그 시대에 두신 하나님의 뜻을 섬기는 데 드려졌습니다. 어떻게 이런 일이 가능했을까요? 그는 하나님이 주신 지식과 학문, 능력과 지혜로 성공과 출세를 이루었기 때문입니다. 높이 올라갈수록 더욱 낮게 포복하며 사명의 길을 따라갔기 때문입니다.

다니엘은 하나님께 받은 지식과 지혜와 책을 통달하는 은사 외에도 환상과 꿈을 해석하는 탁월한 능력의 위치 에너지를 확보한 인물이었습니다. 위치 에너지는 높이에 정비례합니다. 높은 곳에서 떨어질 때 위치 에너지는 일순간에 운동 에너지로 바뀌면서 주변을 변화시키는 에너지를 방출합니다. 높은 위치 에너지를 가진 물체는 낮은 위치 에너지를 가진 물체보다 큰 운동 에너지를 내놓게 마련입니다. 높은 도덕적 이상과 탁월한 실력을 겸비한 고위직 공무원이 하는 말과 그가 내리는 결정은 상당히 영향력이 크다는 말입니다. 부귀영화를 누릴 수 있는 위치에 선 사람들이 그 자리에서 내려와 섬김과 봉사로 자신을 낮춘 삶을 살 때 큰 에너지가 발생합니다. 이것이 바로 위치 에너지가 운동 에너지로 치환되는 현장입니다. 자신의 전문분야에서 탁월한 실력을 발휘하는 기독청년은 언제든지 운동 에너지로 전환될 수 있는 위치 에너지와 같은 지도력을 확보한 인물입니다. 하지만 하나님에게서 비롯되지 않은 지혜와 지식은, 여러분을 고관대작으로 만들어 줄지는 몰라도 결국에는 몰락으로 이끌어 갈 것입니다. 세속적인 지식과 지혜에는 자기기만적인 면이 있기 때문입니다. 하나님을 경외하는 데서 오는 지혜와 지식이 아니라 자신의 능력과 지혜로 출세한 사람은, 그 지위가 주는 영화의 무게를 견뎌 낼 도덕성과 윤리적 청렴성을 만들어 내지 못합니다. 급기야 그는 출세와 부귀영화가 주는 무거운 하중을 견디지 못해 스스로 붕괴하고 맙니다. 하나님의 자녀는 자신의 출세와 성공의 근원 되시는 하나님께 부단한 순종과 자기부인을 함으로써 그 화려한 출세의 영광과 무게를 견딜 수 있습니다(롬 8:18 참조).

    2장에서 우리는 다니엘의 도덕적 승리뿐 아니라 그가 전문분야에서 거둔 탁월한 실력의 승리를 봅니다. 그는 바벨론 제국의 안정에 대한 집착 때문에 번뇌하는 느부갓네살이 악몽을 꾸고 나서 황망해

하는 모습을 대면합니다. 세계를 제패한 왕이 평화와 안전을 전망하며 안온한 행복을 누리기보다는 오히려 자신의 왕국이 멸망당하는 꿈에 시달리는 모습을 본 것입니다. 느부갓네살의 꿈은 자기암시적인 파멸의 꿈이었습니다. 또한 그것은 이스라엘의 하나님 야웨가 세계 역사의 흥망성쇠를 주장하고 계심을 깨우쳐 주는 하나님의 적극적인 계시였습니다. 구약의 하나님은 당신께서 세계 역사를 주재하고 계심을 이방군주의 꿈을 통해서도 얼마든지 계시하시는 하나님이셨습니다(창 20:3-6; 41:1-36[특히 25절]). 느부갓네살 왕의 꿈에서 하나님의 역사 주재권을 깊이 깨달은 다니엘은 그에게 제국의 흥망성쇠와 역사의 대원칙을 설명할 수 있었습니다. 그는 인간이 세운 모든 왕국이 잘게 부서진 뒤에 마침내 하나님 나라가 도래한다고 왕에게 전했습니다. 세계사는 제국들의 무덤이며, 제국이 세운 신상들은 하나님이 보내신 "산 돌"에 의해 산산조각 날 것을 역설한 것입니다. 느부갓네살은 다니엘의 이상과 몽조 해석에 탄복하며 권력자의 자기도취와 광기에서 일시적으로 풀려나 이성을 되찾습니다. 그리하여 자신에게 제국의 권세를 맡긴 분이 이스라엘의 하나님 야웨라는 것을 고백하게 됩니다.

느부갓네살의 꿈(1-13절)

느부갓네살은 세계를 제패한 지상 최고의 권력자가 되자마자 자신이 구축한 제국의 안정에 대한 불안으로 인해 밤마다 악몽에 시달렸습니다. 참으로 무서운 역설이자 모순이지요? 그 꿈은 그가 왕위에 오른

지 불과 2년 만에 찾아온 악몽이었습니다. 왕의 재위 2년차는 정상적인 경우라면 평화와 번영의 기틀을 다질 시기입니다. 그런데도 느부갓네살 왕은 바로 그해에 마음에 큰 번뇌를 안겨 주는 악몽을 꾸며 잠을 이루지 못했습니다(1절). 고대 근동 세계에서 왕의 꿈은 그 나라의 장래를 밝혀 주는 중대한 계시 기능을 할 때가 많았습니다(창 20:3-7; 41:1-36). 왕들은 꿈에 일어난 일을 현실의 연장으로 생각하여, 많은 경우 꿈에 근거해서 자신의 자리를 위협할 잠재적인 경쟁자나 막강한 신하 혹은 자신의 아들이나 왕세자나 인척 등을 의심하고 숙청했습니다. 그래서 고대 메소포타미아의 왕들은 자신의 꿈을 말해 주기를 꺼렸습니다. 꿈의 내용을 말하면 정변(政變)을 촉발할 가능성이 커지기 때문이었습니다. 이런 이유 때문에 느부갓네살은 자신의 왕실 자문관들을 총동원하여 자신이 꾼 꿈이 무엇인지부터 알아맞히고 그것을 해석해 보라고 명령했습니다. 박수와 술객과 점쟁이와 갈대아 술사들(직역하면 갈대아인들, the Chaldeans)이 갑자기 악몽을 꾸고 나서 당황스러워하는 왕 앞에 소환되었습니다(2절). 박수('하르투밈'), 술객('아샤핌'), 점쟁이('머카쉬핌'), 갈대아 술사('카스딤')는 왕국의 미래와 안정에 관해 왕에게 말해 주는 자문관으로서, 국가적 안위와 길흉화복, 천재지변, 전쟁의 향배 등에 관한 신탁(神託)을 왕에게 중개하는 일을 맡고 있었습니다. 이런 일을 맡은 자들이 네 부류나 느부갓네살 왕 옆에 상주하며 자문했다는 것은, 그가 바벨론 왕국의 안전에 대해 얼마나 확신을 갖지 못했는지를 보여주는 역설적인 증거입니다. 고대 메소포타미아의 왕들은 진정으로 신들의 뜻을 알기를 원하는, 어떤 의미에서는 경건한 유신론자들이었습니다. 고대 메소포타미아 문명권의 왕들은 신들이 언제든지 인간사에 개입하여 한 나라의 제왕의 운명을 좌우하고 전쟁의 승패를 주장하는 등 인간 나라들의 흥망성쇠를 전적으로 관장할 수 있다고 믿었기 때문에 자신들의 꿈이 계시 기능을 갖는다고 믿었던 것입니다.

느부갓네살 왕은 먼저 자신이 악몽에 시달리고 있음을 토로했습니다(3절). 그러자 갈대아 술사들이 아람 말로 "왕이여, 만수무강 하옵소서"라는 의례적인 인사를 한 후 "왕께서 그 꿈을 종들에게 이르시면 우리가 해석하여 드리겠나이다" 하고 말했습니다(4절, "왕이여"부터 이후 7장 전체가 아람어로 기록되어 있습니다). 2절에 언급된 네 부류의 영적 중개자들 가운데 갈대아 술사들이 왕에게 먼저 꿈의 내용을 말해 달라고 요청한 것입니다. 다니엘서에서는 이 술사들이 바벨론 왕국 자문관들의 대변인 역할을 하는 장면이 한 번 더 나옵니다(3:8). 갈대아 술사들의 요청을 듣자마자 느부갓네살 왕은 그들에게 추상같은 명령을 거듭 내렸습니다.

내가 꾼 꿈을 해석하라고 명령을 내렸으니 너희들이 그 꿈과 그 해석을 의당 알려 줄지니라. 그렇지 않으면 너희들 몸을 쪼개 버리고 너희들의 집을 거름더미로 만들어 버릴 테다. 그러나 만일 너희들이 꿈과 그 해석을 내게 알려 주면 선물과 상과 큰 영광을 내리리라. 그러니 어서 내가 꾼 꿈과 그 해석을 가져오라(5-6절, 저자 사역).

위협과 상급을 동시에 내놓고 꿈을 해석하라고 재촉한 것입니다. 왕이 자신이 꾼 꿈을 신하들에게 털어놓고 해몽을 부탁하는 것은 왕의 위신에 걸맞지 않은 처신이라고 본 것입니다. 그러나 갈대아 술사들도 쉽게 물러서지 않았습니다. 먼저 꿈의 내용을 말해 주어야 해석해 주겠다고 버텼습니다(7절).

갈대아 술사들의 이런 완강한 태도에 느부갓네살은 격노했습니다. 왕은 갈대아 술사들이 자신이 꾼 꿈을 해석할 능력이 없으니까 지연 작전을 편다고 생각한 것이지요(8절). 격노한 왕은 다시 한번 만일 그들이 자신이 꾼 꿈을 먼저 알아맞힌 뒤에 그것을 해몽하지 않는다면 그들을 처형하겠다고 위협했습니다. 왕은 갈대아 술사들이 무능력을 은폐하기 위해 거짓말과 망령된 말을 지어내서 왕의 불안과 격노가 잦아지기를 기다리는 술책을 부린다고 오해했고, 그래서 속히 자신이 꾼 꿈을 해석해 내라고 그들에게 다그친 것입니다(9절). 느부갓네살 왕이 얼마나 밤의 악몽에 시달렸기에 이토록 조바심을 내며 자신의 악몽을 해몽해 달라고 요구하는 것일까요? 제왕의 꿈은 나라의 안정과 미래에 결정적이었다고 알려진 고대 사회의 관습을 고려할 때 어느 정도 이해가 됩니다. 하지만 느부갓네살의 광기어린 재촉은 그가 꾼 꿈에 대한 독자들의 궁금증을 한층 증폭시킵니다. 긴장이 고조되지만 해결책은 보이지 않습니다.

이 상황에서 갈대아인 술사들은 조금도 후퇴하지 않고 정공법을 택합니다. 역사적 전례를 거론하면서 왕이 먼저 꿈을 털어놓아야 한다고 압박한 것입니다. 아직 그들은 자신들의 무능력을 고백하면서 왕의 처분에 목숨을 맡겨 버리는 자포자기의 상태에는 이르지 않았습니다. 오히려 느부갓네살 왕의 광포한 행동이 전례 없는 폭거라는 식으로 몰아 붙입니다. 이 세상 누구도 왕이 밤에 꾼 꿈을 알아내어 해석해 준 사람이 없었으며, 심지어 어떤 고금의 권세 있는 제왕도 박수나 술객이나 갈대아인들에게 이처럼 터무니없는 명령을 내린 일이 없었다고 항변합니다(10절). 갈대아 술사들은 죽기를 각오하기라도 했는지, 느부갓네살 왕의 폭거에 저항하는 듯한 태도를 취한 것입니다. 아마 그들은 자신들의 숫자를 믿고 덤벼든 것도 같습니다. 하지만 그것은 광포해진 제왕을 진정시키는 데 크게 도움이 안된 것 같습니다. 다만 그들은 자신들에게 맡겨진 과업이 얼마나 엄청난 난제인지를 에둘러 말함으로써 다니엘의 등장을 준비하는 역할을 떠맡습니다. 그들은 느부갓네살 왕이 명령한 그 꿈의 파악과 해석은 인간으로서는 불가능한 과업이며, "육체와 함께 살지 아니하는 신들 외에는" 그 일을 능히 해낼 자가 없다는 점을 분명히 선언한 것입니다(11절). 이것은 자신들이 육체와 함께 살지 아니하는 신들의 신탁을 매개할 능력이 없다는 점을 간접적으로 시인한 말이기도 합니다. 진실을 털어놓은 것이지요. 이런저런 말로 대드는 갈대아 술사들의 변명과 무능력에 지친 왕은 진노하고 통분해 하며 급기야는 바벨론의 지혜자들을 다 죽이라고 명령하기에 이릅니다(12절). 제왕의 명령은 곧 현실이 되었습니다. 느부갓네살의 명령이 답지하는 곳마다 바벨론의 지혜자들이 처형됐고 마침내 이 지혜자 자문단에 갓 입문한 인턴급 자문관인 다니엘과 그의 친구들도 처형당할 위기에 처했습니다. 느부갓네살의 악몽이 다니엘과 그 친구들의 목숨을 위태롭게 한 것입니다. 왕의 근위대장 아리옥이 바벨론의 지혜자들을 죽이려고 동분서주하다가 마침내 다니엘을 체포하러 옵니다(13절).

다니엘에게 은밀한 것을 보이신 하나님(14-24절)

다니엘은 명철하고 슬기로운 말로(14절) 왕의 근위대장 아리옥에게 항의했습니다(15절). "왕의 명령이 어찌 그리 급하냐." 그러자 아리옥이 일의 자초지종을 다니엘에게 말해 주었습니다. 다니엘은 왕이 자신에게 어느 정도 말미를 주면 왕이 꾼 꿈과 그 해석을 알려 드리겠다고 약속합니다(16절). 왕은 다니엘에게 말미를 주었습니다. 다니엘은 이미 느부갓네살 왕의 광기가 어디에서 비롯된 것인지 어느 정도 짐작하고 있었던 것으로 보입니다. 그는 자신에게 은밀한 계시와 환상 해석의 능력을 주신 하나님을 신뢰함으로써 왕의 분기충천한 살기와 소란한 불안을 흡수하고 하나님과의 영적 소통을 위한 기도 정진에 착수합니다. 왕의 근위대장 아리옥의 처형 행렬을 멈춰 세운 뒤에 다니엘은 자기 집으로 돌아가 세 친구 하나냐와 미사엘과 아사랴에게 상황을 알리고 특별기도를 부탁했습니다(17절). 다니엘은 친구들에게 하늘에 계신 하나님이 이 은밀한 일에 대해 그들을 불쌍히 여기사 그들이 바벨론의 다른 지혜자들과 함께 죽임을 당하지 않도록 해주시기를 간구하자고 한 것입니다. 이 순간부터 지상의 위기를 알리는 네 청년의 기도가 구원을 호소하는 급발신 메시지가 되어 분초를 다투며 하나님의 보좌로 타전되기 시작했습니다. 지상 최고의 권력자가 부리는 광기에 목숨을 잃게 된 술사와 박수와 박사와 지혜자들을 구출해 달라는 강청기도가 하나님의 귀에 타전되자마자 하나님의 보좌로부터 신속한 회신이 왔습니다. "이에 이 은밀한 것이 밤에 환상으로 다니엘에게 나타나 보이매 다니엘이 하늘에 계신 하나님을 찬송하니라"

(19절). 갈대아 술사들이 인정한 것처럼, 느부갓네살의 꿈은 육체의 제약을 받지 않으시는 하나님만이 꿰뚫어 볼 수 있는 신비의 영역이었습니다. 그러나 하나님께는 신비가 있을 수 없습니다. 인간의 가장 은밀한 불안이나 심리적 작동마저도 그분 앞에서는 수정처럼 투명하게 감찰될 수밖에 없습니다.

> 여호와여, 주께서 나를 살펴보셨으므로 나를 아시나이다. 주께서 내가 앉고 일어섬을 아시고 멀리서도 나의 생각을 밝히 아시오며 나의 모든 길과 내가 눕는 것을 살펴보셨으므로 나의 모든 행위를 익히 아시오니 여호와여, 내 혀의 말을 알지 못하시는 것이 하나도 없으시니이다 (시 139:1-4).

하나님은 멀리서도 피조물 인간의 생각을 밝히 아시며 인간이 누워서 생각하는 것까지도 아십니다. 다니엘은 밤의 환상으로 나타난 하나님의 계시를 받았던 것입니다.

20-23절에서 다니엘은 밤의 환상을 통해 느부갓네살의 은밀한 꿈을 통찰하게 하신 하나님을 한껏 찬양합니다. 낮의 분주한 일과를 마친 고요한 밤은 다니엘이 하나님과 한층 깊은 소통을 개시하는 시간이었습니다. 다니엘에게 밤은 생산적인 시간이었습니다. 하나님의 음성이 더욱 잘 들리고 하나님의 묵시가 잘 포착되는 시간이었습니다. 밤의 환상을 통해 느부갓네살 왕의 꿈과 그 의미를 통달케 하심으로 죽음의 곤경에서 자신을 구원해 주신 하나님께, 다니엘은 감사와 찬양을 드렸습니다(23절). 이 기도 응답을 통해 다니엘은 하나님에 관한 세 가지

구체적인 진리를 선포합니다. 첫째, 하나님은 지혜와 능력의 하나님이시므로 영원부터 영원까지 찬송받아 마땅하다는 것입니다(20절). 지혜와 능력의 하나님은 곧 창조주 하나님을 의미합니다. 창조주 하나님의 지혜와 능력에 대해 성경 기자들—특히 창세기, 욥기, 시편 기자들, 그리고 예언자들—이 보여주는 경탄과 놀람을, 현대인들은 충분히 이해하지 못합니다. 하나님이 전능하시니 천지창조는 아주 손쉬운 것이었다고 쉽게 단정합니다. 그러나 구약성경의 기자들은 하나님의 천지창조가 하나님의 지혜와 능력의 경연장이었음을 감격에 겨워 찬양합니다. 현대인들은 자신의 지혜와 능력에 도취되기만 할 뿐 하나님의 지혜와 능력에 대한 경외심과 찬탄을 잃었습니다. 느부갓네살의 비극이 바로 그것이었습니다(단 4:27). 신학과 신앙은 하나님의 지혜와 능력의 광대함 앞에 놀라고 두려워하는 데서 시작됩니다. 다니엘은 이런 하나님의 지혜와 능력에 대한 지각이 탁월한 사람이었습니다.

둘째, 하나님은 창조 질서에 정하신 원리에 따라 때와 계절을 바꾸고, 왕들을 폐하고 세우시며(창 1:14), 지혜자에게 지혜를 주시고 총명한 자에게 지식을 주시는 소통과 계시의 하나님이십니다(엡 1:9-19). 하나님은 창조주일 뿐 아니라 역사를 주관하시는 역사의 주재자라는 것입니다. 자연의 순환과 역사의 중심세력의 교체는 하나님께서 감당하시는 고유 사역입니다. 하나님께서는 이 모든 하나님의 창조와 역사 주관 섭리를 깨닫는 능력과 예지를 총명한 자와 지혜자에게 주십니다(21절). 총명한 자와 지혜자는 하나님의 말씀에 지극히 예민하게 순종하는 자로서 하나님과 밀접하게 동행하는 실천적 경건의 사람을 말합니다. 인간의 수준에서 볼 때는 아무리 깊고 은밀한 일이라 할지라도 하나님께서는 환하게 꿰뚫어 보십니다. 하나님은 어두운 데 있는 것도 아십니다. 어둠과 빛이 그분께는 일반입니다. 하나님께는 피조물의 가장 은밀한 것마저 환히 탐조하시는 계시의 빛이 있기 때문입니다(딤전 6:16, 히 4:13-14).

마지막으로, 다니엘은 이 전지전능하신 하나님께서 자신과 친구들의 간절한 기도에 응답하여 자신에게 신적 능력과 지혜를 주셨음을 선언합니다(23절). 그는 야웨 하나님께서 느부갓네살 왕이 꾼 그 악몽의 실체를 자신에게 환히 보여주셨다고 말합니다. 이에 다니엘은 근위대장 아리옥에게 달려가 바벨론 지혜자들에 대한 처형을 중지하고 즉각 자신이 왕을 알현할 수 있게 주선해 달라고 요청합니다(24절).

유다 자손 다니엘의 꿈 해석에 경악하는 느부갓네살(25-45절)

아리옥은 다니엘을 데리고 급히 궁으로 들어가 왕께 그를 알현시켰습니다. 아리옥은 자신이 마치 왕의 악몽을 해석할 자를 적극적으로 찾아낸 것처럼 다니엘을 소개합니다(25절). 왕은 벨드사살로 개명한 유다 자손 다니엘을 보자마자 자신의 꿈을 해석할 수 있느냐고 물었습니다. "내가 꾼 꿈과 그 해석을 네가 능히 내게 알게 하겠느냐"(26절). 다니엘은 먼저 왕이 깨닫기 원하는 그 은밀한 꿈은 지혜자나 술객이나 박수나 점쟁이가 해석할 수 없음을 강조한 다음, 그처럼 은밀한 것을 나타내실 이는 하늘에 계신 하나님뿐임을 역설합니다. 느부갓네살 왕이 꾼 꿈은 하나님께서 그의 왕국에 일어날 일을 미리 알려 주신 계시임을 말한 다니엘은, 앞으로 일어날 일을 알려 주실 분은 하나님밖에 없다는 사실을 강조합니다(사 45:21; 46:10). 그 이유는 자신의 배후에 하나님이 계심을 강조하기 위해서였습니다. 이렇게 뜸을 들인 후에, 다니엘은 "왕이 침상에서 머리 속으로 받은 환상"의 내용을 놀랍게도 정확하게 묘사하기 시작합니다(28절). 이 같은 다니엘의 카리스마는 가뜩이나 악몽 때문에 위축되어 있던 느부갓네살을 더욱 초라하게 만들었을 것입니다.

29-30절은 느부갓네살 왕의 꿈이 생성된 경로를 암시합니다. 느부갓네살 왕이 꾼 꿈은 그가 침상에 누워 자신과 왕국의 장래 일을 생각할 때 "머리 속"에서 일어난 일입니다. 30절이 말하듯이 왕 자신이 마음으로 생각하던 일이 꿈으로 나타난 것입니다. 강대한 앗수르 제국을 멸망시키고 그것을 도와주려고 출병한 애굽 제국마저 제압해서 지상에서 더 이상 도전할 세력을 남겨두지 않고 완전한 승리를 굳힌 느부갓네살 왕이, 그 성공의 정점에서 곧장 장래 일에 골몰하며 불안해했다는 것은 참 역설적이지요? 현재는 느부갓네살이 장악했을지라도 장래 일은 여전히 그가 장악하지 못한 불확실성의 영토였던 것입니다. 그만큼 장래 일은 그에게 불안의 영역이었습니다. 그가 쳐부순 앗수르와 이집트 제국도 영원히 해가 지지 않을 것 같은 강대한 제국이었으나 결국 신흥 바벨론 제국에 의해 멸망했듯이, 자신이 세운 바벨론 제국도 장래를 기약할 수 없다는 생각으로 인해 왕은 제국의 무상함에 번민했을 것입니다. 제국의 왕이 누워 있는 그 "침상"은 얼마나 호화로웠겠습니까? 상아 궁의 비단 침대에 누워 숱한 비빈과 궁녀들의 시중을 받으면서 주지육림의 연회를 즐기며 평화롭게 잠들어야 할 그

시각에, 이 세계 정복자는 제국의 미래에 대한 불안과 염려로 잠을 이루지 못한 것입니다. 이것이 바로 느부갓네살의 머리 속에 잠복해 있던 불안과 염려와 두려움의 정체였을 것입니다. 하나님께서는 왕의 잠재의식 속에 억눌려 있던 공포와 불안이 밤마다 바벨론 제국의 제왕을 유린하도록 하신 것입니다. 다니엘은 하나님께서 자신에게 왕이 꾼 꿈의 비밀을 깨닫게 하신 것은 자신의 지혜가 다른 사람의 지혜보다 더 컸기 때문이 아니라 왕이 몰두해 있는 생각이 무엇인지를 알려 주고자 하시는 하나님의 의지 때문임을 분명히 밝힙니다. 하나님께서는 다니엘의 꿈 해석을 통해 느부갓네살 왕이 자신을 사로잡고 있는 불안과 염려의 정체가 무엇인지를 스스로 알아차리도록 도우신 것이지요(30절). 물론 이 말은 느부갓네살의 꿈이 단지 그의 억눌린 잠재의식의 발현이라는 뜻은 아닙니다. 분명히 그의 꿈에는 느부갓네살의 불안과 염려를 활용한 하나님의 계시가 내포되어 있었습니다. 하나님께서 느부갓네살의 잠재의식에 내장된 불안에서 자라난 꿈을 통해 당신의 세계 통치 마스터플랜을 계시한 것이라고 보는 편이 더 정확한 판단일 것입니다.

31-35절은 왕이 꾼 꿈을 정확하게 묘사합니다. 간밤에 자신이 꾼 꿈을 이렇게 정확하게 알아맞히는 다니엘 앞에서 느부갓네살은 점점 더 위축되었을 것입니다. 꿈의 내용은 간단합니다. '왕이여, 당신은 한 거대하고 광채가 매우 찬란하여 전율을 일으킬 만한 신상을 보았습니다. 그 거대한 우상의 머리는 순금이요 가슴과 두 팔은 은이요 배와 넓적다리는 놋이요, 그리고 무릎 아래의 발은 쇠와 진흙이었지요.'(32-33절). 느부갓네살은 순금 머리, 은으로 된 가슴과 두 팔, 놋으

로 된 배와 넓적다리, 그리고 쇠와 진흙이 뒤엉켜 있는 발을 가진 거대한 사람 모양의 신상을 본 것이었습니다(33절). 34절은 왕의 꿈이 부정적인 반전을 맞이하는 장면을 말합니다. '그런데 왕께서 놀란 이유는 그 거대한 신상이 돌에 의해 가루가 될 정도로 파쇄되는 것을 보았기 때문이지요?'(35절) 느부갓네살은 손으로 다듬어지지 않은 돌이 어딘가에서 굴러와 먼저 신상의 쇠와 진흙의 발을 쳐서 부서뜨리자(34절), 신상 전체가 넘어져 부서지는 것을 본 것입니다. 쇠와 진흙의 발을 쳐서 부서뜨리자 쇠와 진흙뿐만 아니라 놋과 은과 금도 다 함께 부서져 여름 타작마당의 겨같이 바람에 날려 버렸습니다. 신상은 종적을 찾을 길 없이 사라져 버렸고 대신 우상을 친 돌은 태산을 이루어 온 세계에 가득 찼습니다(35절). 이것은 누가 들어도 상서롭지 않은 꿈이었습니다. 결국 느부갓네살은 자기 제국의 앞날에 대해 매우 불길한 신탁(神託)을 받은 셈입니다. 손으로 뜨지 않은 돌은 일찍이 이스라엘의 하나님 야웨의 제단으로 쓰인 돌을 의미했습니다. 이스라엘의 가장 오래된 계약 법전(the Book of Covenant, 출 20:22-23:33)에 따르면, 가나안의 우상숭배 제단과 거룩하게 구별되는 이스라엘의 제단에 관한 규정이 나옵니다.

  여호와께서 모세에게 이르시되 너는 이스라엘 자손에게 이같이 이르라. 내가 하늘로부터 너희에게 말하는 것을 너희 스스로 보았으니 너희는 나를 비겨서 은으로나 금으로나 너희를 위해 신상을 만들지 말고 내게 토단을 쌓고 그 위에 네 양과 소로 네 번제와 화목제를 드리라. 내가 내 이름을 기념하게 하는 모든 곳에서 네게 임하여 복을 주리라. 네가 내게 돌로 제단을 쌓거든 다듬은 돌로 쌓지 말라. 네가 정으로 그것을 쪼면 부정하게 함이니라(출 20:22-25).

이것은 가나안의 철 연장으로 다듬은 제단이 아니라 자연석을 그대로 이용해서 야웨께 제물을 바치라는 규정입니다(마카베오상 4:47 참조). 이것은 가나안 땅에 들어간 이스라엘이 가나안의 제단을 도입할 때 가나안의 종교나 신 관념도 함께 도입할 것을 경계하여 주신 계명이었습니다. 다듬지 않은 돌은 야생적이고 원시적인 광야의 유목민적 야웨 신앙을 의미합니다. 금이나 은으로 만든 신상은 제사장 집단의 귀족화를 초래하고 성전의 권력기관화와 우상화를 재촉할 가능성이 있기 때문에 하나님께서는(또한 모세는) 토단 혹은 자연석 제단 위에 하나님께 드릴 제물을 바치라고 하신 것입니다. 이 얼마나 야생적이고 순전한 종교입니까? 느부갓네살로서는 도저히 정체를 알 길 없는 이 거룩하고 공격적인 돌의 정체를 다니엘은 알았을 것입니다. 다니엘서 내내 다니엘은 "그 안에 하나님이 살고 있는 사람"으로 묘사됩니다. 불안과 두려움으로 가득 찬 이방군주의 속마음을 완벽하게 투시하는 다니엘의 능력은 전율을 일으킵니다. 히브리서 4:12-13은 다니엘이 어떻게 절대 권력의 보좌에 앉아 있는 이방군주의 어둔 동굴 속 같은 내면을 탐조할 수 있는지를 알려 줍니다(약 1:2-5 참조). 다니엘을 가득 채운 하나님의 신적 탐조력 앞에 느부갓네살의 꿈이 투명하게 드러난 것입니다.

하나님의 말씀은 살아 있고 활력이 있어 좌우에 날선 어떤 검보다도 예리하여 혼과 영과 및 관절과 골수를 찔러 쪼개기까지 하며 또 마음의 생각과 뜻을 판단하나니 지으신 것이 하나도 그 앞에 나타나지 않음이 없고 우리의 결산을 받으실 이의 눈앞에 만물이 벌거벗은 것 같이 드러나느니라(히 4:12-13).

36-38절은 느부갓네살의 꿈에 대한 다니엘의 자세한 해석입니다. "내가 이제 그 해석을 왕 앞에 아뢰리이다"(36절). 그 꿈의 핵심은 바벨론 제국 이후에 전개될 세계 제국들의 궁극적 멸망과 영원한 하나님 나라의 도래였습니다. 네 나라이면서도 동시에 한 나라(거대한 하나의 신상)인 세계 제국들은 하나님의 손에 반드시 멸망한다는 것입니다. 37절은 바벨론의 느부갓네살 왕이 현재 세계를 지배하는 왕중왕임을 인정하면서 동시에 그 왕권이 이스라엘의 하나님 야웨에 의해 일시적으로 위탁된 위임 권력임을 일깨웁니다. "하늘의 하나님이 나라와 권세와 능력과 영광을 왕에게 주셨"다는 것입니다(비교. 단 7:27과 주기도문의 후렴구). 다니엘은 처음에는 야웨 하나님이라는 말 대신에 "하늘의 하나님"이라는 중립적인 칭호를 사용합니다. 고대 사회에서 하나님이 세상 군왕들을 일으켜 하늘의 권력을 일시적으로 위임한다는 것은 상식에 속했습니다. 어떤 점에서는 현대 국가의 어떤 대통령이나 총리들보다 더 경건했다고 보일 정도로 고대 메소포타미아의 왕들은 자기 제국의 지배 권력이 신들에게서 위임된 권력임을 믿어 의심치 않았습니다. 주전 18세기 고(古)바벨론 제국의 함무라비 대왕도 법전을 선포하면서 자신은 정의와 자비의 신인 태양신(사마쉬)과 바벨론 제국의 최고신인 마르둑 신의 대행자요 만민의 목자라는 자의식을

공공연히 드러냈습니다. 이처럼 느부갓네살은 자신의 지상 권력이 신들의 세계에서 재가받고 추인된 권력이라고 믿고 신들의 부정적인 간섭을 초래할 행동을 삼가려고 했습니다. 다니엘도 느부갓네살이 누리는 권력이 하늘의 신(들)이 위탁한 권력임을 우선적으로 강조했습니다. 다니엘은 하늘의 하나님께서 느부갓네살 왕에게 세상 모든 사람과 들짐승과 공중의 새들까지도 그 손에 넘겨주어 다스리게 하셨음을 선언하고, 느부갓네살 왕 자신이 꿈에 본 신상의 금 머리임을 역설했습니다(38절). 느부갓네살이 받은 세계 통치 위임령은 아담과 하와가 받은 위임 통치령을 방불케 합니다("우리가 사람을 만들고 그들로 바다의 물고기와 하늘의 새와 가축과 온 땅과 땅에 기는 모든 것을 다스리게 하자 하시고", 창 1:26). 느부갓네살은 당시의 대표 인류였던 셈이었습니다. 이것은 그의 권력을 신의 재가를 받은 권력으로 무조건 인정하는 말이 아닙니다. 오히려 느부갓네살을 하나님 앞에 책임 있는 주체로 세우는 말이며 동시에 그의 책임감을 강조하는 말입니다. 하나님께서 그에게 맡기신 피조물들을 하나님의 형상을 가진 아담처럼 자애롭게 돌보며 다스려야 할 책임을 떠안게 되었음을 일깨우는 말입니다. 그러나 잔인한 정복군주요 폭군인 느부갓네살은 하나님의 통치를 대행하는 데는 실패한 사람이었습니다.

39-43절은 바벨론 제국을 뒤이어 나타날 세계 제국들을 묘사합니다. 느부갓네살 왕보다 못한 은(銀)의 왕이 뒤이어 나타날 것이요, 그 후에는 놋 같은 나라가 일어나서 온 세계를 다스릴 것이며(39절), 마지막으로 쇠와 진흙이 섞인 넷째 나라가 일어날 것입니다. 그런데 이 넷째 나라는 강한 나라이기는 하지만 인적 구성상 하나될 수 없는

백성들로 분열되어 있어서 일순간에 쇠약해지는 나라가 될 것입니다(40절). 시간이 갈수록 느부갓네살의 바벨론 제국보다 더 열등한 세계 제국들이 나타난다는 점이 인상적입니다. 그런데 그중에서도 유독 다니엘의 특별 해설을 받는 나라는 넷째 나라입니다. 이 넷째 나라는 아마도 이스라엘에 대한 하나님의 구원사적 섭리에 중용될 나라라는 인상을 줍니다. 과연 그 넷째 나라의 첫 인상은 천하무적의 강력함으로 모든 물건을 부서뜨리고 이기는 데 두각을 드러냅니다. 정말 강한 쇠의 나라답습니다. 쇠가 모든 것을 부수는 것같이 그 나라가 뭇 나라를 부서뜨리고 찧을 것입니다(40절). 그러나 그 나라는 느부갓네살 왕이 꿈에 보았듯이 그 발과 발가락에 결정적인 약점을 갖고 있습니다. 발과 발가락은 그 신상을 떠받치는 핵심 부위인데, 그것이 취약하다는 것은 신상 전체가 취약하다는 것을 말합니다. 그 넷째 나라의 발과 발가락 일부는 토기장이의 진흙으로 되어 있고 일부는 쇠로 되어 있다는 점은 심각한 약점이 아닐 수 없습니다. 그것은 그 나라가 쇠처럼 강하면서도 진흙처럼 약하다는 것을 의미합니다(41절). 42절도 이 쇠와 진흙의 조화되지 않는 뒤섞임을 말합니다. "그 발가락이 얼마는 쇠요 얼마는 진흙인즉 그 나라가 얼마는 든든하고 얼마는 부서질 만"하다는 것입니다. 43절은 이 넷째 나라의 존재론적 취약성을 좀 더 명시적으로 말합니다. "왕께서 쇠와 진흙이 섞인 것을 보셨은즉 그들이 다른 민족과 서로 섞일 것이나 그들이 피차에 합하지 아니함이 쇠와 진흙이 합하지 않음과 같으리이다."

40-43절까지 모두 네 절에 걸쳐서 다니엘은 이 쇠의 나라가 쇠와 진흙이 섞여 내적으로 취약한 나라임을 부각하고 있습니다. 느부갓

네살을 대표하는 첫째 왕국을 뒤따라 나오는 둘째, 셋째 왕국에 대해서는 거의 언급이 없습니다. 다만 그 나라들이 느부갓네살의 제국보다 열등한 나라가 될 것이라는 점만 언급됩니다. 그런데 느부갓네살과는 가장 멀리 떨어져 있는 미래의 나라인 넷째 나라가 이렇게 주목을 받는 이유는 무엇일까요? 이 나라가 하나님 나라가 도래하기 직전의 세상 나라를 대표하는 나라임과 동시에 하나님 나라를 대표하는 산 돌에 의해 직접 타격을 받고 망하는 나라이기 때문입니다. 이 나라가 파괴되면서 세계 제국(네 나라)을 대표하는 신상 전체가 파괴될 만큼 이 나라는 중요한 시기에 등장하는 나라인 것입니다. 다니엘서를 역사 해설서 혹은 사후 예언담으로 읽으려는 학자들 사이에서는 이 네 나라가 각각 어떤 나라를 가리키는지 그리고 이 넷째 나라가 어떤 나라를 가리키는지에 대해 많은 논란이 있어 왔습니다. 그러나 이 네 나라를 특정 시기의 나라와 결부시키는 것은 이 단락의 의미 해석에서 결정적으로 중요한 것은 아닙니다. 오히려 세계사에 출현한 모든 나라의 대표이자 하나님 나라 도래 직전의 세계 제국인 철과 진흙의 나라가 하나님 나라에 의해 산산조각 나는 파멸을 경험한다는 이 진리가 더욱 중요합니다. 하나님 나라에 비하면 지도상에 자리한 나라들, 역사상에 나타난 나라들은 기껏해야 자기영화화(self-glorification)와 자기도취적 숭배에 빠진, 철과 진흙이 엉성하게 뒤섞인 나라들에 불과하다는 것입니다. 동서고금의 모든 큰 나라, 세계를 지배하려는 나라들은 사람들의 눈으로 볼 때나 강한 나라였을 뿐 하나님의 눈으로 볼 때는 아주 취약한 나라였던 것입니다. 고대 메소포타미아를 지배했던 앗수르, 바벨론 제국, 페르시아 제국은 물론이고 그리스 제국, 로마 제국, 그리고 근대의 대영제국, 현대의 미국, 소련, 중국 등 세계를 지배하려고 했던 모든 강대국들은 쇠와 진흙의 엉성한 결합체에 불과한 것입니다.

결국 쇠와 진흙으로 혼합되어 있는 이 나라는 산 돌에 의해 파괴되어, 네 세계 제국을 대표하는 신상 자체를 무너뜨리는 데 결정적인 역할을 하고 맙니다. 여기서 새삼 강조해야 할 사실은, 각 나라도 중요하지만 네 개의 세계 제국이 하나의 거대한 신상(나라)을 구성했다는 점입니다. 하나님을 대적하는 나라는 언제 어디서 출현하든 간에 거대한 한 신상에 속한 부분 왕국이라는 것입니다. 즉 하나님 나라에 의해 파쇄될 나라는 오로지 전체로서 "한 인간 나라"입니다. 다니엘서는 산 돌 이미지를 통해서 인간 나라들은 멸망하고 오로지 하나님 나라만 지상에 남는다는 원리를 강조하고자 합니다. 세계 제국은 한결같이 하나님께 바쳐야 할 인간의 가장 순결한 양심의 경배를 가로채려고 하며 하나님의 강권에 의해 중단당하기까지는 멈출 수 없는 자기숭배, 자기영화화에 몰입합니다. 이 한 덩어리인 세계 제국은 3장에서 곧 보게 되겠지만 자기를 신격화하는 한편 인간을 지배하고 정복하고 인간에게 경배를 강요합니다. 마태복음 4:1-11에서 나사렛 예수는 천하만국의 영광을 얻으려는 자는 마귀에게 경배하는 시험에 굴복해야 한다는 사실을 일깨우셨습니다. 현대적 용어로 말하면, 이 거대한 신상은 국가주의라는 우상입니다. 특히 19세기 이래로 국가는 국민을 보호하는 신적인 후원자 역할을 떠맡고 급기야는 국민들을 억압하고 국민들에게 복종을 강요하는 숭배의 대상으로 자기를 격상시켜 왔습니다.

44-45절은 느부갓네살이 꾼 꿈에 대한 해석의 절정입니다. 거대한 신상을 부서뜨린 돌의 정체에 대한 해설인 셈이지요. 여러 왕의 시

대에 하늘의 하나님이 한 나라를 세우실 텐데, 이 나라는 지상에 명멸하는 제국들의 행로와 전혀 다른 행로를 따르는 나라입니다. 세계사에 출현한 제국들은 쇠락하고 멸망하지만, 하늘의 하나님이 세우신 나라는 영원히 망하지도 않을 것이며 그 국권이 다른 백성에게로 돌아가지도 않을 것입니다. 오히려 그 나라는 세계사에 출현한 모든 나라를 쳐서 멸망시키고 영원히 존재할 것입니다(44절). 산에서 나와서 쇠와 놋과 진흙과 은과 금을 부서뜨린 돌이 바로 하나님 나라입니다. 마지막으로 다니엘은 느부갓네살 왕에게 다시금 그가 꾼 꿈은 장래 일어날 일을 하나님께서 미리 알려 주신 것임을 강조하고, 왕이 꾼 꿈이 참된 미래에 대한 하나님의 신탁인 것과 마찬가지로 자신이 내린 왕의 꿈에 대한 해석 또한 확실한 해석임을 강조합니다(45절).

다니엘을 크게 높이고 그의 하나님을 찬양하는 느부갓네살(46-49절)

46-49절은 다니엘의 강력하고 찬란한 영적 카리스마와 지혜에 경악한 느부갓네살 왕이 보인 거의 충동적이면서도 자연스러운 반응입니다. 첫째, 그는 다니엘에게 엎드려 절하고 예물과 향품을 그에게 하사합니다(46절). 둘째, 그는 다니엘에게 이스라엘의 하나님의 역사 주재권에 대한 신앙고백을 합니다. "너희 하나님은 참으로 모든 신들의 신이시요 모든 왕의 주재시로다. 네가 능히 이 은밀한 것을 나타내었으니 네 하나님은 또 은밀한 것을 나타내시는 이시로다"(47절; 사 46:10). 하나님은 은밀한 미래의 일을 계시하시는 최고의 하나님이시라는 고

백입니다. 셋째, 그는 다니엘을 바벨론 온 지방을 다스리는 최고위직 총리로 승진시키고 국가 경영 자문단장으로 삼았습니다. "바벨론 모든 지혜자의 어른"으로 모신 것입니다. 마지막으로, 그는 다니엘의 요구대로 다니엘은 왕궁에 남아서 일하게 하는 한편, 그의 친구인 사드락과 메삭과 아벳느고를 지방장관으로 세워 바벨론 지방의 일을 다스리게 했습니다. 다니엘의 이야기는 한 편의 감동적인 드라마처럼 끝납니다. 그러나 다니엘이 발산한 신비로운 지혜와 영적 권위에 눌렸던 느부갓네살이 권력자의 자기도취와 광기로 되돌아가는 데는 그다지 긴 시간이 걸리지 않습니다. 3장의 초반부는 이미 또 한 차례의 제왕적 광기가 몰려올 조짐을 보여줍니다.

결론

우리는 다니엘서 2장에서 대조적인 두 인생의 행로를 만납니다. 한 사람은 최고 권력을 가진 세계 최강 제국의 통치자고, 다른 한 사람은 그의 지배 아래서 언제 목숨을 잃을지 알 수 없는 포로입니다. 하나님은 느부갓네살에게는 악몽을, 다니엘에게는 그 악몽의 마법을 푸는 지혜와 통찰력을 주심으로써 이 양자의 위태로운 불균형한 권력 관계를 바로잡아 주십니다. 세계를 폭력으로 정복한 느부갓네살 왕은 밤의 나라에서는 극한 형벌을 받고, 폭력과 불의에 의해 산산이 부서진 유대의 포로 청년 다니엘은 느부갓네살이 극한 고문을 당하는 그 밤에 신적 환상과 묵시의 향연에 초대받습니다. 그 밤에 다니엘은 세계정세를 조망하는 통찰과 미래를 꿰뚫는 신적 예지로 무장된 용사로 성장하여 결국에는 제국의 통치자마저 압도하는 사람이 됩니다. 과연 누구의 인생행로가 참으로 행복한 것일까요?

느부갓네살은 소유와 축적, 지배와 독점, 각축과 승리 중심의 세계관에 고착된 인생의 전형입니다. 그가 의지하는 힘은 폭력과 정복욕입니다. 그에게 세상은 무한히 누리고 소유하고자 하는 멈출 수 없는 욕망의 먹잇감일 뿐입니다. 세계를 정복한 그는 진정 자신이 원하는 삶을 살았을까요? 아닙니다. 오히려 정반대의 상황이 벌어졌습니다. 세계를 정복하고 작은 나라들을 숱하게 유린한 바벨론 제국의 느부갓네살 왕은 밤마다 악몽에 시달립니다. 세계 열방을 제패하고 자신의 발아래 굴복시켜 더 이상 대적할 적들이 사라졌는데도 바벨론 왕의 밤은 제국의 멸망을 암시하는 꿈에 지배받고 있습니다. 그 제왕은 한 거대한 신상이 산에서 내려온 산 돌(Living Stone)에 의해 산산조각 나는 꿈을 꾸며 식은땀을 흘리는 가련한 영혼이 되어 버렸습니다. 세계를 정복한 뒤에는 상아 궁과 비단 침대에 누워 절대적인 평안을 누리는 밤이 찾아올 줄 알았건만, 제왕의 밤은 왕조의 멸망을 걱정하는 꿈에 시달리게 된 것입니다.

반면에 청소년 시절에 자신의 인생이 송두리째 난파되는 치명적 상처기억(trauma)을 가진 다니엘은 철들자마자 자신의 인생에 찾아온 거대한 불운과 맞서야 했습니다. 언제 자기 목숨을 빼앗을지 모르는 난폭하고 광기어린 이방군주를 직속상관으로 모신 인생이 어떻게 위로를 찾을 수 있었을까요? 하지만 다니엘은 그처럼 부조리한 상황에서도 하나님의 선하심과 인자하심을 의심하지 않았습니다. 제한된 조건이었지만 그는 최선을 다해 자신에게 주어진 과업을 수행하다가 하나님의 때에 흑암 가득한 협곡 같은 인생 궤도에서 탈출할 수 있었습니다. 하나님 앞에 자신을 정결한 그릇으로 준비한 다니엘에게 하나님의 지혜와 지식, 영적 통찰력과 분별력이 충만하게 임했던 것입니다. 왕조가 바뀌고 시간이 흘러도 다니엘에게 임한 하나님의 지혜와 영적 권능은 상록수처럼 빛났습니다. 다니엘은 몇 백 년 후에 올 세계 제국들의 흥망성쇠와 영고부침을 환히 꿰뚫어 보는 선견자요 세계 최고의 국가 경영 컨설턴트가 되었습니다. 바벨론 왕의 자문관들 가운데는 느부갓네살 왕의 악몽을 속 시원하게 규명하고 해석한 자가 없었습니다. 그래서 자문관들 모두가 사형에 처할 위기에 놓였습니다. 바로 이때 다니엘에게 하나님의 이상이 임했습니다. 이상(visions)과 몽조(夢兆)를 깨닫는 한 줄기 계시의 빛이 포로 소년 다니엘에게 비쳐 왔습니다. 다니엘은 느부갓네살의 그 악몽이 힘과 폭력으로 세계를 지배한 군주에게 찾아오는 노이로제 증상임을 간파한 것입니다. 느부갓네살의 꿈은 그의 뇌에서 일어나는 생생한 경고음이요 자기파멸을 암시하는 비상 신호등이었습니다.

느부갓네살의 꿈이 그의 "머리 속"에서 만들어진 것이라고 말하는 성경 본문이 흥미롭습니다. 머리 속 뇌는 사람의 모든 감각을 수용하고, 수용된 모든 감각소여(所與, sense-data)에 대한 판단작용을 하는 곳입니다. 뇌는 사람이 경험하고 실행한 모든 것을 기억해 두고, 그것들 안에서 의미를 만들어 내는 거대한 생각 공장이요 의식과 사상을 조립해 내는 공장입니다. 세계를 폭력으로 정복한 느부갓네살의 머리 속에는 그가 벌인 정복전쟁과 그가 정복한 나라들의 그림이 마치 동영상처럼 돌아가고 있었을 것입니다. 그 기억은 그가 세계 정복의 환희에 도취해 있는 낮 시간 동안은 잠시 잠재의식 속에 가라앉아 감춰질 수도 있었을 것입니다. 그러나 그가 행한 정복, 살육, 방화, 약탈 같은 잔인무도한 행동들은 조만간 터질 시한폭탄처럼 끔찍하고도 생동감 넘치는 동영상으로 그의 머리 속에 저장되어 있었던 것입니다. 그런 경험과 현실들이 고요한 밤이면 악몽이 되어 그에게 자기파멸적인 암시를 가져다 준 것입니다. 잠재의식 속에 감춰진 불안과 염려, 공포와 우울증이 무서운 속도로 그의 영혼을 잠식해 온 것입니다. 제국의 안전에 대한 집착과 자신의 왕위에 대한 불안으로 인해 제왕의 밤은 번뇌의 밤으로 돌변해 버렸습니다.

느부갓네살의 이 이야기는 성경에만 나오는 옛 이야기가 아닙니다. 그는 정복하고 소유하고 지배함으로 평안을 누리고 자유를 누리려는 사람의 전형입니다. 세계 최고가 되고 다른 사람을 정복하고 이김으로 영혼의 자유를 누리려는 사람의 전형입니다. 그는 생명의 능력이 소유의 넉넉함에 있다고 여겨서 창고를 크게 확장하고 거기에 자신이 쓸 모든 물건을 가득 쌓고 자신의 영혼에게 평안하라고 말하는 어리석은 부자입니다(눅 12:15-21). 약한 사람을 정복하고 지배하여 다른 사람들의 경배를 받으며 사는 것, 남을 종처럼 부리며 사는 것, 이것이 느부갓네살 같은 소유 지향적·축적형 인간들이 추구하는 인생의 성공이요 출세입니다. 그러나 잘 보시기 바랍니다. 느부갓네살의 비단 침대를 적시는 식은땀을, 그의 괴롭고 답답한 우울증을, 두려움과 공포를! 이웃을 전멸시키고 온 세상에 홀로 남아 부귀영화를 누린들 그것은 아무 의미가 없습니다(사 5:8-10).

느부갓네살의 금의 제국과 그것을 뒤따라 나오는 모든 허탄한 나라들, 곧 은의 나라, 놋의 나라, 그리고 철과 흙이 조합된 엉성하기 짝이 없으나 강한 것처럼 보이는 나라! 그 나라들은 영원한 하나님 나라에 비하면 없는 것과 마찬가지입니다. 비영속적입니다. 잠시 존재한 것처럼 보이는 시간의 부식력 앞에 쇠패하고 마는 그림자 같은 존재인 것입니다. 그럼에도 불구하고 그 모든 나라가 어제나 오늘이나 세계사의 중심처럼 폭력의 활극을 주도합니다. 그 모든 나라는 힘과 폭력으로 뭇 나라를 정복하고 부서뜨리고 빨는 나라입니다. 시장을 독점하기 위해 물불 가리지 않는 다국적 기업, 젊은이의 가슴속에 마약 같은 연기를 고취시켜 부를 획득하는 담배회사, 자원을 독점하기 위해 전쟁을 일삼는 나라와 그 배후에 있는 거대한 석유 및 천연가스 에너지 기업, 전례 없는 세계적 식량 위기를 초래할 농산물 개방을 강요하는 국제 무역 질서와 그것을 조장하는 강대국의 다국적 종묘회사들(몬산토, 카길)은 반드시 파쇄될 은, 놋, 쇠와 진흙의 나라일 뿐입니다. 느부갓네살이 보았던 그 거대한 금, 은, 구리, 철로 된 신상이 손으로 뜨지 아니한 산 돌에 의해 산산조각 나 버린다는 사실은 무엇을 의미합니까? 세계 제국들은 영원의 관점에서 보면 밤의 한 경점에 출현했다가 아침이면 사라지고 마는 안개라는 것입니다. 하늘에서 내려온 산 돌에 의해 부서져 파편과 먼지가 태산을 이룬 우상의 신상에 불과하다는 것입니다. 이처럼 느부갓네살과 그를 추종하는 정복 지향적이고 독점 지향적인 자기주장 의지로 가득 찬 인생은 자기파멸의 암시로 가득 찬 꿈을 꾸면서 그것에 시달릴 수밖에 없습니다. 자기안전에 대한 병적 집착에 빠질 수밖에 없습니다. 명나라부터 청나라까지 중국 황제들이 거주했던 자금성을 보십시오. 그곳에는 나무 한 그루조차 자라지 않습니다. 중국 황제들이 자객들로부터 자신을 지키기 위해 그 광활한 성 안에 있는 모든 나무를 베어 버렸다는 이야기는, 모든 제국의 황제가 안전에 집착하는 정신병에 시달렸음을 보여주는 사례입니다. 폭력과 무력으로 이룬 승리와 평화는 결국 자기파멸적 악몽으로 뒤바뀔 위장된 승리요 위장된 평화인 것입니다.

결국 다니엘서 2장의 의도는 세계 제국들을 파쇄할 하나님 나라가 이 역사의 중심세력임을 선포하는 것입니다. 세계 지도상에 광활한 영토를 차지한 모든 제국을 하나님 나라는 잘게 부숩니다. 거대한 신상을 무너뜨린 산 돌인 하나님 나라가 네 제국의 흥망성쇠 뒤에 마지막으로 나타나는 나라입니다. 다니엘 7장에 따르면, 이 나라는 하늘에서 온 인자(人子) 같은 이가 하나님 아버지께 상속받은 나라입니다. 이 인자 같은 이는 하나님께 복종하는 천상적 존재이며 자신과 함께 하나님 나라를 상속할 지극히 높으신 이의 성도들의 대표입니다. 하나님의 명령에 자기를 절대적으로 복종시킨 대리 통치자인 인자의 나라가 세계사를 구원의 역사로 인도할 중보자입니다. 그가 위임받아 다스릴 하나님 나라는 손으로 뜨지 아니한 산 돌, 곧 하나님 자신의 힘으로 제국들을 돌파합니다.

그처럼 강한 철과 진흙의 나라를 부서뜨리는 그 산 돌은 도대체 무엇을 의미할까요? 산 돌의 나라는 철과 진흙의 나라와 정반대의 힘으로 유지되는 나라입니다. 그것은 진리의 나라입니다. 진리는 하나님을 사랑하고 이웃을 사랑하는 삶을 가능케 하는 힘입니다. 이 진리는 사랑으로 실현됩니다. 산 돌은 진리와 사랑의 나라입니다. 그래서 강합니다. 그에 비해 철과 진흙의 나라는 부서뜨리고, 파괴하고, 빻는 힘으로 자기 통치권을 확장하는 나라입니다. 폭력과 압제, 파괴와 살상의 힘으로 세워지고 유지되는 나라입니다. 그에 비해 산 돌은 사람의 손에 의해 뜨이지 않은 야생적 순수의 힘입니다. 그것은 신적인 힘입니다. 여기서 중요한 사실은 그 산 돌에 의해 파괴된 모든 잔해들이 하나님 나라의 구성 인자가 된다는 점입니다. 산 돌은 자신에 의해 파괴된 신상의 잔해를 태산처럼 수북한 가루로 만드는 하나님의 역사 갱신 능력을 보여주며 제국들의 부서진 잔해 위에 하나님 나라를 구축합니다. 사나운 제국들이 산 돌에 의해 파괴되어, 파괴와 살상을 일삼는 대신 섬김과 돌봄, 사랑과 격려, 겸손과 연대로 하나님 나라에 투항한다는 것입니다(사 2:1-4, 계 21:24-26). 따라서 제국들이 산 돌에 의해 파쇄되는 경험은 그 제국들의 구원 경험인 셈입니다.

이 산 돌은 교만의 나라를 부서뜨리는 자기부인의 영성이요 하나님에 대한 절대복종이 가져오는 신적 능력입니다. 그것은 하나님 사랑과 이웃 사랑으로 담금질된 자기부인의 영성입니다. 하나님께 복종하는 자의 온유야말로 제국의 오만과 사나움을 파쇄하는 산 돌입니다. 겸손의 산 돌이 교만의 제국을 이긴다는 말입니다. 그래서 하나님 나라는 폭력에 의해 망하거나 흔들리지 않습니다. 으뜸인 자가 가장 낮은 자가 되어 섬기는 나라가 하나님 나라이기 때문입니다. 따라서 이 나라에서는 권력 투쟁이 일어나지 않습니다. 이 나라에서는 지배층의 하층민 지배나 수탈이 일어날 수 없습니다. 이 나라에서는 상류층이 되거나 귀족이나 지방 호족이 되려고 혈투를 벌이지 않기에 그 나라의 권력 기반은 늘 공고합니다. 정권을 잡으려는 쿠데타나 정변의 가능성이 제로(zero)이기 때문입니다. 자기 목숨을 바치고 희생하고 일생 동안 섬기는 일이 왕의 사명이라면 누가 왕이 되기 위해서 그토록 위험한 쿠데타나 혁명을 일으키려고 하겠습니까? 이 세상 어떤 나라나 공동체도 하나님 나라와 동일시될 수 없습니다. 다만 이 산 돌의 원칙에 근사치적으로 가까운 나라일수록 안정되고 지속적인 나라와 공동체가 될 수 있을 뿐입니다.

최고지도자가 겸손하고 온유한 자기부인의 영성을 실천하는 나라와 공동체는 오래 지속되는 나라와 공동체로 남습니다. 최고지도자가 겸손한 회사가 오래가는 회사입니다. 당회장 목회자가 겸손한 교회가 오래가는 교회입니다. 가장이 예수님처럼 겸손한 가정이 영원한 하나님 나라를 닮은 가정입니다. 그런 점에서 우리 기독청년들은 젊은 날에 하나님 나라에 의해 자신의 교만과 지배욕이 산산조각 나는 통쾌한 부서짐을 경험할 수 있기를 열망해야 합니다. 청년의 때에 하나님 말씀에 의해 산산이 부서지는 경험은 파멸이 아니라 구원임을 기억해야 합니다. 우리가 자신을 영화롭게 하려고 쌓은 모든 신상과 탑과 성채들은 불원간에 하나님 나라에 의해 산산조각 날 우상에 불과하다는 것을 기억합시다. 세계를 정복하고 온 천하를 얻는다 해도, 밤에 찾아오는 악몽을 누가 감당할 수 있습니까? 밤의 환상과 꿈에 찾아오는 적군은 어떤 병력으로도 막아 내지 못합니다. 오로지 하나님 나라에 투항할 때에야 절대적 평안을 누릴 수 있습니다.

3

흉악한 자들을 이긴 기독청년들의 신앙고백

다니엘 3장

다니엘 3장

느부갓네살 왕이 금으로 신상을 만들었으니 높이는 육십 규빗이요 너비는 여섯 규빗이라 그것을 바벨론 지방의 두라 평지에 세웠더라. 느부갓네살 왕이 사람을 보내어 총독과 수령과 행정관과 모사와 재무관과 재판관과 법률사와 각 지방 모든 관원을 느부갓네살 왕이 세운 신상의 낙성식에 참석하게 하매 이에 총독과 수령과 행정관과 모사와 재무관과 재판관과 법률사와 각 지방 모든 관원이 느부갓네살 왕이 세운 신상의 낙성식에 참석하여 느부갓네살 왕이 세운 신상 앞에 서니라. 선포하는 자가 크게 외쳐 이르되 백성들과 나라들과 각 언어로 말하는 자들아 왕이 너희 무리에게 명하시나니 너희는 나팔과 피리와 수금과 삼현금과 양금과 생황과 및 모든 악기 소리를 들을 때에 엎드리어 느부갓네살 왕이 세운 금 신상에게 절하라. 누구든지 엎드려 절하지 아니하는 자는 즉시 맹렬히 타는 풀무불에 던져 넣으리라 하였더라. 모든 백성과 나라들과 각 언어를 말하는 자들이 나팔과 피리와 수금과 삼현금과 양금과 및 모든 악기 소리를 듣자 곧 느부갓네살 왕이 세운 금 신상에게 엎드려 절하니라. 그 때에 어떤 갈대아 사람들이 나아와 유다 사람들을 참소하니라. 그들이 느부갓네살 왕에게 이르되 왕이여, 만수무강 하옵소서. 왕이여, 왕이 명령을 내리사 모든 사람이 나팔과 피리와 수금과 삼현금과 양금과 생황과 및 모든 악기 소리를 듣거든 엎드려 금 신상에게 절할 것이라. 누구든지 엎드려 절하지 아니하는 자는 맹렬히 타는 풀무불 가운데에 던져 넣음을 당하리라 하지 아니하셨나이까. 이제 몇 유다 사람 사드락과 메삭과 아벳느고는 왕이 세워 바벨론 지방을 다스리게 하신 자이거늘 왕이여, 이 사람들이 왕을 높이지 아니하며 왕의 신들을 섬기지 아니하며 왕이 세우신 금 신상에게 절하지 아니하나이다. 느부갓네살 왕이 노하고 분하여 사드락과 메삭과 아벳느고를 끌어오라 말하매 드디어 그 사람들을 왕의 앞으로 끌어온지라. 느부갓네살이 그들에게 물어 이르되 사드락, 메삭, 아벳느고야, 너희가 내 신을 섬기지 아니하며 내가 세운 금 신상에게 절하지 아니한다 하니 사실이냐. 이제라도 너희가 준비하였다가 나팔과 피리와 수금과 삼현금과 양금과 생황과 및 모든 악기 소리를 들을 때 내가 만든 신상 앞에 엎드려 절하면 좋거니와 너희가 만일 절하지 아니하면 즉시 너희를 맹렬히 타는 풀무불 가운데에 던져 넣을 것이니 능히 너희를 내 손에서 건져낼 신이 누구이겠느냐 하니 사드락과 메삭과 아벳느고가 왕에게 대답하여 이르되 느부갓네살이여, 우리가 이 일에 대하여 왕에게 대답할 필요가 없나이다. 왕이여, 우리가 섬기는 하나님이 계시다면 우리를 맹렬히 타는 풀무불 가운데에서 능히 건져내시겠고 왕의 손에서도 건져내시리이다. 그렇게 하지 아니하실지라도 왕이여, 우리가 왕의 신들을 섬기지도 아니하고 왕이 세우신 금 신상에게 절하지도 아니할 줄을 아옵소서. 느부갓네살이 분이 가득하여 사드락과 메삭과 아벳느고를 향하여 얼굴빛을 바꾸고 명령하여 이르되 그 풀무불을 뜨겁게 하기를 평소보다 칠 배나 뜨겁게 하라 하고 군대 중 용사 몇 사람에게 명령하여 사드락과 메삭과 아벳느고를 결박하여 극렬히 타는 풀무불 가운데에 던지라 하니라. 그러자 그 사람들을 겉옷과 속옷과 모자와 다른 옷을 입은 채 결박하여 맹렬히 타는 풀무불 가운데 던졌더라. 왕의 명령이 엄하고 풀무불이 심히 뜨거우므로 불꽃이 사드락과 메삭과 아벳느고를 붙든 사람을 태워 죽였고 이 세 사람 사드락과 메삭과 아벳느고는 결박된 채 맹렬히 타는 풀무불 가운데에 떨어졌더라. 그 때에 느부갓네살 왕이 놀라 급히 일어나서 모사들에게 물어 이르되 우리가 결박하여 불 가운데에 던진 자는 세 사람이 아니었느냐 하니 그들이 왕에게 대답하여 이르되 왕이여, 옳소이다 하더라. 왕이 또 말하여 이르되 내가 보니 결박되지 아니한 네 사람이 불 가운데로 다니는데 상하지도 아니하였고 그 넷째의 모양은 신들의 아들과 같도다 하고 느부갓네살이 맹렬히 타는 풀무불 아귀 가까이 가서 불러 이르되 지극히 높으신 하나님의 종 사드락, 메삭, 아벳느고야, 나와서 이리로 오라 하매 사드락과 메삭과 아벳느고가 불 가운데에서 나온지라. 총독과 지사와 행정관과 왕의 모사들이 모여 이 사람들을 본즉 불이 능히 그들의 몸을 해하지 못하였고 머리털도 그을리지 아니하였고 겉옷 빛도 변하지 아니하였고 불 탄 냄새도 없었더라. 느부갓네살이 말하여 이르되 사드락과 메삭과 아벳느고의 하나님을 찬송할지로다. 그가 그의 천사를 보내사 자기를 의뢰하고 그들의 몸을 바쳐 왕의 명령을 거역하고 그 하나님 밖에는 다른 신을 섬기지 아니하며 그에게 절하지 아니한 종들을 구원하셨도다. 그러므로 내가 이제 조서를 내리노니 각 백성과 각 나라와 각 언어를 말하는 자가 모두 사드락과 메삭과 아벳느고의 하나님께 경솔히 말하거든 그 몸을 쪼개고 그 집을 거름터로 삼을지니 이는 이같이 사람을 구원할 다른 신이 없음이니라 하더라. 왕이 드디어 사드락과 메삭과 아벳느고를 바벨론 지방에서 더욱 높이니라.

이방군주 느부갓네살은 다니엘의 강력한 영적 자력(磁力)에 붙들려 일시적으로 믿음의 사람이 되었으나 금세 제정신으로 돌아갑니다. 꿈에 나타난 장래 일에 맞서 보려고 준(準)마술적(quasi-magical)인 국가 의례를 제정한 것입니다. "금"머리 나라인 바벨론 제국의 영속적 번영을 위해 느부갓네살 왕은 자가구조적(自家救助的)인, 그러나 결국은 자기파멸적인 지혜를 총동원하기로 결심합니다. 그는 꿈에 나타난 바벨론 제국 멸망 시나리오를 무효화하기 위해 꿈에 본 것과 같은 거대한 금 신상을 만들어 세워 바벨론 제국에 속한 모든 백성에게 경배하도록 강요했습니다. 자신의 제왕적 권력과 바벨론 제국의 위엄을 상징하는 거대한 신상을 세워 놓고 다인종·다언어·다문화적 구성을 가진 제국 치하의 모든 백성들에게 경배를 강요한 것입니다. 금 신상에게 절하는 이러한 국가적 경배 의식은 비단 바벨론 제국에만 있었던 유물은 아닙니다. 로마 제국의 동방 지역에 속한 소아시아 일대에서도 광범위한 황제 숭배 제의가 강요되었고, 19세기 이후로 민족국가 시대가 도래하면서 국가 숭배 혹은 국가의 대표자인 군주 숭배가 강요되었습니다. 20세기에 들어와서는 군국주의 일본과 히틀러 치하의 독일 제3제국에서 역사적으로 되풀이되었습니다. 모두 다 자기파멸을 재촉한 죽음의 질주였음이 드러났습니다.

다니엘서 3장은 거룩한 레지스탕스 운동으로서의 기독교 신앙을 예해(例解)합니다. 이 운동은 "거룩하고 순교적인 우정"으로 지지되고 결실되는 운동입니다. 다니엘의 세 친구는 금 신상 앞에 절하라고 요구하는 강압적인 국가 제의에 순교적 신앙고백으로 맞섭니다. 바벨론 제국의 금 신상 경배는 하나님께 바쳐지는 개인의 신앙 양심을 부정하는 우상숭배라고 생각했기 때문입니다. 이런 세상의 구조악과 혼돈 세력과의 싸움에는, 믿음을 나누고 서로 격려하는 우정, 곧 단단하고 불멸하는 다이아몬드 같은 동지애가 요청됩니다. 산유화처럼 홀로 피어 자라는 유약한 경건으로는 세상의 악과 대결할 수도 없거니와 그 악을 이길 수도 없습니다. 원시림에서만 재목감이 나옵니다. 아놀드 토인비와 함석헌 같은 분들은 종교와 영성의 원시림에서 미래 세대를 위한 지도자감이 나온다고 설파한 적이 있습니다. 신령한 공동체와의 교제권 안에서 재목감이 나온다는 말입니다. 다니엘의 세 친구는 아주 불리한 여건 속에서 일치단결하여 신령한 강철대오를 이루어 느부갓네살의 악한 명령과 구조적인 위협에 대항했습니다. 선한 우정과 선한 공동체를 창조하지 않고는 이 세상의 정사와 권세와 악한 영들을 무장해제시킬 수 없습니다.

금 신상 숭배, 국가주의 종교 의례(1-7절)

느부갓네살은 자신의 바벨론 제국이 산산조각 날 수도 있다는 두려움 때문에 극단적인 국가 숭배 정책을 도입하기에 이릅니다. 모든 백성을 철저하게 지배하고 복종시키기 위해 거대한 금 신상을 세우고 온 백성으로 그 앞에 경배하게 한 것입니다(출 37:25-29; 39:38, 사 40:19; 41:7, 렘 10:3-4 참조). 높이 육십 규빗(30미터), 너비 여섯 규빗(3미터)인 높다란 금 신상을 바벨론 지방 두라(Dura) 평지에 세워 놓고 모든 지방관리와 백성을 신상 낙성식에 강제로 참여시켜 참배하도록 했습니다(1-2절). 다니엘서 3:1의 느부갓네살은 2장 마지막의 느부갓네살과 너무도 달라져 있습니다. 그 중간에 무슨 일이 있었던 것일까요? 2장 마지막에서 다니엘에게 받은 영적 감화와 감동은 전부 어디로 사라진 것일까요? 느부갓네살은 순식간에 하나님께 받은 감화 감동을 다 망각해 버린 것처럼 보입니다. 여기서 우리는 하나님의 은혜와 깨우침을 오래 기억하는 것도 하나님의 큰 은혜임을 알 수 있습니다. 죄인들은 하나님의 영적 감화와 감동을 쉽게 망각합니다. 하나님의 영에 의해 받은 감화 감동을 유지할 수 있을 정도의 영적 토양과 감수성이 마련되어 있지 않기 때문입니다. 그래서 느부갓네살은 다시 교만과 광기로 되돌아간 것입니다. 느부갓네살 왕이 금 신상을 경배하는 국가 의례를 창설한 것은 다인종적·다언어적·다문화적인 바벨론 제국을 자신을 중심으로 일사불란하게 움직이는 견고하고 영속적인 제국으로 만들기 위함이었을 것입니다. 그것은 2장에 언급된 그의 악몽을 무효화하려는 자기암시적인 조처였으며 준(準)마술적인 대응책이었을 것입니다. 느부갓네살 왕의 명령에 따라 마침내 지방총독과 수령과 행정관과 모사와 재무관과 재판관과 법률사와 각 지방 모든 관원이 왕이 세운 신상의 낙성식에 참석하기 위해 일제히 회집되었습니다(2-3절). 관료적 위계에 따라 나열되는 관직들을 보시기 바랍니다. 총독, 수령, 행정관, 모사, 재무관, 재판관, 법률사, 그리고 각 지방관원들이 황제의 명령에 따라 일사불란하게 신전을 가득 채우는 장면은 장엄한 감흥을 불러일으켰을 것입니다. 바벨론 제국은 거대한 명령과 복종의 나라였습니다. 잘못된 명령까지도 일사불란하게 전달되고 집행되는 나라는 개인의 양심을 압살하게 됩니다. 양심은 하나님이 인류에게 주신 존엄한 지성소입니다. 하나님께 대항하는 악의 제국은 하나님이 개인에게 허락하신 양심의 자유까지 박탈합니다. 원하지 않는 자에게 경배하게 하는 것은 양심을 유린하는 상황입니다. 바벨론 제국은 현란한 관료적 위계질서를 동원하여 모든 사람이 금 신상에게 절하지 않으면 안되도록 분위기를 연출한 것입니다.

　이 장엄한 낙성식을 집행하는 집례자가 큰소리로 외쳤습니다. "백성들과 나라들과 각 언어로 말하는 자들아, 왕이 너희 무리에게 명하시나니 너희는 나팔과 피리와 수금과 삼현금과 양금과 생황과 및 모든 악기 소리를 들을 때에 엎드리어 느부갓네살 왕이 세운 금 신상에게 절하라"(4-5절). 아마도 "금 신상에게 절하라"는 마지막 말은 긴장한 채 도열해 있는 사람들의 의지를 압도적인 위엄으로 순식간에 사로잡았을 것입니다. 그 순간 집단최면에 걸린 사람들처럼 모든 참석자가 일제히 온 몸을 굽혀 경배했을 것입니다. 이런 엄숙한 종교 의식은 그 자체로 묘하고도 매력적인 구원감을 줄 수 있습니다. 인간은 집단적인 열기의 바다에 뛰어듦으로써 거대한 집단 자아와 일체감을 느끼는 아주 연약한 존재입니다. 오른팔을 쭉 뻗는 히틀러의 인사에 혼연일체가 되어 한목소리로 "하일, 히틀러!"를 외치던 독일 제3제국의 군중들은 그 속에서 자아의 구원감을 맛보았을 것입니다. 실각한 모택동을 구출하려는 일념으로 광포하게 발기한 홍위병들이 모택동을 연호하면서 느꼈던 군중적 희열감도 아마 그들에게 유사 구원감을 안겨주었을 것입니다.

4절은 신상 낙성식에 참석한 사람들을 백성, 나라, 언어의 세 가지 기준으로 분류하여 거명하고 있습니다. 인종, 민족, 언어가 다른 백성들이 바벨론 제국의 인구를 구성하고 있었던 것입니다. 그런데 이 다양한 인적 구성을 가진 회중을 일시에 하나되게 만들 정도로 "금 신상에게 절하라"는 그 장엄한 음성은 대단히 마술적인 위력을 행사했습니다. 이와 더불어 신상 앞에 절하도록 마음을 감흥시키기 위해 다양한 종류의 악기, 곧 나팔과 피리와 수금과 삼현금과 양금과 생황과 온갖 악기가 동원되고 있습니다(5절). 이런 유의 국가 의례는 흔히 선동적인 음악으로 그 분위기를 고조시키기 마련입니다. 관악기, 현악기, 타악기로 연주된 음악은 인간의 정신과 영혼을 다채롭고 복합적으로 감동시키고 조율하는 위력을 발휘합니다. 거대한 금 신상 앞에 질서정연하게 도열한 회중이 관악기와 현악기와 타악기의 웅장한 음률에 맞춰 일제히 절하는 장면은 얼마나 경건하고 장엄한 분위기를 자아냈겠습니까? 이런 장엄한 분위기 속에서 집례되는 대규모 국가 제의에 참여하는 개인은 강력한 제국과 자신을 동일시함으로써 유사(類似) 구원감을 맛보게 됩니다. 결국 느부갓네살은 바벨론 제국의 권력과 영화를 상징하는 국가 상징물 앞에 온 백성이 절하게 함으로써 한층 더 고양된 국민 통합을 성취할 수 있기를 바랐던 것입니다.

그러나 6절에서 바벨론 제국의 고위 당국자는 이런 의미심장한 국가 제의마저도 반항을 촉발시킬 소지가 있음을 암시하고 있습니다. "누구든지 엎드려 절하지 아니하는 자는 즉시 맹렬히 타는 풀무불에 던져 넣으리라." 엎드려 절하지 않는 자를 상정한 것 자체가 이 포고령의 약점을 인정하는 셈이며, 더 나아가 포고령에 저항하는 자를 처형하겠다는 선언은 한편으로 포고령의 대단한 위력을 천명하면서도 동시에 그것의 취약점을 노출하는 언동이 아닐까요? 그럼에도 불구하고 금 신상에게 절하는 국가 제의는 순조롭게 진행된 것처럼 보입니다. 모든 백성과 나라와 각 언어를 말하는 자들이 나팔과 피리와 수금과 삼현금과 양금과 모든 악기소리를 듣자마자 금 신상에게 엎드려 절했습니다(7절). 금 신상 앞에 절하지 않으면 풀무불에 던져질 것이라는 무서운 포고령이 내려져 있는데, 누가 감히 이 제의를 거부할 수 있겠습니까?

그러나 그 포고령의 약점을 파고들며 저항하는 백성이 있었습니다. 만민이 장엄하게 절하며 국가와 혼연일체가 되는 구원의 감격을 맛보는 순간에도, 국가 숭배 제의에 따르지 않고 복종하지 못하는 불협화음과 같은 저항자들이 머리를 꼿꼿이 들고 서 있었습니다. 바벨론 제국의 금 신상 앞에 절하지 않고 뜨거운 풀무불을 택한 그 사람들은 바벨론 제국의 위력을 비신화화하는 용맹무쌍한 유다 포로들이었습니다. 지방총독으로 파견된 다니엘의 세 친구였습니다.

위기에 처한 다니엘의 세 친구(8-18절)

이들의 도발적인 불순종은 왕실 자문단의 대변인 격인 갈대아 사람들의 눈에 감찰되었습니다. 갈대아 술사들은 금 신상에 절하지 않는 유대인들을 즉시 느부갓네살 왕에게 고발했습니다(8절). 여기 등장하는 "갈대아 사람들"이라고 번역된 아람어 '카스다인'(히브리어로는 카스딤[2:2])은 단지 인종적 의미에서 갈대아 사람들을 가리키는 말이 아니라, 갈대아 점성술사 또는 갈대아의 신탁중개자를 가리키는 말입니다(2:2, 10; 4:7; 5:7, 11). 유일신 신앙으로 무장된 유다 포로들에게 평소에 반감을 품고 있었을 갈대아 참소자들은, 개인적으로는 다니엘과 세 친구의 지혜와 총명, 능력과 경륜을 시기하고 질투했을 것이며, 국가적으로는 이 세 청년의 반국가적 저항이 국가의 통합과 제국의 안정을 해치는 일이라고 판단했을 것입니다. 이 갈대아 참소자들은 느부갓네살 왕의 만수무강을 축원하며(9절), 왕이 내린 포고령을 다시 반복하고 나서 절하지 않은 자들을 징벌해 줄 것을 왕에게 요청합니다. 금 신상에게 절하지 않은 자들을 뜨거운 풀무불에 던지라고 요구한 것입니다(10-11절). 그들은 신상에 절하지 않은 자가 누구인지는 아직 왕에게 말하지 않았습니다. 유다 포로 출신의 지방총독들에 대한 왕의 신망이 컸기 때문일 수도 있습니다. 그래서 그들은 먼저 왕의 진노를 충분히 일으키고 난 뒤에, 국가 의례에 반발하여 절하지 않는 자들이 왕이 총애하는 바로 그 유대인 지방장관들이라고 말했습니다. 갈대아인들은 왕 자신이 지방총독으로 세운 유다 사람 사드락과 메삭과 아벳느고가 금 신상 제의에 저항한 자들임을 알리고, 그들이 왕을 높이지 아니할 뿐만 아니라 왕의 신들을 섬기지 아니하고 왕이 세운 금 신상에게 절하지 않았다는 점을 강조했습니다(12절). 참소자들은 왕을 섬기는 것과 왕의 신들을 섬기는 것과 그리고 왕이 세운 금 신상에게 절하는 것이 결국 같은 행위임을 부각시킨 것입니다. 이들의 참소는 어떤 점에서는 무고한 참소처럼 보이지만 다른 점에서 보면 정곡을 찌르는 고소였습니다. 실로 유다 포로들은 느부갓네살 왕의 현실정치적 패권(覇權)은 인정했으나 그가 하나님을 대신하여 경배를 받을 신적 존재라고는 인정하지 않았던 것입니다. 뿐만 아니라 이 유다 포로 출신의 지방총독들은 바벨론 왕의 신들이 이스라엘의 하나님 야웨를 대신하여 경배를 받을 신이라는 주장도 받아들이지 않았습니다. 그들은 이스라엘의 하나님 야웨가 열방의 흥망성쇠까지 주장하시는 천지의 대주재 하나님임을 믿었고, 그 하나님의 특별하신 위임으로 바벨론 제국이 세계의 패권국가가 되었다고 믿었을 뿐이었습니다. 그 유다의 포로들은 하나님께 바쳐져야 할 지성소인 양심을 유린하는 어떤 국가제의나 종교 제의도 거부했습니다. 그래서 다니엘의 세 친구는 금 신상 경배 의식을 거부하고 만인이 엎드릴 때에도 꼿꼿하게 서 있었던 것입니다. 그 결과, 바벨론 왕의 포고령에 의해 뜨거운 풀무불에 집어 던져질 위기에 처했습니다.

이런 상황을 알게 된 느부갓네살 왕은 노하고 분하여 사드락과 메삭과 아벳느고를 끌어들여 심문했습니다(13절). "사드락, 메삭, 아벳느고야, 너희가 내 신을 섬기지 아니하며 내가 세운 금 신상에게 절하지 아니한다 하니 사실이냐"(14절). 느부갓네살은 이들을 바벨론 식으로 개명된 이름으로 부릅니다. '너희들은 더 이상 유다 사람이 아니다.

야웨 하나님의 사람이 아니라 바벨론 사람이다'라는 뉘앙스를 풍기는 말투인 것입니다. 하지만 예상과는 달리 심문하는 어투가 독기를 잃은 것 같습니다. 먼저 그는 사실 관계를 묻습니다. 15절에 가서는 느부갓네살 왕이 더욱 유순하게 나옵니다. 아예 타협책처럼 들리는 제안을 합니다. 유다의 젊은 포로들이 얼마나 지혜롭고 총명한지 아는 느부갓네살은 비상하게도 조심스럽게 말한 것입니다.

이제라도 너희가 준비하였다가 나팔과 피리와 수금과 삼현금과 양금과 생황과 및 모든 악기소리를 들을 때 내가 만든 신상 앞에 엎드려 절하면 좋거니와 너희가 만일 절하지 아니하면 즉시 너희를 맹렬히 타는 풀무불 가운데에 던져 넣을 것이니 능히 너희를 내 손에서 건져 낼 신이 누구이겠느냐(15절).

원래의 법대로 하면, 이 세 사람은 당장 풀무불에 던져져야 합니다. 그런데 느부갓네살은 "이제라도"라는 말을 첨가함으로써 처형을 유예해 줍니다. 이 젊고 총명한 지방장관들을 아꼈던 느부갓네살 왕은 늦게라도 금 신상에게 경배하면 살려 주겠다고 마치 하소연하듯 회유하고 있는 것입니다. 하지만 세 젊은이는 뜨거운 풀무불에서 한 줌의 재가 되더라도 신상에 절하지 않겠다고 저항합니다. 그들의 대답은 느부갓네살의 예상을 완전히 뛰어넘을 정도로 결연하고 단호했습니다. 그들에게 목숨은 하나님보다 귀한 것이 아니었습니다. 신앙 양심을 훼손하면서까지 보존해야 할 그 무엇이 아니었던 것입니다.

느부갓네살이여, 우리가 이 일에 대하여 왕에게 대답할 필요가 없나이다. 왕이여, 우리가 섬기는 하나님이 계시다면 우리를 맹렬히 타는 풀무불 가운데에서 능히 건져 내시겠고 왕의 손에서도 건져 내시리이다. 그렇게 하지 아니하실지라도 왕이여, 우리가 왕의 신들을 섬기지도 아니하고 왕이 세우신 금 신상에게 절하지도 아니할 줄을 아옵소서(16-18절).

세 친구들의 단호한 거절에는 강한 반어법(irony)이 작용하고 있습니다. 이 바벨론의 유다 포로들은 자신들의 민족이 우상숭배 때문에 바벨론에 포로로 끌려와 있음을 알고 있습니다(사 2장; 30:19-22; 31:7, 렘 8:19, 겔 5:1-12; 6:1-10; 14:1-5; 16:15-22; 20:39-40; 22:1-4; 23). 그들은 자신들을 바벨론 포로살이로 몰아넣은 이스라엘 백성의 으뜸 죄악인 우상숭배 죄를 공공연히 범하라고 강요받자 거기에 저항한 것입니다. 이제 그들은 자신들의 국가적 멸망과 민족 해체를 초래한 그 우상숭배 죄를 범하기보다는 죽음을 선택한 것입니다. 이 얼마나 용감하고도 결연한 의기입니까? 논리를 다소 확장하면, 유일신 신앙을 지키기 위한 그들의 순교 각오는 바벨론 유수(幽囚)라는 하나님의 심판을 철회하게 만드는 행동, 곧 일종의 보속적(補贖的) 행동으로 이해될 수도 있습니다. 흔히 가톨릭교회에서 자주 사용하는 보속적 행동이란 대속적 행동과는 다른 것으로, 자신의 죄가 초래한 심판과 고난을 겪음으로써 하나님의 의가 실현되고, 또 심판을 감수하는 사람이 그 심판의 고통을 감내함으로써 영적으로 정화되는 경험을 하는 것을 의미합니다. 세 명의 유다 포로 청년들이 자신의 몸을 불태우기로 결심한 그 행동은 실상 자기 민족을 멸망에 빠뜨린 우상숭배 죄를 불태우는 상징적인 행동으로 간주될 수 있다는 뜻입니다.

　이러한 결심의 틀에서 세 청년은 부드러운 회유 형식으로 다가온 배교의 유혹을 단호히 거절했습니다. 그들의 야웨 신앙은 무조건적이었고 절대적이었습니다. "늦게라도 절하면 살려줄 텐데, 어떻게 할 것이냐?"는 느부갓네살의 회유조의 질문에 대답할 필요를 못 느낀다고 하면서도 그들은 대답 이상의 대답을 합니다. 느부갓네살의 기세를 결정적으로 꺾어 놓는 신앙고백을 터뜨린 것입니다. '만일 우리가 풀무불에 던져진다면 우리 하나님께서 우리를 극렬히 타는 풀무불 가운데서 우리를 능히 건져 내실 것이며 왕의 손에서도 건져 내실 것입니다. 설령 그리 아니하신다 하더라도 우리는 왕의 신들을 섬기지도 않겠고 왕이 세우신 금 신상에게 절도 하지 않겠습니다.' 여기서 그들은 느부갓네살이 세운 금 신상에게 절하는 것이 그가 섬기는 신들에게 절하는 것임을 분명히 밝힙니다. '만일 왕께서 우리를 뜨거운 불에 처넣을 경우라면 우리 하나님이 우리를 뜨거운 풀무불은 물론이거니와 왕의 손에서도 건져 내실 것이다'라는 신앙고백을 통해 그들은 먼저 구원해 주실 하나님에 대한 굳센 믿음을 토로한 것입니다. 우상은 부르짖어도 구원하지 못하지만 살아 계신 하나님은 우상과는 달리 부르짖는 당신의 자녀들을 구원하실 수 있음을 주장한 것입니다(사 46:7). 이스라엘의 야웨 하나님이 우상과 얼마나 다른 거룩하고 살아 계신 하나님인지를 공적으로 선포한 것이지요.

　이런 용감하고 대담한 세 청년의 신앙고백은 이 정도에서도 느부갓네살의 기운을 꺾기에 충분했습니다. 세 청년은 야웨 하나님이 얼마나 강하고 신실하신 하나님인지를 강조하며 느부갓네살을 영적으로 기습하여 단숨에 격파해 버립니다. 하지만 그들의 기습공격은 거기서 그치지 않습니다. 그들은 느부갓네살로서는 도저히 상상할 수도 없는 "그리 아니하실지라도"라는 순교적 신앙고백을 하나님께 바칩니다. '설령, 하나님께서 우리를 이번에 구해 주시지 않는다 하더라도 우리는 그 금 신상에게 절하지 않겠습니다.' 하나님의 거룩한 이름은 인간의 즉각적 구원 여부와 상관없이 존귀하고 신뢰를 받아야 한다는 것입니다. 하나님의 이름은 인간의 구원 경험보다 더 거룩하며, 인간의 목숨보다 더욱 숭고하게 지켜야 할 가치임을 선포한 것입니다. 여기서 보는 것처럼 다니엘서 전체의 신앙고백은 이중적입니다. 우선, 성도들이 유일신 신앙을 지키기 위해 우상숭배를 거절하다가 박해를 당할 때 하나님은 반드시 보호하고 지켜 주신다는 믿음입니다. 하나님께서 역경과 박해의 한복판에서 은혜와 구원의 대반전을 일으키실 것이라는 신앙고백인 것입니다. 동시에 그 고백은 설령 하나님께서 이 세상의 차원에서는 구원해 주시지 않는다 하더라도 여전히 하나님을 믿고 죽을 수도 있다는 신앙고백입니다. 현실에서 하나님의 즉각적이고 극적인 개입을 경험하지 못하더라도 죽음 너머까지 연장될 하나님의 자비와 사랑을 믿는다는 고백이지요. 이 두 번째 고백은 승리주의적 신앙 간증으로는 설명되지 않는, 불행과 역경도 이길 수 있는 신앙고백인 것입니다. 이 두 신앙고백이 다니엘서를 나란히 관통하고 있습니다. 우리 기독청년들도 이 두 신앙고백을 동시에 간직하며 세상살이에 임해야 합니다.

죽음으로 사수한 신앙고백(19-23절)

사드락과 메삭과 아벳느고의 당돌하고 도도한 저항을 받은 느부갓네살은 유순하던 얼굴빛을 바꾸어 격분을 터뜨립니다. 그는 즉시 평소보다 칠 배나 더 뜨겁게 한 극렬히 타는 풀무불 속으로 사드락과 메삭과 아벳느고를 결박하여 던지라고 명령합니다(19-20절). 그 극렬한 풀무불 속에 사람을 집어 던지는 일은 병사들 중에서도 용사만이 감당할 수 있는 아주 위험한 과업이었습니다. 그러자 가장 용감한 사형집행인들이 유다의 세 포로를 겉옷과 속옷과 모자와 다른 옷을 입은 채로, 곧 관복을 입은 그대로 결박하여 맹렬히 타는 풀무불 가운데에 던졌습니다(21절). 왕의 명령이 엄하고 풀무불이 심히 뜨거웠기 때문에 사드락과 메삭과 아벳느고를 붙든 사람이 먼저 풀무불에서 스쳐 온 불꽃에 타 죽을 정도였습니다(22절). 풀무불이 어느 정도 뜨거웠는지를 짐작케 해줍니다. 느부갓네살이 세운 금 신상에 절하기를 거부한 유다의 세 젊은 포로인 사드락과 메삭과 아벳느고는 결박된 채 맹렬히 타는 풀무불 가운데에 집어 던져졌습니다(23절). 그들은 '지상의 삶에서 하나님의 즉각적 구원을 맛보지 못할지라도 우리는 당신이 세운 거짓 주와 우상에게 고개 숙이지 않을 것입니다'라고 외치며 불속으로 뛰어든 것입니다. 무릎을 꿇고 살기보다는 서서 죽기를 원한다고 선언하고서 죽는 길을 선택한 것입니다.

대반전: 다니엘의 세 친구를 더욱 높인 느부갓네살(24-30절)

이제 상황은 종료되었습니다. 바벨론 제국의 권세와 영광에 반역한 자들은 사라졌습니다. 하지만 느부갓네살의 마음에는 아직도 세 명의 유다 포로들의 신앙고백이 메아리치고 있었습니다. 그래서 그는 그들이 믿는 하나님이 과연 그들에게 어떻게 응답하실지 궁금해 하며 세 명의 유다 포로들의 처형 장소인 풀무불 주변을 서성대고 있습니다. 왜 왕은 세 청년이 불타 죽는 장면을 가까이서 지켜보려고 했을까요? 느부갓네살은 자신도 모르게 하나님의 극적인 구원 개입을 기대한 채 그곳을 떠나지 못했을 수도 있습니다. 이미 이스라엘 하나님의 역사 주재권을 어느 정도 알고 경험한 터였기에 풀무불 속에 그들을 집어 던지고도 곧장 자리를 뜨지 못했을 것입니다. 아니나 다를까 자신이 아끼던 세 명의 지방총독을 풀무불 속에 던진 후에 그들이 불에 타 죽는 광경을 보려고 지켜 서 있던 느부갓네살 왕은 갑자기 황망한 표정을 짓습니다. 뜨거운 풀무불을 응시하고 있던 그가 놀라 급히 일어나 모사들을 불러 물었습니다. "우리가 결박하여 불 가운데에 던진 자는 세 사람이 아니었느냐"고 묻자, 모사들은 왕에게 "맞습니다"라고 대답합니다(24절). 그러자 왕이 자신은 세 사람이 아니라 네 사람이 불 속을 걸어다니는 것을 본다고 외칩니다. "내가 보니 결박되지 아니한 네 사람이 불 가운데로 다니는데 상하지도 아니하였고 그 넷째의 모양은 신들의 아들과 같도다"(25절). 느부갓네살은 자신이 본 광경 앞에 넋을 잃을 정도로 경악했습니다. 우선, 세 사람이 아니라 네 사람이 결박이 풀린 채로 불 가운데로 다니는데 상하지도 않는 것을 보고 놀랐습니다. 순식간에 한 줌의 재로 변했어야 할 세 사람이 재로 변하기는커녕 불 가운데로 걸어다닌다는 사실에 충격을 받은 것입니다. 둘째, 넷째 사람의 모양이 신들의 아들과 같다는 점에 놀랐습니다. 느부갓네살은 하나님이 그 불꽃 가운데 계심을 보고 즉각 자신의 처형 평결을 뒤집습니다. 자신의 사형 판결이 잘못되었음을 인정한 것입니다. 그는 맹렬히 타는 풀무불 어귀 가까이 가서 세 사람을 "지극히 높으신 하나님의 종"이라고 부르며 그들을 풀무불 밖으로 불러낸 것입니다(26절). 그때 사드락과 메삭과 아벳느고가 불 가운데서 뚜벅뚜벅 걸어 나왔습니다. 평소 유대인들의 유일신 신앙에 반감을 가졌던 갈대아인들의 참소가 오히려 야웨 하나님의 구원 능력을 만천하에 과시하는 기회가 된 것입니다. 이것은 야웨 하나님 한분에 대한 배타주의적 예배가 국가주의적 우상숭배에 저항하는 데 얼마나 강력한 무기가 되며, 유일신 신앙이 인류의 양심과 선한 문명사적 가치와 순결한 도덕을 보호하는 데 얼마나 크게 이바지하는지를 보여주는 장면입니다. 유일신 신앙은 인류의 갈등을 조장하는 모든 악의 근원이라는 계몽주의적인 편견은 유일신 신앙의 이름으로 저질러진 역사적 죄악에 대한 비판으로 수용될 수 있으나 유일신 신앙 자체가 갖는 문명사적 기여에 대한 정당한 평가는 아닙니다.

  이 세계를 다스리는 하나님이 한분이라는 주장은 인류의 평화를 위협하는 것처럼 보이나 사실은 인류의 평화를 위한 신앙고백입니다. 사도 바울은 아덴 선교에서 이 세계를 창조하고 다스리시는 한분 하나님에 대한 신앙고백으로 아덴 사람들의 종교성을 이해하려고 했습니다(행 17:22-26). 한분 하나님에 대한 신앙고백이 외골수적 완고함이나 배타주의, 포용의 결핍, 관용의 부정 등을 의미하는 경멸적 문화 코드로 읽히는 것은 유일신 신앙을 가진 사람들의 불철저한 신앙 실천에서 비롯된 것이지 유일신 신앙 자체의 결함 때문은 아닙니다. 유일신 신앙은, 그리스도인들이 타종교인을 강제로 개종시키거나 정복할 때 호소할 자산이 아니라, 이웃 사랑을 위해 자기를 희생하고 순교적 손해를 감수할 때 호소해야 할 고백입니다. 다른 사람들을 강제로 개종시키거나 다른 사람들의 문화와 인권을 무시하는 정복주의적 선교를 감행하면서, 더 심하게는 정복전쟁을 개시하면서 한분 하나님의 이름에 호소하는 것은 신성모독입니다. 영국의 C. S. 루이스(Lewis), 독일의 헤르만 헤세(Hermann Hesse), 일본의 우찌무라 간조(內村鑑森), 대만의 임어당(林語堂) 같은 인물들은 일생 동안 여러 종교를 편력하고 탐색한 후에 기독교의 유일신 신앙이 얼마나 놀라운 은총이며 구원인지를 고백했습니다. 그들이 증언하듯이, 유일신 신앙은 신앙 고백자의 자기부인과 자기비움, 희생과 순교를 촉진시키는 원동력입니다. 인류의 문명사에서 유일신 신앙은 인류를 분열시키는 배타적 선민의식의 배경으로 오해되어 왔으나, 그것은 사실이 아닙니다. 유일신 신앙은 인류의 보편적 형제자매애를 고양시키고, 인도주의적 윤리와 도덕을 증장시키며, 어떠한 폭압적이고 반인권적인 권력자에 대항해서도 맞설 수 있는 도덕적 용기의 원천인 것입니다.

하나냐, 미사엘, 아사랴가 이스라엘 백성에게 바벨론 포로살이라는 재난을 초래했던 우상숭배를 버리고 유일신 신앙으로 돌아왔을 때 하나님은 다시 그들을 야웨의 백성으로 대우했습니다. 역설적인 운명의 전치(轉置)가 아닐 수 없습니다. 가나안 복지에서는 우상숭배의 죄를 범하던 백성이 우상숭배를 "강요받는" 이방 땅에서는 순교적 각오로 유일신 신앙을 지켜 내고, 그로 인해 하나님의 보호와 돌봄을 맛보다니!(렘 24:4-7, 신 30:1-10, 렘 27:22; 29:10-14; 32:36-38) 이렇게 해서 야웨 신앙을 불법화하려고 했던 갈대아인들의 참소가 오히려 이스라엘의 하나님이 최고의 하나님임을 증명하는 계기가 되어 버렸습니다.

우리는 이 유다 청년들의 순교적 희생과 하나님의 구원 간섭을 보면서 국가 권세가 하나님의 권위에 반할 때는 시민불복종이 불가피하다는 것을 깨닫게 됩니다. 국가 권위가 하나님께로부터 왔다는 성경의 주장(롬 13:1-7)은 국가가 시민들에게 전체주의적 권력을 행사할 때 동원할 수 있는 말씀이 아니라, 국가의 권력 행사가 하나님 앞에 합당한지를 물을 때 참조해야 할 성경 본문입니다(마 22:15-22). 성도들은 하나님께 복종하기 위해 국가 권력의 명령에 불복해야만 할 때도 있습니다(행 5:29). 신앙 양심이 허락하고 명령하는 인신의 자유를 국가가 억압하거나 건전한 시민 도덕과 윤리의 실천을 국가가 가로막을 때, 시민불복종은 불가피합니다. 국가 권력가 종교가 추구하는 지고지순한 가치를 방해해서는 안됩니다. 하나냐, 미사엘, 아사랴는 육체만 죽일 수 있는 사람을 두려워하지 않고 육체와 영혼을 멸할 수 있는 하나님을 두려워했습니다(마 10:28). 이 같은 신앙고백으로 불구덩이에 뛰어든 청년들을 하나님께서는 신적인 방법으로 보호하셨습니다. 이 하나님의 보호와 구원 간섭 장면이 이방군주 느부갓네살의 눈에 띄었습니다. 그는 즉각 하나님의 구원 개입이 있음을 알고 전율을 느끼며 사행 집행을 중지시켰고 그들을 불 속에서 불러낸 것입니다.

놀란 사람은 왕뿐만이 아니었습니다. 낙성식에 참여한 모든 위계의 관료들도 경악하기는 마찬가지였습니다. 불이 능히 그들의 몸을 해하지 못했고, 머리카락도 그을리지 않았고, 겉옷의 빛도 변하지 않았고, 불 탄 냄새도 없었다는 사실에 그들은 놀라움을 금치 못했습니다(27절). 야웨의 찬란한 구원 간섭 앞에서 바벨론 제국 지휘부의 분위기는 다시 한번 야웨 하나님이 주도하시는 경건한 분위기로 반전되었습니다. 느부갓네살은 유다 포로 출신의 세 총독 앞에서 다시 야웨 신앙으로 돌아옵니다. 느부갓네살은 아예 "사드락과 메삭과 아벳느고의 하나님을 찬송할지로다. 그가 그의 천사를 보내사 자기를 의뢰하고 그들의 몸을 바쳐 왕의 명령을 거역하고 그 하나님밖에는 다른 신을 섬기지 아니하며 그에게 절하지 아니한 종들을 구원하셨도다" 하고 고백했습니다. 느부갓네살은 정확하게 유다의 세 포로에게 일어난 사건의 의미를 파악한 것입니다. 그는 심지어 십계명 가운데 1계명의 중요성을 아는 듯이 말합니다. 1계명을 지키려다가 이방군주에게 목숨을 잃을 뻔했던 당신의 자녀들을 천사를 보내어 구원하신 하나님을 찬양한 것입니다(28절). 한 걸음 더 나아가, 그는 각 백성과 각 나라와 각 언어를 말하는 자 가운데 모두 사드락과 메삭과 아벳느고의 하나님에 대해 경솔히 말하는 자는 그 몸을 쪼개고 그 집을 거름터로 삼겠다는 조서를 내립니다(29절). 아울러 이사야 40-55장에 자주 선포된 "진리인 야웨 하나님 외에는 이런 방식으로 구체적인 역사적 사건 속에 나타나 사람을 구원할 다른 신은 없음"을 선포했습니다. 이스라엘의 하나님 야웨의 살아 계심을 인정하고 고백한 것입니다. 그는 온 세상이 하나님의 궁극적인 통치 아래 있음을 고백했습니다. 이 지점에서 다니엘서는 느부갓네살의 입을 빌려 전능하사 천지를 만드신 하나님 아버지를 믿는다는 사도신경적 고백을 한 것입니다. 다니엘서는 악한 이방 군주인 느부갓네살까지도 굴복시키시는 하나님을 믿는 것입니다. 이와 같은 하나님의 보편적인 통치를 못 믿는다면 우리는 악의 궁극적인 지배력을 믿는 악 지배론적 사고에 빠지게 됩니다. 아무리 악한 군주라도 하나님은 통제하실 수 있다고 믿어야 합니다. 하나님께 선한 감동을 받은 느부갓네살은 사드락과 메삭과 아벳느고를 바벨론 지방에서 더욱 높은 관직에 임명했습니다.

이처럼 성도는 영적 지조와 절개를 지키다가 박해를 당할 때 타협 없이 돌진해야 할 때를 만납니다. 1장에서는 대안적인 불복종이었으나, 3장에서는 대안 없이 벼랑 끝에 배수진을 치는 저항이었습니다. 우리는 언제 타협적인 대안적 불복종을 시도할 것인지, 언제 비타협적인 저돌적 불복종을 시도할 것인지 예의주시하며 관찰하고 판단해야 합니다. 세상에 사는 성도들은 반드시 거짓 주와 우상들의 경배 요구에 직면하게 됩니다. 성도의 짠 맛, 소금 맛을 보여주어야만 세상의 악한 지배자들까지 하나님을 두려워하며 경배하게 될 것입니다. 우리는 3장에 등장하는 하나냐, 미사엘, 아사랴의 순교적 저항 신앙을 보면서, 기독교 신앙은 거룩한 우정에 근거한 레지스탕스 운동을 포함하는 것임을 깨닫게 됩니다. 우상에게 절하라고 요구하는 모든 전체주의적 명령은 기독청년들에게 저항의 대상이 됩니다.

오늘날 전 지구에 시장 전체주의를 관철시키려고 하는 신자유주의는 언어와 종족이 다른 세계 만민에게 자신에게 절하라고 강요합니다. 신자유주의는 인간의 자유롭고 자율적인 경제 활동을 긍정하며 이를 바탕으로 다국적 거대 자본가들의 경쟁적인 자원 개발과 남용

및 시장을 독점하기 위한 각축을 장려하고 지지합니다. 그것은 경쟁에게 이긴 자들과 시장을 지배하고 장악한 자들에게는 행복을 안겨 주고, 경쟁에서 낙오하고 시장에서 지배력을 잃은 개인과 공동체는 죽음의 공포로 몰아넣는 잔혹한 경쟁주의 세계관입니다. 이처럼 극단적인 자유시장을 외치는 신자유주의 이데올로기 아래서 시장의 신은 무역과 상품과 용역 교환을 통해 모든 사람에게 이익이 남는 경제 질서를 구축한다고 말하면서도 실상은 불공정 및 불균형 무역을 통해 이익을 창출하는 피도 눈물도 없는 우상입니다. 시장 전체주의적인 신자유주의에 굴복하지 않는 나라는 각종 제제와 규제, 소외와 고립을 당하고 고초를 당하게 됩니다. 결국은 모든 나라가 신자유주의적 시장 전체주의 체제에 굴복하도록 위협받고 있습니다. 신자유주의는 국경 없는 시장을 강조하고 번영을 약속하지만 정작 가장 연약한 세계 만민의 기초생존권 보장에는 전혀 관심이 없습니다. 이런 체제 아래서 살아가는 개인들은 다국적 기업의 무한 이익을 위해 무한 구매와 무한 소비를 강요당하며 시장을 신으로 섬기도록 강압받고 있습니다. 대안적 삶의 질서, 대안적 경제 질서의 출현을 방해하고 박해하는 시장 전체주의 체제 아래서 온 세계는 자기파멸적 자원 낭비와 과소비, 지구 온난화를 초래하는 산업폐기물 배출 등의 모순에 직면해 있습니다. 그럼에도 불구하고 신자유주의적 시장 체제는 고통도 느끼지 못하고 위협도 느끼지 못하고 자기의 한계를 의식하지 못한 채 "자기에게 절하지 않는 자들을" 징벌하려는 영물처럼 활동하고 있습니다.

　　프랑스의 개신교 법사회학자 자크 엘룰이 말했듯이, 자유로운 사람의 첫 번째 의무는 "아니오"라고 말하는 것입니다. 그리스도인은 이 세상에 존재하는 모든 형태의 억압과 압제에 대항하는 사람입니다. 오늘날 많은 사람이 로마 제국이나 느부갓네살 치하의 바벨론 제국에 비해 너무 자유로워진 시대, 억압이 없는 시대에 살고 있다고 말합니다. 그러나 그것은 사실이 아닙니다. 요한계시록 18장에서 바벨론(로마 제국)은 음녀 바벨론이요 모든 거짓된 영들과 귀신들이 서식하는 우상숭배의 소굴로 묘사됩니다. 바벨론은 세상의 부와 풍요, 욕망 충족, 지배 의지를 상징하는 말입니다. 바벨론 제국은 자신의 힘을 과시하고 제국의 안정을 꾀하기 위해 항상 금 신상을 세워 놓고 그 앞에 절할 것을 요구하는 구조적인 죄악 체제를 가리킵니다. 엘룰이 자주 말하듯이, 사람들은 여러 형태의 개인적 차원의 죄를 지적하는 데는 능숙하지만 구조적 죄악, 곧 조직의 죄악이나 국가 이데올로기 같은 죄악을 파악하는 데는 익숙하지 못합니다. 어떤 법과 제도가 가난한 사람들에게 유리한지 불리한지를 따지는 일에는 더디다는 것입니다. 그 결과, 사람들은 풍요롭고 안락한 삶에 대한 탐닉을 정의와 공평이라는 윤리도덕적 가치보다 우선시하게 됩니다. 신자유주의적 금 신상에게 절함으로써 풍요로운 삶을 누릴 수 있기를 열망하는 것입니다. 이 신자유주의가 전가의 보도로 휘두르는 텔레비전 광고에 따르면, 자유 경쟁, 무한 경쟁만이 최고선이며 그것만이 기업의 이윤과 가계 소득의 증가를 가져옵니다. 하지만 그 같은 자유 경쟁과 무한 경쟁이 인간성을 파괴하고 지구 자원을 약탈하며 지구 생태계를 파괴한다는 사실은 전혀 가르치지도 않고 알려 주지도 않습니다.

    이런 상황에서 기독청년들은 영적 지조와 절개를 굳게 지키기 위해 대가를 지불해야 할 때 기꺼이 그 대가를 치를 수 있어야 합니다.

하나님께서는 이 지상에서 구원의 손길을 자주 펼치시지만, 때로는 다음 세상에 가셔야 구원의 손길을 펼쳐 주실 때도 있습니다. 기독청년들은 지금 당장 이 땅의 현실 속에서 하나님의 구원하시는 손길을 경험하지 못할지라도, 하나님이 아닌 다른 우상과 거짓 주와 신들을 배척하고 저항할 수 있는 패기와 용기를 간구해야 합니다. 승리주의적 신앙만이 신앙이라고 생각해서는 안됩니다. 불길 속에서 하나님의 도우심을 경험하지 못한 채 한 줌의 재가 되면서도 신앙의 승리를 경험한 성도들이 많다는 것을 기억해야 합니다.

1919년 4월 18일, 경기도 화성군 발안면 제암리교회의 성도들은 일제의 만행으로 인해 예배당 안에 갇힌 채 불타 죽었습니다. 목격자이자 생존자인 전동례 할머니의 증언에 따르면, 그들은 어깨동무를 하며 '하늘 가는 밝은 길이'라는 찬송을 부르고 감사기도를 드렸습니다. 그러나 그때에도 하나님은 그들을 불길 속에서 건져 주시지 않았습니다. 그들은 사드락과 메삭과 아벳느고가 보여준 "그리 아니하실지라도"의 신앙 의기를 만천하에 과시한 것입니다. 다니엘의 세 친구처럼 우리가 짧은 생애 동안 당하는 환난에서 하나님의 구원을 경험하지 못할지라도, 우리는 우상에게 절하지 말아야 합니다. 이 점은 다니엘서 6장의 사자굴 이야기에서도 마찬가지로 적용됩니다. 초대교회의 순교자들이 로마 제국의 콜로세움 원형 경기장에서 사자들에게 찢겨 죽을 때에도 하나님은 그 사자들의 입을 막으시는 기적을 베풀어 주시지 않았습니다. 그 대신 순교의 면류관을 쓰도록 그들을 이끄셨습니다. 지상에서의 승리를 강조하는 구원 간증은 현세적인 안목에 기독교 신앙의 궁극을 종속시킬 수 있는 위험이 있음을 기억해야 하겠습니다.

결론

다니엘서 3장은 야웨의 살아 계심과 신실하심, 전능하심을 고백하는 성도의 신앙고백이 얼마나 엄청난 위력을 발하는지를 예증해 보여줍니다. 하나님께 순복하는 길만이 우상과 거짓 주의 위협과 회유에 굴복하는 않도록 우리를 지켜 줄 수 있습니다. 그리스도인과 교회는 우리 주 예수 그리스도가 하나님의 아들이시며 부활하셔서 하나님 우편 보좌에 앉아 세상을 통치하는 만왕의 왕이심을 믿고 고백합니다. 이 신앙고백은 교회와 그리스도인의 정체성을 형성하는 결정적인 요소입니다. 교회는 이 세상의 어떤 인간적 조직이나 결사체와도 확연히 구별됩니다. 교회가 주식회사나 동창회, 향우회, 가족, 국가 같은 어떤 자연적·인위적 결사체와 구별되는 까닭은, 하나님의 아들 예수 그리스도가 교회의 머리이기 때문입니다. 교회는 예수 그리스도의 십자가 죽으심과 부활을 믿는 신앙고백 위에 건축된 불패불멸의 구조물입니다. 한 지역 교회가 부패하여 치리를 받고 산산조각으로 부서질 수는 있어도, 주 예수 그리스도의 몸된 교회, 곧 보편적인 공교회는 결코 소멸되거나 파괴되지 않습니다. 교회의 머리는 하나님 보좌 우편에서 이 세상을 다스리시는 주 예수 그리스도이시기 때문입니다. 비록 현실 교회가 실망스럽고 흠결이 많은 인간적인 모임에 불과한 것처럼 보일지라도 교회는 하나님의 아들 예수 그리스도의 직할통치를 받고 있는 거룩한 식민지입니다. 이 세상 한복판에서 십자가에 달려 죽으신 하나님의 아들, 3일 만에 부활하신 하나님의 아들 예수 그리스도가 이 세상 만왕의 왕, 만주의 주라는 신앙고백 위에 건축된 교회는 로마 제국보다 강하고 어떤 지상의 초강대국보다도 강합니다.

마태복음 16:13-16(막 8:27-30, 눅 9:18-21)에서 예수님은 로마 황제 가이사(Caesar)를 주(主)요 신의 대리자로 고백하는 도시 가이사랴 빌립보에서 "누가 이 세상의 참된 주(主)인가?"를 물으십니다(눅 3:1-3 참조). 이 질문에 대한 대답이 그리스도인과 비그리스도인을 결정적으로 구분 짓습니다. 먼저 예수님은 사람들이 자신을 누구라고 생각하는지 물으십니다. "예수께서 빌립보 가이사랴 지방에 이르러 제자들에게 물어 이르시되 사람들이 인자를 누구라 하느냐"(마 16:13). 제자들은 무리의 예수 이해를 요약해 답변했습니다. "더러는 세례 요한, 더러는 엘리야, 어떤 이는 예레미야나 선지자 중의 하나라 하나이다"(14절). 참으로 정확한 관찰이었습니다. 폭풍이 치는 듯한 격한 회개의 요구와 하나님 나라 운동을 선포한 것 때문에 예수는 세례 요한과 겹쳐 보였을 것입니다. 또한 예수님은 일찍이 나사렛의 회당에서 설교를 마치시고 나서 경악과 불신앙을 드러내는 청중들 앞에서 자신을 외국인 사르밧 과부에게 인정받고 영접받은 엘리야와 비교한 적이 있습니다. 엘리야는 강력한 카리스마와 기적으로 민중의 희망으로 떠오른 인물이었으나 그 시대의 중심세력과 갈등을 빚은 고독한 예언자였습니다. 예수님에게서는 아마 엘리야의 폭풍 같은 카리스마가 흘러 넘쳤을 것입니다. 동시에 그는 이스라엘의 부패와 탄식, 특히 성전 체제의 부패와 타락을 두고 예레미야처럼 반(反)성전 설교를 토해 내셨으며 눈물로 기도하셨습니다. 이 모든 면모가 고대 이스라엘의 예언자로서 그를 보게 하는 데 일조했을 것입니다. 그러나 이 같은 대중의 단편적인 이해는 나사렛 예수 그리스도의 정체를 꿰뚫어 보는 데는 이르지 못한 피상적인 이해에 불과했습니다.

그래서 예수님은 제자들을 향해 "너희들은[강조 2인칭 복수대명사] 나를 누구라 하느냐"고 물으셨습니다(15절). 그때 시몬 베드로가 "당신은 그리스도시요 살아 계신 하나님의 아들이시니이다"라고 대답했습니다. 직역하면, "당신은 살아 있는 자들의 하나님의 아들입니다"(You are the Christ the Son of God of the living)라고 할 수 있습니다. 베드로의 이 고백은 "당신이야말로 그 그리스도, 살아 있는 자들의 하나님의 아들입니다"라고 번역할 수도 있습니다. 마태복음 16:16의 베드로의 고백은 "당신은 성경에서 오랫동안 약속되어 온 그 하나님의 아들이자 하나님을 완전하게 대리하며 하나님의 뜻을 완벽하게 순종해 드리는 신적인 왕입니다"라는 말입니다. 여기서 "하나님의 아들"이라는 말이 아주 중요합니다. 그 당시 모든 사람들은 로마 황제가 신의 아들이며 세계는 그의 명령을 중심으로 돌아간다고 믿었다는 점을 고려하면(눅 2:1-2, 행전 16:31 참조) 베드로의 이 신앙고백은 로마 제국 지배권에 대한 대항명제였던 셈입니다. 베드로를 비롯한 제자들은 가이사가 아니라 예수 그리스도가 이 세계의 주라고 고백한 것입니다.

초대교회는 이 신앙고백을 통해 예수 그리스도의 주권과 왕권을 공공연히 선언하다가 희생을 치렀습니다. 지상의 권력자들이 기독교적 가치와 양심을 부정하고 유린했을 때, 그리스도인들은 신앙고백으로 맞서서 순교하며 신앙을 지켰습니다. 구약의 예언자들이나 다니엘과 세 친구는 신앙고백으로 당대의 신앙적 위기를 대파국으로부터 건져 냈습니다. 주전 8세기에 활동한 네 명의 예언자 아모스, 호세아, 이사야, 미가는 이스라엘의 거룩하신 하나님을 고백함으로써 어떤 나라나 왕조와도 동일시될 수 없는 하나님 나라를 선포했습니다. 하나님의 명성과 이름이 이스라엘이나 유다 왕국의 존립과 번영, 몰락과 패망 여부에 상관없이 초월적으로 유지될 수 있음을 고백한 것입니다. 일제의 신사참배 요구에 직면하여 주기철 목사, 한상동 목사는 일제의 군국주의가 천년만년 갈 것처럼 위세를 떨치던 바로 그 시점에 일제의 패망을 예언하며 하나님께 대한 충성심을 지켰습니다. 히틀러 치하에서 스위스의 칼 바르트, 독일의 디트리히 본회퍼 목사 등은 독일 제국주의 이데올로기에 편승하지 않고 주 예수 그리스도의 왕권에만 복종하는 고백교회를 창설하여 나치즘의 광기에 도전했습니다. 그들은 주 예수 그리스도의 주권과 왕권을 고백함으로써 지상 권력자들의 교만과 자기파멸적인 광기에 맞섰던 것입니다. 이 신앙고백을 통한 돌파는 유대교와 로마 제국 당국을 상대로 예수는 부활하신 하나님의 아들이자 그리스도라고 고백했던 초대교회 그리스도인들의 신앙고백을 계승한 것이었습니다. 초대교회의 신앙고백 전통은 악한 정사와 권세, 어둠의 세상 주관자들에 대한 저항과 맞섬을 확정짓는 전통이었습니다. 그리고 그 전통이 일제하의 신사참배에 저항한 한국 교회의 신앙고백 속에 계승된 것입니다(막 8:38, 롬 10:9-10, 고전 12:3, 빌 2:6-11, 계 22:20).

1938년 11월에 출간된 한 일본 경찰서 보안과 보고서는, 신사참배에 직면하여 당시 한국 교회 안에 견고하게 자리 잡은 순교적 신앙고백의 분위기가 어떠했는지를 짐작하게 해줍니다. "전 조선에 50만에 달하는 예수교 신자들은 시국에 대해 대단히 냉담한 태도를 가졌고 신사에 있어서도 이와 같은 국가적 행사에 참가하는 일은 기독교

계명에 위반되는 일로 이를 긍정하지 않았고 혹은 예수를 가리켜 만왕의 왕이라는 설명을 하고 있으므로 불경죄로 잘 살펴서 처단되어야 할 것"이라고 적고 있습니다. 일제는 전 조선의 기독교인들이 신사참배에 반대하고 있다고 판단하고 있었습니다. 일제의 신사참배에 대한 한국 교회의 저항은 드세었고, 그 저항의 대가는 결코 작지 않았습니다. 신사참배에 대한 저항 때문에 2천여 신도가 투옥되었으며, 신앙의 절개를 굳게 지킨 50여 명의 성직자가 순교자가 되어야 했습니다.

일제의 심문조서에 따르면, 신사참배에 저항한 목사들과 그리스도인들이 자신들의 저항의 근거로 내세운 성경적 근거는 십계명의 1, 2계명이었습니다. 신사참배 반대자들은 신사참배를 죽은 조상신들, 곧 사신(死神) 숭배라고 규정하고 저항했습니다(사 8:19-20). 비교적 일찍 신사참배를 허용한 가톨릭교회도 신사참배에 저항하던 초기에는 십계명에 호소하여 저항했습니다. 대부분의 개신교 목사들과 신자들은 십계명의 1, 2계명에 근거하여 일제의 신과 현인신으로 숭배받기를 요구하는 천황숭배에 저항했습니다.[5]

일제가 신사참배(특히 일본의 국가신인 태양여신 아마데라스 오미가미)를 강요하는 과정에서 가장 우선순위를 둔 곳은 기독교 학교였는데, 당시 평양 숭실중학교의 조지 매큔(G. McCune, 윤산온) 교장은 십계명과 유일신 신앙에 근거하여 신사참배 거부 의사를 밝혔습니다. 1935년 11월 14일에 평남도지사 야스다케는 도내의 모든 학교에 신

---

5. 간하배, 『다니엘서의 메시야 예언』, 12. 간하배는 비평적 주석가가 아닌데도 불구하고 이 셋째 입장을 지지한다. 이렇게 할 때 다니엘서가 메시아 예수 그리스도의 시대를 예언한 책으로 가장 잘 이해되기 때문이다.

사참배 명령을 내렸습니다. 1935년 12월 14일, 조지 매큔은 평남지사에게 "신사의 제식에 있어서 종교적인 여러 가지 요소가 포함되어 있는 것과 또한 신사에서 신들을 경배하고 있는 사실이 확실하므로 기독교 신자인 나로서는 신앙 양심상 신사에 참배할 수 없다"고 회신했습니다.[6] 또한 뉴욕 선교부의 맥가피(McAfee)에게 보낸 12월 20일자와 24일자 서신에는, 매큔이 실행위원회와 협의한 후 야스다케에게 보낸 서신의 내용이 그대로 실려 있습니다.

나는 11월 14일 신사에 가라는 각하의 명령에 따를 수 없었습니다. 각하는 그때 신사에는 천조대신의 영과 메이지 천황의 영이 봉재되어 있다고 하였는데, 기독교인으로서 내가 그곳에 머리를 숙인다는 것은 나의 양심과 전능하신 하나님의 법을 범하는 것이 된다고 생각합니다. 그리고 참배 강제는 제국 내에 사는 모든 사람에게 헌법에 보장되어 있는 신교의 자유에도 위배된다고 생각합니다. 그러나 나는 개인으로서 또한 교장으로서 천황 및 황실에 최고의 영예와 존경의 뜻을 바칠 용의가 있습니다.[7]

---

6. 김인수, 「예수의 양 주기철」, 133. 이 보고서의 원출처는 1938년 11월 총독부 경무국 보안과의 森浩一이 작성한 '事變下에서 基督敎,' 朝鮮(1938. 11)라는 제목의 글이다.
7. 박용규, 『한국기독교회사 2. 1910-1960』(서울: 생명의 말씀사, 2004), 700-720. 박용규는 윤산온(Geroge McCune)의 신사참배 반대가 "너희는 내 앞에 다른 신을 숭배하지 말라"는 십계명의 제1계명에 터하고 있음을 밝힌다(700쪽). 1936년 3월 21일 강제출국 뒤 미국 북장로교 선교본부에 보낸 글에서 윤산온은 신사참배는 우상숭배라고 분명히 규정하고 있다(Presbyterian Tribune)(700쪽). 박용규는 윤산온, 박관준, 안이숙, 박영창 등 대부분의 신사참배 반대자들의 주요한 성경적 근거가 십계명이었다고 판단한다(719-720쪽).

또한 최덕지와 박관준이 제74회 일본 제국의회 중의원에 던진 메시지와 안이숙 등의 예심종결서는, 이들의 신사참배 반대가 유일신 신앙을 지키도록 명령하는 십계명에 대한 철저한 복종의 일환이었음을 알려 줍니다. 그들은 우상타파를 자신들의 최대 사명으로 생각했고 또한 하나님이 지상명령으로 받아들였습니다. 그들은 십계명 중에서도 1, 2계명을 그대로 믿고 살았고 믿은 그대로 싸운 것입니다.[8] 다니엘서 3장은 경건하게 살면 박해를 받는다는 진리를 예해할 뿐만 아니라(딤후 3:12, 히 11-12장, 약 1:2-4, 벧전 2:18-25; 4:1-19), 순교적 신앙 열정 때문에 초래된 고난은 고난받는 성도만 아니라 주변 사람들에게까지 영적 정화 효과를 낸다는 것을 보여줍니다(벧전 4:1-6). 다니엘과 세 친구는 세계를 제패한 베벨론 제국의 취약성과 임박한 멸망을 예언하고 야웨 한분만이 참 하나님이심을 고백했습니다. 특히 하나냐, 미사엘, 아사랴의 풀무불 고난은 그들 자신은 물론이거니와 느부갓네살의 영적 감수성을 고양시켰습니다.

신앙고백의 영적 광채를 예증해 보여주는 순교 이야기는 다니엘서 3장을 이해하기 위한 주요 참고자료가 됩니다. 그중에서도 4세기에 아르메니아(현 터키)의 세바스테(Sebaste)에 주둔하고 있던 그리스도인 병사 40인의 순교 이야기(4세기 갑바도기아의 교부 바실이 들려준 순교사화)는 이런 점에서 음미해 볼 만합니다. 그들의 순교는 다니엘의 세 친구처럼 지상적인 차원의 해피엔딩으로 끝나지는 않았으나 사형집행인에게 감화를 주어 그 또한 순교자로 만들었습니다. 세바스테에

---

8. 박용규, 『한국기독교회사 2. 1910-1960』, 692쪽에서 재인용.

4

공의를 행하고 가난한 자를 긍휼히 여김으로 제국의 죄악을 속하소서!

다니엘 4장

다니엘 4장

느부갓네살 왕은 천하에 거주하는 모든 백성들과 나라들과 각 언어를 말하는 자들에게 조서를 내리노라. 원하노니 너희에게 큰 평강이 있을지어다. 지극히 높으신 하나님이 내게 행하신 이적과 놀라운 일을 내가 알게 하기를 즐겨 하노라. 참으로 크도다 그의 이적이여, 참으로 능하도다 그의 놀라운 일이여, 그의 나라는 영원한 나라요 그의 통치는 대대에 이르리로다. 나 느부갓네살이 내 집에 편히 있으며 내 궁에서 평강할 때에 한 꿈을 꾸고 그로 말미암아 두려워하였으니 곧 내 침상에서 생각하는 것과 머리 속으로 받은 환상으로 말미암아 번민하였었노라. 이러므로 내가 명령을 내려 바벨론의 모든 지혜자들을 내 앞으로 불러다가 그 꿈의 해석을 내게 알게 하라 하였더라. 그 때에 박수와 술객과 갈대아 술사와 점쟁이가 들어왔으므로 내가 그 꿈을 그들에게 말하였으나 그들이 그 해석을 내게 알려 주지 못하였느니라. 그 후에 다니엘이 내 앞에 들어왔으니 그는 내 신의 이름을 따라 벨드사살이라 이름한 자요 그의 안에는 거룩한 신들의 영이 있는 자라. 내가 그에게 꿈을 말하여 이르되 박수장 벨드사살아, 네 안에는 거룩한 신들의 영이 있은즉 어떤 은밀한 것이라도 네게는 어려울 것이 없는 줄 내가 아노니 내 꿈에 본 환상의 해석을 내게 말하라. 내가 침상에서 나의 머리 속으로 받은 환상이 이러하니라. 내가 본즉 땅의 중앙에 한 나무가 있는 것을 보았는데 높이가 높더니 그 나무가 자라서 견고하여지고 그 높이는 하늘에 닿았으니 그 모양이 땅 끝에서도 보이겠고 그 잎사귀는 아름답고 그 열매는 많아서 만민의 먹을 것이 될 만하고 들짐승이 그 그늘에 있으며 공중에 나는 새는 그 가지에 깃들이고 육체를 가진 모든 것이 거기에서 먹을 것을 얻더라. 내가 침상에서 머리 속으로 받은 환상 가운데에 또 본즉 한 순찰자, 한 거룩한 자가 하늘에서 내려왔는데 그가 소리 질러 이처럼 이르기를 그 나무를 베고 그 가지를 자르고 그 잎사귀를 떨고 그 열매를 헤치고 짐승들을 그 아래에서 떠나게 하고 새들을 그 가지에서 쫓아내라. 그러나 그 뿌리의 그루터기를 땅에 남겨 두고 쇠와 놋줄로 동이고 그것을 들 풀 가운데에 두어라. 그것이 하늘 이슬에 젖고 땅의 풀 가운데에서 짐승과 더불어 제 몫을 얻으리라. 또 그 마음은 변하여 사람의 마음 같지 아니하고 짐승의 마음을 받아 일곱 때를 지내리라. 이는 순찰자들의 명령대로요 거룩한 자들의 말대로이니 지극히 높으신 이가 사람의 나라를 다스리시며 자기의 뜻대로 그것을 누구에게든지 주시며 또 지극히 천한 자를 그 위에 세우시는 줄을 사람들이 알게 하려 함이라 하였느니라. 나 느부갓네살 왕이 이 꿈을 꾸었나니 너 벨드사살아, 그 해석을 밝히 말하라. 내 나라 모든 지혜자가 능히 내게 그 해석을 알게 하지 못하였으나 오직 너는 능히 하리니 이는 거룩한 신들의 영이 네 안에 있음이라. 벨드사살이라 이름한 다니엘이 한동안 놀라며 마음으로 번민하는지라. 왕이 그에게 말하여 이르기를 벨드사살아, 너는 이 꿈과 그 해석으로 말미암아 번민할 것이 아니니라. 벨드사살이 대답하여 이르되 내 주여, 그 꿈은 왕을 미워하는 자에게 응하며 그 해석은 왕의 대적에게 응하기를 원하나이다. 왕께서 보신 그 나무가 자라서 견고하여지고 그 높이는 하늘에 닿았으니 땅 끝에서도 보이겠고 그 잎사귀는 아름답고 그 열매는 많아서 만민의 먹을 것이 될 만하고 들짐승은 그 아래에 살며 공중에 나는 새는 그 가지에 깃들었나이다. 왕이여, 이 나무는 곧 왕이시라. 이는 왕이 자라서 견고하여지고 창대하사 하늘에 닿으시며 권세는 땅 끝까지 미치심이니이다. 왕이 보신즉 한 순찰자, 한 거룩한 자가 하늘에서 내려와서 이르기를 그 나무를 베어 없애라. 그러나 그 뿌리의 그루터기는 땅에 남겨 두고 쇠와 놋줄로 동이고 그것을 들 풀 가운데에 두라. 그것이 하늘 이슬에 젖고 또 들짐승들과 더불어 제 몫을 얻으며 일곱 때를 지내리라 하였나이다. 왕이여, 그 해석은 이러하니이다. 곧 지극히 높으신 이가 명령하신 것이 내 주 왕에게 미칠 것이라. 왕이 사람에게서 쫓겨나서 들짐승과 함께 살며 소처럼 풀을 먹으며 하늘 이슬에 젖을 것이요 이와 같이 일곱 때를 지낼 것이라. 그 때에 지극히 높으신 이가 사람의 나라를 다스리시며 자기의 뜻대로 그것을 누구에게든지 주시는 줄을 아시리이다. 또 그들이 그 나무뿌리의 그루터기를 남겨 두라 하였은즉 하나님이 다스리시는 줄을 왕이 깨달은 후에야 왕의 나라가 견고하리이다. 그런즉 왕이여, 내가 아뢰는 것을 받으시고 공의를 행함으로 죄를 사하고 가난한 자를 긍휼히 여김으로 죄악을 사하소서. 그리하시면 왕의 평안함이 혹시 장구하리이다 하니라. 이 모든 일이 다 나 느부갓네살 왕에게 임하였느니라. 열두 달이 지난 후에 내가 바벨론 왕궁 지붕에서 거닐새 나 왕이 말하여 이르되 이 큰 바벨론은 내가 능력과 권세로 건설하여 나의 도성으로 삼고 이것으로 내 위엄의 영광을 나타낸 것이 아니냐 하였더니 이 말이 아직도 나 왕의 입에 있을 때에 하늘에서 소리가 내려 이르되 느부갓네살 왕아 네게 말하노니 나라의 왕위가 네게서 떠났느니라. 네가 사람에게서 쫓겨나서 들짐승과 함께 살면서 소처럼 풀을 먹을 것이요 이와 같이 일곱 때를 지내서 지극히 높으신 이가 사람의 나라를 다스리시며 자기의 뜻대로 그것을 누구에게든지 주시는 줄을 알기까지 이르리라 하더라. 바로 그 때에 이 일이 나 느부갓네살에게 응하므로 내가 사람에게 쫓겨나서 소처럼 풀을 먹으며 몸이 하늘 이슬에 젖고 머리털이 독수리 털과 같이 자랐고 손톱은 새 발톱과 같이 되었더라. 그 기한이 차매 나 느부갓네살이 하늘을 우러러 보았더니 내 총명이 다시 내게로 돌아온지라. 이에 내가 지극히 높으신 이에게 감사하며 영생하시는 이를 찬양하고 경배하였나니 그 권세는 영원한 권세요 그 나라는 대대에 이르리로다. 땅의 모든 사람들을 없는 것 같이 여기시며 하늘의 군대에게든지 땅의 사람에게든지 그는 자기 뜻대로 행하시나니 그의 손을 금하든지 혹시 이르기를 네가 무엇을 하느냐고 할 자가 아무도 없도다. 그 때에 내 총명이 내게로 돌아왔고 또 내 나라의 영광에 대하여도 내 위엄과 광명이 내게로 돌아왔고 또 나의 모사들과 관원들이 내게 찾아오니 내가 내 나라에서 다시 세움을 받고 또 지극한 위세가 내게 더하였느니라. 그러므로 지금 나 느부갓네살은 하늘의 왕을 찬양하며 칭송하며 경배하노니 그의 일이 다 진실하고 그의 행하심이 의로우시므로 교만하게 행하는 자를 그가 능히 낮추심이라.

4장은 두 번째 꿈 이후에 일어난 느부갓네살의 영적 변화를 다룹니다. 이 장은 자신의 꿈을 해석해 준 다니엘의 해석에 근거한 느부갓네살의 심오한 깨달음을 담고 있습니다. 느부갓네살은 낮의 권력은 장악했을지 몰라도 밤마다 거룩한 하늘의 순찰자에게 말할 수 없는 경고를 받으며 식은땀을 흘렸습니다. 『바벨론 연대기』나 『바벨론 왕들의 원정기』에서, 느부갓네살 왕은 시리아 가나안 일대의 여러 나라와 왕국들을 정복하면서 자신이 얼마나 용감무쌍하게 적들을 이기고 온전한 승리를 거두었는지를 자랑하고 있습니다. 그 책들에 가장 많이 등장하는 표현은 "파괴하고", "불태우고", "죽이고", "쪼갰다" 같은 말입니다. 그리고 "자신이 죽인 사람들의 피가 강산을 적시고 바다를 이루었다"는 말도 자주 등장합니다. 그가 이룩한 제국은 이처럼 제지받지 못할 폭력의 승리였을 뿐, 참되게 다스리는 나라는 아니었습니다. 참된 다스림은 진정한 복종과 자발적인 동의에 기초합니다. 이런 의미에서 보면, 느부갓네살은 어느 누구에게서도 마음 깊은 곳에서 나오는 복종을 받아 본 적이 없는 제왕이었습니다. 그는 폭력으로 짓눌렀을 뿐 진정한 의미에서 다스리는 자는 아니었습니다. 그런 그에게 밤은 하나님의 거룩한 임재 앞에 곤욕을 치르는 시간일 수밖에 없었습니다.

결국 여기서 느부갓네살은 다시 한번 영적 변화를 촉발시키는 정치적 파란을 겪습니다. 4장은 그가 경험한 파란과 변화를 포고문 형식으로 기록하고 있는 정치적 전향선언인 셈입니다. 그는 오만의 절정에서 왕위를 상실하고 광야로 추방되는 경험을 한 후에야 야웨의 역사 주재권에 자신의 왕권을 복속시킵니다. 4장 초반부의 느부갓네살은 3장 마지막 장면의 느부갓네살이 아닙니다. 3장 마지막에서 느부갓네살은 한때 제정신을 잃고 광포했으나 유다의 젊은 포로들이 발산하는 영적 에너지에 눌려 야웨 신봉자로 개종한 것 같은 인상을 줍니다. 그런 그가 4장 중반부에서는 다시 바벨론 제국을 건설한 자신의 치적에 도취된 채(29-30절) 하나님께 맞서다가 광인으로 전락하고 맙니다. 그리고 일곱 달 동안 광야에서 짐승처럼 살다가 하나님께 굴복하고 나서야 이성과 왕위를 되찾습니다. 왕위에 복귀하고 이성을 되찾은 뒤에 그가 반포한 포고령은 역사를 주재하시는 야웨 하나님께 대한 느부갓네살의 신앙고백을 집약해서 보여주며, 그것은 가히 성경적 정치학 교과서라고 불릴 정도로 의미심장한 하나님 나라의 정치학을 보여줍니다. 참으로 제국을 안정시키는 길은 금 신상을 세우고 백성을 강제로 동원하여 국가에 대한 충성심을 고취시키는 데 있는 것이 아니라, 제국 안에 있는 가장 가난한 자들을 돌보는 자비와 사랑에 있다는 진리를, 다니엘은 느부갓네살에게 가르쳐 준 것입니다.

느부갓네살의 두 번째 꿈 (1-18절)

4장 대부분은 포고문의 형식으로 되어 있습니다. 이 포고문은 3장의 포고문과는 전혀 다른 내용을 담고 있습니다. 느부갓네살은 천하에 거주하는 모든 백성과 나라와 각 언어를 말하는 사람들에게 "너희에게 큰 평강이 있을지어다"라는 인사로 시작되는 사뭇 교양 있는 조서를 내립니다(1절). 그 내용은 지극히 높으신 하나님께서 자기에게 행하신 이적과 놀라운 일에 대한 느부갓네살의 보고입니다. 그는 야웨께서 역사를 주재하시고 세계를 통치하신다는 것을 바벨론 제국의 모든 백성에게 알리기를 원하여 조서를 내린다고 말합니다(2절). 3절에서 그는 하나님의 이적과 권세를 찬양하며 하나님 나라의 영속성을 노래합니다. 시편의 한 구절이라고 보아도 손색이 없을 고백입니다. "참으로 크도다, 그의 이적이여. 참으로 능하도다, 그의 놀라운 일이여. 그의 나라는 영원한 나라요 그의 통치는 대대에 이르리로다." 느부갓네살은 자신의 제국 위에 세계 역사를 주장하는 영원한 하나님 나라가 있음을 깨달은 것입니다. 큰 권능과 놀라운 이적으로 세계사를 주장하는 하나님 나라를 인정한 것입니다.

4-18절은 느부갓네살의 두 번째 꿈의 내용과 이번에도 그것을 해석하지 못하는 바벨론 지혜자들의 좌절을 다룹니다. 두 번째 꿈도 느부갓네살이 자기 왕궁에서 편히 지내며 겉보기에는 평강을 누릴 때 꾼 꿈이었습니다(4절). 그러나 그 꿈 또한 느부갓네살에게 두려움과 번뇌를 안겨 주는 "밤의 환상"으로 나타났습니다. 성경은 왕이 자신의 "침상에서 생각하는 것과 머리 속으로 받은 환상으로 말미암아 번민"

하게 되었다고 말합니다(5절). 침상에서 생각하는 것은 자신이 행한 일에 대한 집착적인 생각을 의미합니다. 자신의 왕위와 제국의 안정에 대한 과도한 염려가 그가 늘 침상에서 씨름하던 생각이었습니다. 중국 청나라 황제들은 자금성이라는 엄청나게 광활한 왕궁에 있으면서도, 자객을 피하기 위해 매일 밤 침실을 바꾸어야 했고 급기야는 자객이 숨지 못하도록 성 안에 있는 나무를 모조리 베어 버렸습니다. 나무 한 그루 없이 서로가 너무도 비슷하게 생긴 집들로 가득 차 있는 황량하기 짝이 없는 자금성은 실상은 거대한 불안과 공포의 심리학을 반영하는 것입니다. 조선의 왕들도 오후 3시에 경호부대원들에게 직접 암구호를 내렸습니다. 최고 권력자인 왕은 어느 시대건 자신의 왕위와 나라의 안정에 극도로 예민한 감각을 유지해야만 했습니다. 무릇 어느 시대의 어느 나라에서든 왕이란 존재는 자신의 권력을 유지하기 위해 항상 가장 가까운 가족과 측근에서부터 가장 멀리 있는 적국의 왕들까지 경계하지 않을 수 없었습니다. 느부갓네살은 호화롭고 안락한 궁중의 가장 은밀하고 안전한 침실에 누워서도 자신의 제국이 언제 무너질지 모른다는 불안과 싸워야 했던 것입니다.

느부갓네살은 이번에도 바벨론의 모든 지혜자들을 불러모아 자신이 꾼 꿈을 해석하라는 명령을 내립니다(6절). 지혜자들은 자신들은 하나님이 관장하시는 은밀한 미래사에는 문외한이라고 실토한 적이 있는데도 느부갓네살은 다시 그들을 부른 것입니다. 그러나 이번에는 자신이 꾼 꿈을 먼저 말해 줍니다. 그런데도 무능한 바벨론의 박수와 술객과 갈대아 술사와 점쟁이들은 도저히 그 꿈을 해석하지 못했습니다(7절). 느부갓네살은 마지막으로 다니엘을 소환하여 자신이 꾼 꿈의 해석을 부탁했습니다(8절). 느부갓네살은 조서에서 다니엘을 좀 더 우호적으로 소개합니다. 다니엘이 자신이 섬기는 신(Bel)의 이름을 따라 자신이 벨드사살이라고 개명했음을 밝히고, 다니엘 안에 거룩한 신들의 영이 내주하고 있다고 공증합니다. 느부갓네살은 바벨론의 모든 지혜자들에게 실망한 뒤에 그처럼 신령한 다니엘에게 자신이 꾼 꿈의 해석을 명령했던 것입니다.

느부갓네살이 다니엘을 불렀을 때에 다니엘은 지혜자들의 우두머리였습니다(9절). 2장 48절에서 보았듯이 왕은 이미 다니엘을 모든 지혜자의 어른(박수장)으로 삼았습니다. 그런데 왜 그가 박수장 다니엘을 가장 나중에야 불렀는지는 확실하지 않습니다. 다니엘 자신이 일부러 왕의 명령에 가장 늦게 응답했을 수도 있고, 느부갓네살이 이번에는 바벨론의 지혜자들도 능히 해석할 줄로 생각했기에 굳이 다니엘을 부르지 않았을 수도 있습니다. 어느 쪽이든 느부갓네살은 자신이 가장 늦게 부른 박수장 벨드사살을 우호적으로 소개하고 그의 신적 통찰력에 대한 믿음을 피력한 뒤에 자신의 꿈 해석을 부탁했다고 증언합니다. "박수장 벨드사살아, 네 안에는 거룩한 신들의 영이 있은즉 어떤 은밀한 것이라도 네게는 어려울 것이 없는 줄을 내가 아노니 내 꿈에 본 환상의 해석을 내게 말하라"(9절).

10-17절은 꿈의 내용입니다. 왕이 침상에서 자신의 머리 속으로 받은 환상은 한 높다란 나무가 잘리는 꿈이었습니다. 땅의 중앙에 한 높은 나무가 있는데(10절), 그 나무가 자라서 견고해지고 하늘에 닿을 만큼 높이 자라서 땅 끝에서도 볼 수 있을 정도였습니다(11절). 그 높은 나무의 잎사귀는 아름답고, 그 열매는 많아서 만민이 먹을 만큼 풍

성했으며, 들짐승이 그 그늘에 있고 공중에 나는 새가 그 가지에 깃들고(비교. 마 13:32), 육체를 가진 모든 것이 그 나무에서 열리는 열매를 먹고 살아갈 만큼 그 나무는 풍성했습니다(12절). 그런데 왕을 번뇌로 몰아간 것은, 하늘에서 한 순찰자, 곧 거룩한 자가 내려와서 그 높고 거대한 나무를 향해 크게 소리치는 장면이었습니다(13절). 이 소리치는 장면은 일종의 재판문을 크게 낭독하는 것처럼 보입니다.

> 그 나무를 베고 그 가지를 자르고 그 잎사귀를 떨고 그 열매를 헤치고 짐승들을 그 아래에서 떠나게 하고 새들을 그 가지에서 쫓아내라. 그러나 그 뿌리의 그루터기를 땅에 남겨 두고 쇠와 놋줄로 동이고 그것을 들풀 가운데 두어라. 그것이 하늘 이슬에 젖고 땅의 풀 가운데에서 짐승과 더불어 제 몫을 얻으리라. 또 그 마음은 변하여 사람의 마음 같지 아니하고 짐승의 마음을 받아 일곱 때를 지내리라. 이는 순찰자들의 명령대로요 거룩한 자들의 말대로이니 지극히 높으신 이가 사람의 나라를 다스리시며 자기의 뜻대로 그것을 누구에게든지 주시며 또 지극히 천한 자를 그 위에 세우시는 줄을 사람들이 알게 하려 함이라 하였느니라(14-17절).

거룩한 하늘의 순찰자가 내린 명령은 가히 충격적이었습니다. 첫째, 그 거룩한 순찰자는 거대한 나무를 베고 그 가지를 자르되 그루터기만 남겨두고 그 그루터기를 쇠사슬로 동여매라고 명령했습니다. 쉽게 말해, 나무의 밑둥치만 남겨 두고 다 베어 버리라는, 나무의 잎사귀를 제거하고 그 나무에 깃들인 새와 나무 그늘에 있던 동물들을 다

쫓아내라는 명령이었습니다(14절). 그 거대한 나무에게 위임된 피조물 통치권을 거두어들이는 조치처럼 보입니다. 둘째, 남겨 둔 밑둥치와 그루터기는 쇠사슬과 놋줄로 감아 하늘의 이슬에 젖게 하고 들풀 가운데 방치하되 야생짐승처럼 들풀을 뜯고 살도록 버려두라는 것입니다(15절). 나무가 단순히 나무가 아니라 인간과 같은 존재임을 알 수 있습니다. 셋째, 그 왕적 존재의 마음이 인간성을 잃고 야수적인 마음으로 변질되어 일곱 때를 지나도록 버려두라는 것입니다(16절). 마지막은 이 포고령의 목적입니다. 거룩한 하늘 순찰자의 명령이요 거룩한 천상 나라의 결정인 이 포고령의 목적은, 지극히 높으신 이가 인간 왕국들의 흥망성쇠를 주장하시며 그 나라들을 다스릴 권세를 일시적으로 인간 왕들에게 위임하신 것을 온 세상 사람들이 깨닫게 하기 위함이라는 것이었습니다(17절). 이 느부갓네살의 두 번째 꿈은 이미 상당 부분 그 해석이 분명한 꿈인 것이 드러났습니다. 다만 그 높고 거대한 나무가 누구인지 혹은 무엇을 가리키는지가 중요한 쟁점일 뿐이었습니다.

이렇게 자신의 꿈 이야기를 마친 뒤에 느부갓네살 왕은 다니엘에게 그 해석을 요청합니다. 자신의 나라 바벨론의 모든 지혜자가 실패한 해석을 다니엘은 능히 해낼 것이라고 믿고 요청한 것이지요. "오직 너는 능히 하리니 이는 거룩한 신들의 영이 네 안에 있음이라"(18절). 느부갓네살이 다니엘을 신뢰하는 이유는, 그가 다니엘 안에 내주하는 거룩한 신들의 영을 지각하고 있기 때문입니다. 느부갓네살이 다니엘의 영성적인 면모를 지각하고 있다는 것 자체가 놀랍습니다. 비록 그가 다신교적인 용어인 "신들의 영"이라는 말을 사용하고 있으나 느부갓네살은 다니엘의 지혜와 꿈 해석 능력의 원천이 하나님께 있음을 인정한 것입니다. 다니엘의 영성에 대한 느부갓네살의 인정은 애굽의 파라오가 요셉의 꿈 해석을 듣고 경탄하며 고백한 내용과 유사합니다. "바로가 그의 신하들에게 이르되 이와 같이 하나님의 영에 감동된 사람을 우리가 어찌 찾을 수 있으리요 하고 요셉에게 이르되 하나님이 이 모든 것을 네게 보이셨으니 너와 같이 명철하고 지혜 있는 자가 없도다"(창 41:38-39). 하나님의 영은 진리의 영이시므로 참과 거짓이 문제가 되는 모든 영역에 관여하십니다. 하나님의 영은 단지 도덕적 갱신이나 윤리적 개과천선에만 관여하시는 것이 아니라, 국가와 회사 경영 같은 실무적인 지혜와 명철을 분여(分與)하는 데도 관여하십니다. 많은 그리스도인들이 성령을 세상 모든 영역의 진리를 가르쳐 주시는 분으로는 생각하지 않기 때문에 세상에서의 일은 성령의 도우심 없이 하려고 합니다. 성령은 지혜와 명철, 예지와 통찰력의 은사를 주십니다. 회사생활, 연애와 결혼생활, 예술과 사업, 건축과 토목 같은 모든 분야에서 하나님의 영은 진리와 지혜를 분여하십니다. 거룩한 영(들)이 내주하는 그리스도인들이 이 세상에서 올바른 방법으로 성공하는 것은 어려운 일이 아닙니다. 성공의 기준과 방향은 다를지라도 하나님의 영으로 가득 찬 사람은 잠시 낭패를 당하거나 실패할지라도 성공할 가능성이 많습니다. 여기서 말하는 성공은 대단한 입신양명이나 출세를 가리키는 것이 아닙니다. 하나님의 영이 역사하는 사람은 참과 거짓이 문제가 되는 모든 영역의 일터에서 그 귀한 쓰임새를 발휘할 기회를 얻을 가능성이 대단히 크다는 말입니다. 성령 충만을 위해 기도하는 것이 도서관에 틀어박혀 책을 읽거나 실험실에서 연구하는 것만큼이나 중요한 자기계발이라는 말입니다.

예수를 주(主)라고 고백한 그리스도인들 안에 내주하시는 성령은 진리의 영이요 지혜와 명철의 영이기 때문에, 성령 충만한 기독청년들은 진리와 지혜와 명철이 필요한 모든 직장과 일터에서 중용될 가능성이 큽니다. 더 나아가 성도들 안에 역사하는 진리와 지혜와 명철의 영은 이방군주, 믿지 않는 직장 상사의 눈에도 포착될 수 있다는 사실이 중요합니다.

그러나 우리가 온전한[장성한] 자들 중에서는 지혜를 말하노니 이는 이 세상의 지혜가 아니요 또 이 세상에서 없어질 통치자들의 지혜도 아니요 오직 은밀한 가운데 있는 하나님의 지혜를 말하는 것으로서 곧 감추어졌던 것인데 하나님이 우리의 영광을 위해 만세 전에 미리 정하신 것이라. 이 지혜는 이 세대의 통치자들이 한 사람도 알지 못하였나니 만일 알았더라면 영광의 주를 십자가에 못 박지 아니하였으리라. 기록된 바 하나님이 자기를 사랑하는 자들을 위해 예비하신 모든 것은 눈으로 보지 못하고 귀로 듣지 못하고 사람의 마음으로 생각하지도 못하였다 함과 같으니라. 오직 하나님이 성령으로 이것을 우리에게 보이셨으니 성령은 모든 것 곧 하나님의 깊은 것까지도 통달하시느니라. 사람의 일을 사람의 속에 있는 영 외에 누가 알리요. 이와 같이 하나님의 일도 하나님의 영 외에는 아무도 알지 못하느니라. 우리가 세상의 영을 받지 아니하고 오직 하나님으로부터 온 영을 받았으니 이는 우리로 하여금 하나님께서 우리에게 은혜로 주신 것들을 알게 하려 하심이라. 우리가 이것을 말하거니와 사람의 지혜가 가르친 말로 아니하고 오직 성령께서 가르치신 것으로 하니 영적인 일은 영적인 것으로 분별하느니라. 육에 속한 사람은 하나님의 성령의 일들을 받지 아니하나니 이는 그것들이 그에게는 어리석게 보임이요 또 그는 그것들을 알 수도 없나니 그러한 일은 영적으로 분별되기 때문이라(고전 2:6-14).

성도 안에 거하시는 성령, 이것은 그리스도인에게 주신 하나님의 구원의 증표일 뿐만 아니라 이 세상 안에서 성도들의 쓰임새를 확장시키는 신적 능력과 지혜의 원천입니다. 우리 주 예수 그리스도께서 승천하신 뒤에 제자들에게 보내신 보혜사 성령(요 14:26; 15:26; 16:7)은 그리스도께서 십자가에서 죽으심으로써 객관적으로 이룬 구원을 현재 내 삶 속에서 경험하게 하고 적용케 하며 장차 완성될 하나님 나라에서 맛볼 구원을 미리 선취케 하십니다. 이런 점에서 성령은 우리가 장차 받을 영광스러운 구원의 보증물입니다. 성령으로 위로받는 성도만이 참 성도이며 그 성도만이 그리스도의 형상에 이르는 영적 수련에 참여할 수 있습니다. 성도 안에 역사하는 성령의 동선이 이방인들, 불신자들, 매우 사납고 까다로운 직장 상사들의 눈에도 발견될 수 있다는 사실은 기독청년들에게 큰 위로가 됩니다. 기독청년들의 영적 수련과 정진은 언젠가 직장에서 가장 위급한 순간에 자신을 구원하는 계기가 될 수도 있음을 기억하시기를 바랍니다.

다니엘은 이방군주이자 아주 상대하기 힘든 위험한 직장 상사인 느부갓네살에게 하나님의 영들이 거하는 인물이라는 객관적인 평가를 들었습니다. 여기서 그리스도인들, 특히 기독청년들은 심각하게 도전받고 격려받아야 합니다. 이방인들에게 하나님의 영광을 발산하는 일이야말로 세계 선교의 지름길입니다. 교회는 교회당과 인접한 곳에 사는 주민들에게 지극한 선량함과 겸손한 지역 봉사를 통해 하나님의 영광과 지혜를 발산해야 할 의무가 있는 것입니다. 아브라함이나 이삭 같은 구약성경에 등장하는 믿음의 선진들은 이방인들에게도 하나님의 사람으로 인정받은 일꾼들이었습니다.

그때에 아비멜렉과 그 군대 장관 비골이 아브라함에게 말하여 이르되 네가 무슨 일을 하든지 하나님이 너와 함께 계시도다(창 21:22).

헷 족속이 아브라함에게 대답하여 이르되 내 주여, 들으소서. 당신은 우리 가운데 있는 하나님이 세우신 지도자이시니 우리 묘실 중에서 좋은 것을 택하여 당신의 죽은 자를 장사하소서. 우리 중에서 자기 묘실에 당신의 죽은 자 장사함을 금할 자가 없으리이다(창 23:5-6).

아비멜렉이 그 친구 아훗삿과 군대 장관 비골과 더불어 그랄에서부터 이삭에게로 온지라. 이삭이 그들에게 이르되 너희가 나를 미워하여 나에게 너희를 떠나게 하였거늘 어찌하여 내게 왔느냐. 그들이 이르되 여호와께서 너와 함께 계심을 우리가 분명히 보았으므로 우리의 사이 곧 우리와 너 사이에 맹세하여 너와 계약을 맺으리라 말하였노라(창 26:26-28).

이방 사람들에게 인정받는 기독청년, 그가 세상에 하나님의 통치를 매개하는 제사장이요 예언자입니다. 이방인에게 인정받는 기독청년은 누가 보더라도 정의롭고 공평하게 행동하는 사람이요 공동체 전체가 수긍할 수 있는 자기희생과 양보를 실천하는 사람입니다. 돈과 권력, 사사로운 이익, 누추한 욕망 추구 등에서 자유로운 기독청년은 이방인들에게마저 하나님의 방백이라는 영예로운 칭호를 얻을 수 있을 것입니다. 이런 점에서 교회에서 장로를 뽑을 때 외인에게 칭찬받는 사람을 뽑는 것은 의미심장한 사실입니다(딤전 3:7).

다니엘의 꿈 해석(19-33절)

이 단락은 느부갓네살의 꿈에 대한 다니엘의 해석을 담고 있습니다. 19절은 꿈을 듣고 난 다니엘의 반응을 다루고 20-23절은 다니엘의 입으로 재진술된 꿈의 내용입니다. 왕의 꿈 이야기를 듣고 난 다니엘의 반응은 망연자실의 수준이었습니다. 그가 한동안 어안이 벙벙하여 입을 열지 못하고 깊은 번뇌를 느끼는 낌새를 보이자, 왕은 그에게 번민하지 말고 어서 말해 달라고 부탁합니다. "벨드사살아, 너는 이 꿈과 그 해석으로 말미암아 번민할 것이 아니니라"(19절). 그러자 벨드사살이 느부갓네살에게 민망한 마음으로 대답합니다. "내 주여, 그 꿈은 왕을 미워하는 자에게 응하며 그 해석은 왕의 대적에게 응하기를 원하나이다"(19절). 다니엘은 느부갓네살에게 개인적인 호감을 보입니다. "내 주여"라고 부르는 것을 볼 때 다니엘과 느부갓네살 사이에 상당한 호의가 작동하고 있음을 알 수 있습니다. 다니엘은 그 꿈이 너무 참혹한 왕권 몰락 이야기라는 사실 때문에 그런 일이 자기의 주군(主君)인 느부갓네살에게 일어나지 않기를 간절히 바란 것입니다.

과연 왕이 꿈에서 본 나무는 자라서 견고해지고 그 높이는 하늘에 닿았는데, 땅 끝에서도 보일 정도로 크고 장대했습니다(20절). 그 나무의 잎사귀는 아름답고 그 열매는 많아서 만민의 먹을 것이 될 만하고 들짐승이 그 아래 살고 공중에 나는 새가 그 가지에 깃들였습니다(21절). 그런데 바로 그 장대하고 아름다운 나무가 느부갓네살 왕이라는 것입니다. 왕이 꿈에 본 그 나무는 느부갓네살 왕이 자라서 견고해지고 창대하게 되어 하늘에 닿고 땅 끝까지 미칠 권세를 상징하는 것입니다(22절; 비교. 사 14:13-14, 창 11:4). 하늘에 닿는다는 말은 신들의 영역까지 침범할 정도로 지상 권력을 남용하는 것을 말합니다(창 11:4). 메소포타미아 문명권의 정치학에 따르면 인간 왕들은 신들의 대리자였지 신으로 숭배되지는 않았습니다. 그래서 왕들이 신들의 영역을 침범하면 신적 보복을 초래했습니다. 다니엘이 "하늘에 닿은 나무"라는 방식으로 완곡하게 표현했으나, 느부갓네살의 왕권은 하늘의 영역을 침범하는 수준의 망자존대(妄自尊大)적 권력이었다는 뜻입니다. 마침내 그 장대한 나무가 하늘에서 내려온 한 거룩한 순찰자의 명령에 의해, 몸통이 베어 없어지고 뿌리의 그루터기만 땅에 남겨져 쇠와 놋줄로 동여매인 채 들풀 가운데 방치된다는 것입니다. 그 방치된 그루터기는 하늘 이슬에 젖고 또 들짐승들과 함께 들풀을 뜯어 먹으며 일곱 때를 지내게 된다는 것입니다(23절).

　24-26절은 왕의 꿈에 대한 다니엘의 해석입니다. 다니엘은 먼저 왕이 꾼 꿈은 지극히 높으신 이가 느부갓네살 왕에게 작정하신 일로서, 속히 일어날 일을 미리 알려 준 신탁(神託)이라는 점을 강조합니다. 나무가 몸통이 잘려 그루터기만 들풀 가운데 동여매인 채 일곱 때 동안 방치된다는 것은 느부갓네살 왕이 왕위를 잃고 쫓겨나서 일곱

때 동안 들짐승과 함께 살며 소처럼 풀을 먹으며 하늘 이슬에 젖는 야인생활을 할 것임을 미리 통고한 것입니다(25절). 야생동물처럼 방치된 그 일곱 때 동안 왕은, 지극히 높으신 이가 사람의 나라를 다스리시며 자기의 뜻대로 왕권을 위임하기도 하고 빼앗기도 하신다는 진리를 깨달아야 했습니다. 천상의 순찰자 혹은 천사(13, 23절)가 누군가에게 명하여 그 나무의 그루터기를 남겨두라고 한 것은, 하나님(하늘)이 느부갓네살의 왕권을 아예 빼앗아 버리지는 않을 것임을 의미합니다. 지극히 높으신 하나님께서 절대 주권을 가지고 이 세상 나라들을 다스리시는 줄을 느부갓네살이 확실히 깨달은 뒤에야 그의 왕권이 회복되고 그의 나라가 견고해진다는 것을 의미합니다(26절). 다니엘의 이 해석은 세계사에 출현한 모든 제국들의 흥망사를 아주 적확하게 설명해줍니다. 제국들은 하나같이 하나님께 대들 만큼 치명적인 위세와 영광을 과시하다가 하나님이 보내신 거룩한 순찰자에 의해 몰락과 멸망의 운명을 걸어갔습니다. "순찰자"로 번역된 아람어 '이르'는 '깨우다', '깨우치다', '격동시키다'를 의미하는 아람어-히브리어 동사 '우르'에서 파생된 명사로서, 인간의 오만한 권력 행사에 의해 격동된 존재, 곧 천상의 존재를 가리키거나 인간의 망자존대적 권력 남용을 일깨우는 천사 같은 존재를 의미합니다. 하나님께서는 천지를 창조하신 대주재요 왕으로서, 당신의 거룩한 순찰천사들을 모든 단위의 권력 남용자들 위에 배치해 두십니다. 하나님의 권위에 도전하거나 신적 대권을 도발하는 지상의 모든 권력자들은 거룩한 순찰자의 감찰 아래 있음을 기억해야 합니다. 자신의 몸을 폭군처럼 혹사하는 자는 1인 왕국의 느부갓네살이요, 가정의 폭군으로 군림하는 가장은 서너 명의 백성으로 구성된 작은 공국의 느부갓네살입니다. 강대한 제국의 제왕만 감찰당하는 것이 아니라 모든 단위의 권력이 행사되는 곳, 그리고 그 권력이 남용되는 곳에는 거룩한 순찰자의 탐조등이 환히 비추고 있는 것입니다. 그래서 대통령과 국회의원, 고위공무원들뿐 아니라 모든 단위의 권력을 행사하는 지도자들은 자신에게 권력을 양도한 국민들 혹은 구성원들의 감찰하는 시선을 의식하며 권력 남용의 죄를 짓지 말아야 합니다. 거룩한 천상 감찰자는 하늘에만 있는 것이 아닙니다. 한 나라의 정치권력에서 가장 멀리 소외되어 사는 약자들이 또한 일종의 천상 감찰자입니다. 사회적·정치적·경제적 약자들이 내지르는 아우성은 그 자체가 하나님의 마음을 대변할 때가 많습니다. 그렇다고 민중 메시아론까지 갈 필요는 없습니다만 성경의 전체 맥락을 보면, 억울하게 피흘려 죽은 자들의 호소나 체불 임금을 받지 못해 소리 지르는 일용직 노동자나 겉옷을 저당잡히고 다시 찾아오지 못해 억울함을 호소하는 과부의 아우성이 하나님의 마음을 대변할 때가 많은 것은 사실입니다. 결국, 권력을 가진 자들은 총칭하여 가난한 자들을 자신들이 맡은 권력의 정당한 사용 여부를 감찰하는 거룩한 천상 감찰자의 분신이라고 여길 필요가 있습니다. 국민 전체의 동의가 아니라 그중 다수의 지지를 얻어 권력을 잡는 민주주의 체제 아래서의 대통령이나 총리는 자신이 무제한적 권력 사용을 위임받지 못했다는 사실을 겸허히 받아들여야 합니다. 자신이 위임받은 권력의 제한성을 더욱 예리하게 의식하며 정치를 해야 할 것입니다.

영국의 역사가 액턴 경의 말처럼, 절대 권력은 절대 부패하여 반드시 신적 심판을 초래합니다. 느부갓네살의 권력은 신적 심판을 초래할 만큼 오만무도했습니다. 그렇다면 어떻게 권력을 남용한 죄에 대한 신적 심판을 완화하거나 피할 수 있을까요? 27절은 절대 권력자 느부갓네살의 악몽을 무효화하기 위해 다니엘이 느부갓네살에게 제시한 특단의 비책을 보여줍니다. 바벨론 제국과 느부갓네살 왕이 하나님의 심판을 피할 수 있는 유일한 길은 급진적인 자기부인뿐입니다. 바벨론 제국은 탐욕, 이웃 나라들에 대한 압제와 착취, 폭력, 무자비 위에 건설된 나라입니다. 이러한 국가 정체성을 부정해야 한다는 말입니다. 반(反)하나님적인 방법으로 거대한 바벨론 제국을 구축한 느부갓네살의 왕권은 불의와 잔학함으로 건설된 왕권이며, 그 자체는 한시도 존립할 수 없는 정권인 것입니다. 다만 하나님의 오래 참으심으로 인해 유예된 심판 때문에 위세당당해 보일 뿐입니다. 하나님의 임박한 심판 징후를 포착한 다니엘은 느부갓네살에게 급격한 자기부인을 요청합니다. "왕이여, 공의를 행함으로 죄를 사하고 가난한 자를 긍휼히 여김으로 죄악을 사하소서. 그리하시면 왕의 평안함이 혹시 장구하리이다"(27절).

여기에 모든 나라의 살 길이 있습니다. 신학적으로 보면 가난한 자들은 하나님 나라와 특별한 관계에 있는 집단입니다. 하지만 현대 경제학에서 보면 가난한 자들은 경제 발전의 어둔 음영에 있는 자들로서, 기껏해야 복지정책의 수혜자일 뿐 거의 "없는 자"처럼 취급당합니다. 나라의 각종 경제지표를 하향평준화하는 존재입니다. 한마디로 국민으로서 대우를 충분히 받지 못하는 존재입니다. 하나님은 나라별·인종별 국경선보다는 가난한 자들과 그렇지 않은 자들 사이에 그어진 국경선을 안타까운 마음으로 주목하고 계십니다. 이 세상에서 가장 위력적인 국경선은 미국과 러시아, 한국과 일본, 동구와 서구 사이에 그어져 있지 않고, 가난한 자들과 그렇지 않는 자들 사이에 그어져 있습니다. 그 국경선의 이쪽과 저쪽이 너무나도 다른 나라이기 때문입니다. 가난한 자들이 중심적 지위를 차지하는 곳은 하나님 나라밖에 없습니다. 그래서 경제학에서 천대받는 가난한 사람들이 신학적으로는 우대받습니다. 하나님 나라는 가난한 자들의 상속 자산이기 때문입니다(눅 6:20, 마 5:3). 물론 여기서 가난한 자들은 일차적으로는 하나님을 믿고 율법의 지침대로 살다가 가난해진 사람들을 의미합니다. 예수님의 산상수훈이 선포될 당시에 가난한 자들은 헬레니즘적 세속화를 거부하고 땅을 지켰던 뼈대 있는 야웨 신앙의 신봉자들이었습니다. 그들은 안식년을 지키기 위해 땅을 휴경했던 사람들이었고 형제자매와 연합하고 동거하기 위해 가진 것을 나눈 믿음의 사람들이었습니다.

이런 이유 때문에 가난한 자들은 하나님과 특별 계약으로 묶여 있는 특별한 백성으로 불립니다. 가난한 자들이 하나님과 특별한 계약관계 아래 있는 사람들이라고 해서 우리가 어떤 특정한 정치 이데올로기를 신격화하는 것은 아닙니다. 자신의 죄악된 습관으로 가난해진 자들이나 게으름 때문에 가난해진 자들을 일괄하여 신학적으로 옹호하자는 말도 아닙니다. 따라서 가난한 자들에 대한 하나님의 신학적 우대를 강조하는 성경을 진지하게 받아들이는 믿음이 공산당이나 노동당 같은 특정 좌파정당의 우월적 지위를 인정하는 것은 더더욱 아닙니다. 그러나 하나님의 말씀을 지키려다가, 죄악된 방법으로 부를 늘릴 기회를 멀리하다가 어느새 가난한 자가 되어 버린 당신의 자녀들에 대한 하나님의 원초적인 계약적 투신은 부인할 수 없는 성경의 계시입니다. 정치나 권력으로 자신의 권리를 주장하지도 못하는 연약한 사람들에 대한 하나님의 사랑과 특별한 관심은 모세오경과 예언서, 잠언서, 시편, 공관복음서, 바울 서신 등 성경 66권 전체에 걸쳐서 일관되게 강조되고 있습니다. 이런 가난한 자들의 참된 의미를 바탕으로 우리는 그 가난한 자들의 의미를 이차적으로 확장해 사용할 수 있을 것입니다. 성실하게 살지만 강하고 유력한 자들이 강요하는 체제나 법 때문에 가난해진 자들이 바로 이차적인 의미로 가난한 자들이 될 것입니다.

그런데 왜 하나님은 가난한 자들을 편애하실까요? 아르헨티나의 해방신학자 구스타브 구티에레즈(G. Gutierez) 신부는 『가난한 자들의 역사적 위력』에서 가난한 사람들은 자연발생한 자들이 아니라, 강하고 유력한 지배 계층의 지속적인 탐욕과 불의한 착취 구조, 불평등한 국제교역 구조, 양심에 반하는 고용 조건처럼 철저히 강하고 유능한 인간들의 죄악으로 인해 발생된 특수 집단이기 때문에 하나님이 가난한 자들을 편애하신다고 말합니다. 공의로우신 하나님은 당신의 하나님 노릇을 완성하시기 위해 우주적으로 발생한 이 창조 질서의 왜곡을 바로잡으셔야 합니다. 하나님은 당신의 창조 질서를 파괴하는 정치 질서, 당신의 자애로운 성품과 공평과 정의의 마음을 크게 손상시키는 권력 체제나 경제 체제나 국제교역 체제를 정의와 공평의 기준으로 바로잡으시기 원하십니다. 하나님은 가난한 자들이 도덕적으로 선량하기 때문에, 또는 가난한 자들이 상대적으로 순박하고 선하기 때문에 사랑하시는 것이 아닙니다. 하나님은 지상의 권력 구조에서 어느 누구에게도 자신의 억울함을 호소할 수 없는 절대 고독자인 가난한 자들의 눈물과 탄식에 슬픔과 동정심을 느끼시는 자비로우신 하나님이며,

착취와 압제, 자원 약탈과 기회 박탈 같은 불의한 사회 구조에 분노하시는 공의로우신 하나님입니다. 이런 점에서 신학은 경제학과 정반대의 입장에서 가난한 자들을 바라봅니다. 가난한 사람, 장애인, 연약한 사람들은 하나님의 은총을 유인하고 하나님의 특별한 호의와 복을 촉발시키는 신학적 자산이지, 결코 이방인이 아니며 주변인도 아닙니다. 그들은 하나님의 자애로운 시선과 거룩한 보호를 누리는 선민입니다.

이런 점에서 보면 가난한 자들을 우대하는 나라가 하나님 나라와 동맹을 맺은 나라입니다(잠 14:31; 19:17, 마 5:3; 25:40, 45, 눅 4:16-21; 6:20-21). 이 말을 포퓰리즘이나 페론이즘(가난한 사람들을 위한다는 명분으로 지식인과 중산층을 박대한 페루의 이사벨 페론이 주창한 페론당의 정치 이념)을 주창하는 말로 오해해서는 안됩니다. 이것은 국가 정책적 차원만을 말하는 것이 아니라 일상생활 속에서 불의하고 배타적인 경쟁체제에서 낙오하거나 여타의 이유로 가난해진 사람들을 불쌍히 여기고 형제자매로 여기는 깊은 영성을 주창하는 말입니다. 가난한 자들을 어떻게 대우하는가 하는 것이 한 나라와 공동체와 가정의 거룩성을 측정하는 지표가 된다는 의미입니다. 그래서 가난한 자들을 학대하는 죄악된 법을 청산하고 그들을 향한 자비와 사랑을 실천하는 나라만이 하나님 나라의 일부로 편입되어 영구적으로 존속할 수 있습니다. 바벨론 제국은 이런 가난한 자들이 살기에는 지옥 같은 곳이었습니다. 그곳은 강한 자들의 활극장이요 부자와 정복자와 약탈자들의 이기심이 각축을 벌이는 경연장이었기 때문입니다. 이런 나라의 왕인 느부갓네살은 무자비와 권력 남용, 탐욕, 독점, 약탈, 이웃 살해적인 이기주의를 구현한 바벨론적 가치의 화신입니다. 그가 자신을 살리고 나라를 살리는 길은 '메타노이아', 곧 완전한 전향을 하는 길밖에 없습니다. 육식 사자가 풀을 먹고 살겠다고 결심하는 것처럼 급격한 전향과 회개만이 살 길입니다(사 11:1-9).

바벨론과 느부갓네살이 사는 길은 한 가지입니다. 그것은 공의 (righteousness)를 행함으로 죄를 사하고 가난한 자를 긍휼히 여김으로 죄악을 사하는 것입니다. 사회의 가장 연약한 사람들을 돌보고 가난한 사람들에게 인자한 정책을(a policy of being gracious to the poor) 펼침으로써 죄악을 사하는 것입니다. 그동안 하늘에 닿았던 극한적인 바벨론 제국의 죄악은, 다름 아닌 가난하고 약한 사람들을 멸시하고 그들의 인권을 짓밟는 죄였기 때문입니다. 바벨론은 크고 강한 것을 숭배하느라 연약하고 병들고 경쟁력이 없는 사람들을 멸시하고 비인간적으로 대우함으로써, 힘과 경쟁력을 집중시킨 제국이 되었습니다. 그런데 바로 그 모든 과정이 하나님 앞에 용납될 수 없는 하늘 침범죄였습니다. 하나의 거대한 제국으로 발전하기까지 범한 죄가 하나님의 순찰자에게 감찰될 정도가 되었다는 것입니다(창 11:1-9 참조). 바벨론 제국을 세우기 위해 느부갓네살은 얼마나 많은 피비린내 나는 정복전쟁을 벌였겠습니까? 그 숱한 정복전쟁에 동원된 가난한 농부들은 얼마나 많았으며 그 전쟁에서 죽은 병사들은 또 얼마나 많았을까요? 아버지와 남편을 잃은 아이들과 여인들의 비극은 또 어떠했을까요? 정복당한 나라들의 백성이 흘린 눈물은 장강(長江)을 이루고 그들이 흘린 피는 대하(大河)를 이루지 않았을까요? 바벨론 제국이 권력의 절정에 이르고 세계 제국이 되기 위해 그렇게 많은 가난한 자들의 피와 눈물이 뿌려졌던 것입니다. 그토록 악한 죄를 범하고서야 제국이

된 것입니다. 그래서 바벨론 제국의 존재 자체가 하나님을 향한 도발이요 하늘 신성구역의 침범이요 신적 응징을 불러일으킬 수밖에 없는 죄악의 결정체가 되어 버린 것입니다. 그런데 하나님께서는 다니엘을 통해 바벨론 제국에게 폭력성과 잔혹성, 경쟁력 숭배를 포기하고 동정심과 자비의 정책을 추구하라고 말씀하십니다. 자기를 부인하라는 것이지요. 이것이 바벨론 제국의 죄를 속하는 유일한 길이며 느부갓네살 왕이 왕권을 회복할 수 있는 첩경이라는 것입니다. 예수님이 강조하신 제자도의 핵심인 자기부인은 자신의 계급적·계층적 기득권과 특권을 자발적으로 포기하는 것을 의미합니다. 국가의 자기부인은 국체의 포기입니다. 바벨론 제국의 자기부인은 제국주의적 탐욕의 자기부인입니다. 담배회사, 마약회사, 주류회사, 무기회사 같은 탐욕적인 다국적 기업체들의 자기부인은 이익을 극대화하려는 기업 목표 자체를 포기하는 것입니다. 경제적 생산성을 최고로 끌어올리기 위해 인건비를 줄이려고 아무 대책 없이 대량해고를 일삼는 기업들의 자기부인은 계량화된 생산성 개념 자체를 포기하고 함께 사는 공동번영의 기업 정책을 세우는 것입니다. 이것이 바로 성경적인 하나님 나라의 제자도입니다. 이런 하나님 나라의 제자도를 실천하는 결사체는 결국 번성할 수밖에 없습니다.

지금 다니엘이 느부갓네살에게 강력하게 촉구하는 공의와 자비의 정치는 성경이 주창하는 하나님 나라 통치의 근본입니다. 하나님께서 아브라함을 큰 민족(위대한 민족)으로 만들어 주겠다고 약속하셨을 때 그 "큰 민족"이란 인구가 많은 나라를 의미할 뿐만 아니라, 의와 공도를 행하는 나라를 의미했습니다(창 18:19; 22:18). 다윗이 이룩한 이상 왕국도 결국 공과 의를 실천하는 나라였습니다.

내가 너로 큰 민족을 이루고 네게 복을 주어 네 이름을 창대하게 하리니 너는 복이 될지라(창 12:2).

아브라함은 강대한 나라가 되고 천하 만민은 그로 말미암아 복을 받게 될 것이 아니냐. 내가 그로 그 자식과 권속에게 명하여 여호와의 도를 지켜 의와 공도를 행하게 하려고 그를 택하였나니 이는 나 여호와가 아브라함에게 대해 말한 일을 이루려 함이니라. 여호와께서 또 이르시되 소돔과 고모라에 대한 부르짖음이 크고 그 죄악이 심히 무거우니 내가 이제 내려가서 그 모든 행한 것이 과연 내게 들린 부르짖음과 같은지 그렇지 않은지 내가 보고 알려 하노라(창 18:18-21).

다윗이 온 이스라엘을 다스려 다윗이 모든 백성에게 정의와 공의를 행할새(삼하 8:15).

아브라함의 큰 민족이나 다윗의 왕국 둘 다 결국은 공의와 자비를 실천하지 못해 망해 버린 소돔과 고모라의 대안으로 등장한 공동체였습니다. 소돔과 고모라는 가난한 자들을 멸시하고 학대하다가 재기불능의 수준으로 멸망당함으로써 역사 속에 사라져 버렸습니다. 이사야와 예레미야는 자기들 당대에 유다 왕국이나 북이스라엘 왕국이 소돔과 고모라 수준의 불의와 폭력과 무자비의 공동체가 되었다고 드세게 비판했습니다(사 1:10-14, 렘 22:2-30). 에스겔 또한 유다와 이스라엘이 멸망한 원인을 가난한 사람들에 대한 지배층의 학대와 멸시에서 찾았습니다(겔 16:35-52).

신실하던 성읍이 어찌하여 창기가 되었는고. 정의가 거기에 충만하였고 공의가 그 가운데에 거하였더니 이제는 살인자들뿐이로다(사 1:21).

네 아우 소돔의 죄악은 이러하니 그와 그의 딸들에게 교만함과 음식물의 풍족함과 태평함이 있음이며 또 그가 가난하고 궁핍한 자를 도와주지 아니하며 거만하여 가증한 일을 내 앞에서 행하였음이라. 그러므로 내가 보고 곧 그들을 없이 하였느니라(겔 16:49-50).

나사렛 예수는 이 같은 구약성경의 공의와 자비의 정치를 갈릴리 일대에 펼치신 선한 목자였습니다. 그에게 있어서 가난한 자는 신학적으로 중심에 서 있는 자였습니다. 가난한 자는 하나님 나라의 상속자였으며 하나님 나라 복음의 일차적 수혜자였습니다. 아브라함과 다윗의 의(義, 체데크)와 공도(公道, 미쉬파트)의 공동체에 대한 이상은 아브라함과 다윗의 계보에서 온 메시아인 나사렛 예수의 하나님 나라 안에서 결실했습니다.

주의 성령이 내게 임하셨으니 이는 가난한 자에게 복음을 전하게 하시려고 내게 기름을 부으시고 나를 보내사 포로된 자에게 자유를, 눈먼 자에게 다시 보게 함을 전파하며 눌린 자를 자유롭게 하고 주의 은혜의 해를 전파하게 하려 하심이라 하였더라(눅 4:18-19).

28-33절은 느부갓네살 왕에게 실현된 그 꿈을 말합니다. 그는 "이 모든 일이 다 나 느부갓네살 왕에게 임하였"다고 증언합니다(28절). 그가 꾼 꿈은 정확하게 1년 후에 실현되었습니다. 느부갓네살은 자신의 꿈에 대한 다니엘의 해석을 듣고도 그것을 무시한 채 오만한 자기숭배에 빠져 살다가 1년 후에 심판을 초래한 것입니다. 그 결과 그는 왕권을 상실하고 광야로 추방당했다가 크게 겸비한 후에야 왕위를 회복하게 되었고, 그 후에야 비로소 다니엘의 꿈 해석을 기억하고 바벨론 제국을 비롯한 세계를 통치하시는 야웨의 역사 주재권에 대한 신앙고백을 담은 조서를 반포하기에 이릅니다. 느부갓네살은 다니엘의 꿈 해석을 듣고도 여전히 자신이 이룬 제국의 영화와 업적에 도취된 채 1년을 더 살았습니다. 아마도 느부갓네살은 자신이 꾼 꿈을 반신반의하며 실험해 보려고 했던 것 같습니다.

그런 느부갓네살이 어느 날 바벨론 왕궁 지붕을 거닐다가, 하나님을 향한 망자존대하는 과대망상에 사로잡혔습니다(29절). "이 큰 바벨론은 내가 능력과 권세로 건설하여 나의 도성으로 삼고 이것으로 내 위엄의 영광을 나타낸 것이 아니냐"(30절). 느부갓네살이 자신이 이룬 제국의 영화와 권능을 스스로 자랑하고 있을 때, 곧 그 오만한 자랑의 말이 채 끝나기도 전에 하늘에서 소리가 들려왔습니다(31절). 전에 꿈에서 들었던 하늘의 거룩한 순찰자의 포고령이었습니다.

느부갓네살 왕아, 네게 말하노니 나라의 왕위가 네게서 떠났느니라. 네가 사람에게서 쫓겨나서 들짐승과 함께 살면서 소처럼 풀을 먹을 것이요 이와 같이 일곱 때를 지내서 지극히 높으신 이가 사람의 나라를 다스리시며 자기의 뜻대로 그것을 누구에게든지 주시는 줄을 알기까지 이르리라(31-32절).

지극히 높으신 하나님의 절대 주권적 세계 통치를 인정하기까지 일곱 때를 왕위를 잃고 들에 버려져 들짐승처럼 살게 되리라는 선언이었습니다. 느부갓네살은 그 선언대로 실제로 왕위를 잃고 쫓겨나서 소처럼 풀을 먹으며 하늘 이슬에 몸이 젖고 머리털이 독수리 털과 같이 자라고 손톱이 새 발톱과 같이 자랄 때까지 야생동물처럼 살았다고 고백합니다(33절).

느부갓네살 왕의 하나님 찬양(34-37절)

느부갓네살은 기한이 차서 자신이 하늘을 우러러보았더니 총명이 다시 자기에게 돌아왔다고 고백합니다(34절). 하늘을 우러러보는 행위는 느부갓네살식으로 보면 기도인 셈입니다. 겸허한 자기부인이요 신에 대한 순복이었습니다. 이 하늘 우러러봄을 통해 그는 왕적인 총명과 위엄을 되찾을 뿐 아니라 실제로 왕권도 되찾을 수 있었습니다. 이런 왕권 실각과 회복을 거치며 왕 자신은 지극히 높으신 이에게 감사하며 영원히 계신 이를 찬양하고 경배하는 자가 되었습니다. 하나님의 권세는 영원한 권세요 그 나라는 대대에 이르는 영원한 나라임을 고백하게 된 것이지요(34절). 느부갓네살은 하나님께서 땅의 모든 사람을 없는 것같이 여기시며 하늘의 군대에게든지 땅의 거민들에게든지 절대 주권적 자유를 가지고 역사를 주관하시고 세계를 다스리는 왕이심을 인정했습니다. 이스라엘의 하나님 야웨의 주권적 통치는 천상 세계와 지상 세계 양쪽 모두에서 아무 막힘없이 자유롭게 행사된다는 것입니다. 느부갓네살은 자신이 세계 제국의 패자로서 세계 만민의 운명을 좌우하는 만왕의 왕인 줄 알았다가 (그리고 그렇게 힘을 행세하다가) 짐승의 수준으로 처참하게 전락한 뒤에야 이스라엘의 하나님이 절대 주권적인 통치권을 가지고 계심을 인정하고 고백한 것입니다.

느부갓네살은 하나님의 통치가 아무도 금하거나 막을 수 없는, 절대적인 자유의 통치임을 고백합니다(35절). 이런 신앙고백을 드리자마자 왕의 총명이 다시 돌아왔고, 또한 자기 나라의 영광과 자신의 왕적 위엄과 광명도 돌아왔으며, 자신의 모사들과 관원들이 다시 자신을 찾아왔다고 합니다. 결과적으로 왕위를 한번 잃은 후에 다시 찾은 왕위가 더욱 큰 위세를 얻게 되었습니다(36절). 그러므로 왕 자신은 지금 하늘의 왕을 찬양하고 칭송하며 경배하지 않을 수 없다고 고백합니다. 마지막으로, 그는 하늘 대왕의 일이 다 진실하고 그의 행하심이 의로우시므로 교만하게 행하는 자를 그가 능히 낮추신다는 진리를 선포합니다. 느부갓네살의 조서는 가히 이사야서와 예레미야서에서나 볼 수 있는 하나님 나라, 하나님의 성품에 대한 정통적인 가르침으로 가득 차 있습니다. 이방군주 느부갓네살은 다니엘의 영적 지도로 점점 더 야웨 하나님의 백성으로 동화되는 듯한 모습을 보여줍니다. 이처럼 다니엘서 4장은 이방군주라 할지라도 하나님의 절대 주권적인 다스림 아래 있음을 강조합니다. 이 세상 어떤 야만적인 이방군주라 할지라도 하나님의 절대 주권적 섭리와 감화 감동의 역사를 회피할 수 없는 것입니다.

결론

4장은 느부갓네살의 왕권의 진화 과정을 서사적으로 잘 보여줍니다. 이 장에서 느부갓네살은 거의 다윗 왕과 같은 신정정치적 이상에 근접하는 왕정 신학을 반포하고 있습니다. 1-3절은 느부갓네살이 자신의 왕권 실각과 회복 과정을 포고령 형식으로 널리 선포하게 된 배경을 말합니다. 4-12절은 느부갓네살의 꿈 1부로서, 자신의 권력을 상징하는 거대한 나무에 관한 이야기며, 13-18절은 그 거대한 나무가 밑둥치만 남고 잘려서 쇠사슬에 매이는 내용을 담은 느부갓네살의 꿈 2부입니다. 1부의 꿈이 세계의 모든 피조물의 경배를 독차지하는 제국의 영광을 다룬다면, 2부의 꿈은 그것의 돌연한 몰락과 쇠락을 다룹니다. 19-27절은 다니엘의 꿈 해석과 다니엘이 왕에게 준 충고를 다루는데, 여기에 하나님 나라 정치학의 근본이 잘 담겨 있습니다. 28-33절은 광야로 추방되어 풀로 연명하는 느부갓네살의 인생유전을 다룹니다. 거룩한 하늘 감시자들에 의해 면밀히 감찰당한 느부갓네살은 광야로 추방되어 오랫동안 짐승 같은 생활을 한 뒤에 다시 이성과 왕의 위엄을 되찾습니다. 제왕의 광기는 제왕의 실각과 권력 상실을 낳고, 권력 상실은 이성과 참 왕도의 회복을 가져옵니다. 34-37절은 느부갓네살의 야웨 찬양을 담고 있습니다. 이 찬양에서 느부갓네살은 지상의 최고 패권국가보다 더 강하고 영원한 하나님 나라가 존재함을 인정하고 공포합니다. 그는 야웨 하나님의 역사 주재권과 왕국들의 흥망성쇠 관장권, 그리고 제국의 주권 위임 권한을 종합적으로 인정하자마자 자신이 이성을 되찾았다고 고백합니다. 이 4장의 느부갓네살은 솔로몬이나 아합 왕보다 더 경건하여, 역대 이스라엘의 어떤 왕보다도 하나님 나라의 정치학에 근접한 정치 이상에 다가섭니다.

느부갓네살은 바벨론 제국의 권력이 정점에 도달한 어느 시점에 한가한 마음으로 왕궁 옥상을 거닐다가 자기파멸적인 오만에 사로잡혔습니다. 광기가 그를 사로잡은 것입니다(4절). 그는 오만스러운 안정감을 누리고 거대한 나무라는 자의식으로 왕궁 옥상을 거닐던 자였습니다. 그러나 그의 자기영화화는 하나님께 돌아가야 할 영광을 불법 탈취한 행위였습니다. 그것은 인간에게 파멸을 초래하는 극한의 오만이었습니다. 하나님께 돌아가야 할 영광을 자신이 취한 왕은 급기야 정신착란에 빠집니다. 실재와의 접촉을 잃어버리면 비현실적인 세계 속에 사는 과대망상에 사로잡히게 마련입니다. 느부갓네살이 빠져든 그 자기숭배는 비이성적 광기의 발현입니다. 자신의 업적에 대한 과도한 자부심은 자기숭배이며 정신착란입니다. 역사상 출현한 모든 나라들은 나름대로 정신착란적인 오만을 범했습니다. 히틀러의 독일 제3제국이나 일제의 군국주의, 스탈린 치하의 소련, 문화 혁명기의 중국 같은 강대국들은 한결같이 하나님의 진노를 촉발시키는 자기영화화에 빠졌습니다. 이 강대국의 자기영화화는 특정 인종의 신격화나 비하로 이어지기도 했습니다.

1933년에 권력을 잡고 독일 바이마르 민주공화체제를 무력화시킨 후 총통이 된 히틀러가 독일 개신교 목사들에게서 전체주의화에 대한 경고를 받고 내뱉은 말은 인상적입니다. "하나님은 하늘이나 잘 다스리라고 하시오. 나 히틀러는 이 땅을 책임지겠소." 러시아 가톨릭 교회의 수녀들을 학살한 스탈린이 교황청의 비판을 받은 자리에서 했다는 말도 같은 맥락에서 이해할 수 있습니다. "교황 그 자에게 탱크 몇 개 여단이 있다고 함부로 입을 놀리냐?" 1992년부터 이라크와 아프가니스탄 일대에서 미국이 벌인 전쟁은 냉전 이후 유일한 강대국 지위를 누린 미국의 정신착란적 광기와 오만의 결과입니다. 자신을 그리스도인이라고 공언한 부시 대통령 부자(父子)가 빌리 그레이엄 목사의 축복기도를 받고 토마호크 미사일을 발사하여 민간인들을 폭격한 일은 분명 권력 남용이었습니다. 당장은 이라크의 석유나 아프가니스탄의 천연가스를 확보하여 제국의 안정을 기할 수 있을지 모르나, 폭력과 군사력에 의존할수록 궁극적으로 미국의 안정은 크게 손상됩니다. 미국은 전에는 상상도 못했던 국토안보부를 설치하고 테러방지법을 제정하는 등 제국의 안정화를 위해 온갖 수단을 동원하고 있습니다. 이런 가운데 미국 시민의 자유는 엄청나게 위축되고 미국의 국운은 쇠락할 것입니다. 미국이 최근에 저지른 전쟁들은 경우에 따라 정당하다고 주장할 수 있을지도 모릅니다. 그러나 나름의 부분적인 정당성과는 상관없이 미국은 하나님을 두려워하는 법을 잊었습니다. 무릇 강력한 권력자나 제왕은 자신의 권력이 하늘의 거룩한 감시자께 감찰당하고 있음을 알아야 합니다. 세례자 요한은 회개하지 않는 유다의 종교·정치권력자들을 향해 "독사의 자식들아, 회개에 합당한 열매를 맺으라"고 일갈했습니다. 그는 회개하지 않는 나무를 밑둥치부터 잘라 버리기 위해 열매 맺지 못한 나무 밑둥치에 도끼가 놓여 있다고 설파했습니다(눅 3:9).

하나님께서 무엇 때문에 제왕에게 권력을 위임하셨습니까? 자비와 의를 행하기 위해, 압제받는 자에게 자비를 베풀기 위해서입니다.

이런 왕적 권위자가 없는 자연적·야생적 인간 사회는 만민에 대한 만민의 각축과 약탈로 치닫고, 그 가운데 필시 강한 자들이 약한 자들을 희생시키는 일이 발생하게 마련입니다. 왕의 권력은 이런 야생적 약육강식 질서를 막는 신적 장치인 셈입니다. 현대적인 용어로 말하면, 행정부와 사법부와 입법부의 권력은 오로지 가장 연약한 자들에게 하나님의 친절과 계약적 돌봄과 사랑을 표현하는 수단이 되어야 한다는 것입니다. 이런 이상적인 왕도를 실천하신 분이 바로 예수 그리스도이십니다. 그는 천하만국의 영광을 주겠다고 호언하는 유혹자 사탄을 크게 책망했습니다. "주 너의 하나님께 경배하고 다만 그를 섬기라." 나사렛 예수는 천하만국의 영광을 얻는 메시아의 길을 선택하기보다는 자신을 낮춰 가난한 백성에게 복음을 전하는 섬김의 종이 되는 길을 택하셨습니다. 그는 죽기까지 하나님께 순종하심으로 하나님의 우편 보좌에 부왕으로 등극하신 주가 되셨습니다(빌 2:5-11). 마가복음 10:35-45에서 예수님은 권력의 위험성을 날카롭게 지적하십니다. 이른바 이방인 집권자들은 다스리는 것처럼 보이지만 실제로 그들은 아무도 다스리지 못하는 자들입니다. 예수님은 사나흘 굶주린 무리들이 하나님의 복음을 듣고자 자신에게로 몰려오는 것을 보시고, 목자 없는 양 같은 그들의 모습으로 인해 애끓는 동정과 자비를 느끼셨습니다. 느부갓네살의 제국이 힘없고 가난한 자에 대한 압제와 정복과 착취 위에 구축된 나라라면, 나사렛 예수의 하나님 나라는 그들을 위로하고 해방하고 신원하는 계약적 투신과 돌봄 위에 구축된 나라입니다. 느부갓네살처럼 가난한 사람들을 착취하고 박해해서 자신의 이익과 자원을 확장하는 자는 느부갓네살의 패망행로를 따르는 자입니다. 가난한 사람들을 희생시킨 결과로 형성된 거대한 나라는 하나님의 복으로 형성된 나라가 아니라 하나님과 맞서는 것으로 존재하는 나라이며, 그런 나라는 곧 전복될 운명에 처한 나라입니다.

우리는 이 장에서, 왕이란 존재는 가난한 자들과 압제받는 자들을 위해 존재하는 하나님의 지팡이가 되어야 함을 확실히 깨닫습니다. 하나님께서는 교회 안팎에서 모두 강한 자들이 연약한 자들을 섬기도록 명하십니다(롬 15:1-3; 엡 4:28). 하나님께서는 선지자들을 시켜서 가난한 자를 학대하고 그들의 전토를 삼켜 버린 유다 왕국의 지주들과 장로들을 맹렬하게 탄핵하십니다(사 3장; 5장, 렘 7:1-7; 22:13-23, 겔 34:1-6, 마 23:30-36). 하나님은 교회에서마저 차별당하는 가난한 자들의 형편을 보고 사도적인 탄식과 질책을 표명하십니다(약 2:5-9; 5:1-6).

한 나라의 왕이 범할 수 있는 가장 큰 죄는 공평과 정의를 깨뜨려 가난한 자를 양산하는 것이며, 그렇게 생겨난 가난한 자들을 압제하고 착취하는 것입니다. 다니엘서 4장은 왕의 광기를 치료하는 길은 왕이 범한 죄를 속하는 길밖에 없음을 보여줍니다. 어떻게 하면 왕이 자신의 죄를 덮을 수 있습니까? 가난한 자들을 사랑과 자비로 돌보고 그들에 대한 착취를 그치는 것입니다. 우리나라에서 가난한 자들이 대량으로 만들어진 배경에는 2, 3차 산업 중심의 화폐 경제가 농업 경제 기반을 일방적으로 침탈한 측면이 있습니다. 농업 생산물 가격의 엄청난 하락은 이촌향도 현상을 일으켰고, 농토를 떠나 도시빈민이 된 이들은 자녀 교육에 쏟을 경제적 여력이 없어서 가난을 대물림하게 됩니다. 가난한 가정의 자녀들은 결국 다시 도시 문명의 가장 저열한 조건 아래서 일용직 노동직을 전전할 수밖에 없는데, 그 사이에 부동산 투기와 재개발 사업으로 주거비가 폭등합니다. 우리나라는 어느 정도 급여가 보장된 회사에 다니는 평균시민이 17년을 일해도 30평 아파트를 살 수 없는 나라입니다. 더군다나 이제는 자신의 가족을 책임지기 위해 하루에 한 데나리온을 벌 수 있는 직장마저도 찾기가 힘들어졌습니다. 설령 한 데나리온을 벌 수 있는 직장이 있다고 해도, 그곳에서 일하는 일용직 노동자들이 하루벌이로는 감당할 수 없는 높은 생활비가 다시 가난한 자들을 양산합니다. 가난한 자들은 정치경제적 부조리의 산물입니다. 따라서 가난한 자들의 존재는 그 자체가 공동체나 나라 전체의 도덕적 타락의 반영물입니다.

왕의 권력은 이런 타락과 부조리를 고치라고 주어진 신적 위임물입니다. 이 땅의 모든 지도자들은 어떤 의미로는 느부갓네살과 같은 위치에 서 있습니다. 지도자들은 우리나라의 죄를 속하는 길을 찾아야 하며 하나님이 파송하신 거룩한 감시자들의 평가에 대비해야 할 것입니다. 지금 왕과 같은 생활을 즐기면서도 가난한 자들을 돌보지 않는 왕과 같은 자들(royal people, 곧 rich people)은 다니엘의 경고를 듣고 자신도 살고 가난한 자들도 살리는 일에 나서야 합니다. 우리나라 위정자들이 그렇게 자주 이룩하겠다고 외치는 선진국은, 공부 열심히 해서 남 주는 사람들, 고율의 세금과 의료보험료를 기꺼이 감수하는 사회 엘리트들의 일상적인 자기하강과 헌신 위에 서 있는 것입니다. 왕같이 부유한 그리스도인들은 가난한 자들을 살리고 죄를 속하기 위한 입법 운동에 참여해야 하며, 더 많이 내고 더 많이 헌신하려는 메시아적 숭고함과 교양을 체질화해야 합니다. 하나님 나라에서는 가난한 자들을 위해 자신의 부와 재산, 시간과 재능을 거리낌 없이 거룩하게 낭비하는 사람들이 참된 부자입니다. 하늘의 감찰자에게 패망을 선고받은 느부갓네살이 살 수 있는 한 가지 길은 과잉 욕망과 과잉 소비의 구조를 자발적으로 해체하는 것뿐입니다.

5

"메네 메네 데겔 우바르신"
다니엘 5장

다니엘 5장

벨사살 왕이 그의 귀족 천 명을 위하여 큰 잔치를 베풀고 그 천 명 앞에서 술을 마시니라. 벨사살이 술을 마실 때에 명하여 그의 부친 느부갓네살이 예루살렘 성전에서 탈취하여 온 금, 은 그릇을 가져오라고 명하였으니 이는 왕과 귀족들과 왕후들과 후궁들이 다 그것으로 마시려 함이었더라. 이에 예루살렘 하나님의 전 성소 중에서 탈취하여 온 금 그릇을 가져오매 왕이 그 귀족들과 왕후들과 후궁들과 더불어 그것으로 마시더라. 그들이 술을 마시고는 그 금, 은, 구리, 쇠, 나무, 돌로 만든 신들을 찬양하니라. 그 때에 사람의 손가락들이 나타나서 왕궁 촛대 맞은편 석회벽에 글자를 쓰는데 왕이 그 글자 쓰는 손가락을 본지라. 이에 왕의 즐기던 얼굴 빛이 변하고 그 생각이 번민하여 넓적다리 마디가 녹는 듯하고 그의 무릎이 서로 부딪친지라. 왕이 크게 소리 질러 술객과 갈대아 술사와 점쟁이를 불러오게 하고 바벨론의 지혜자들에게 말하되 누구를 막론하고 이 글자를 읽고 그 해석을 내게 보이면 자주색 옷을 입히고 금사슬을 그의 목에 걸어 주리니 그를 나라의 셋째 통치자로 삼으리라 하니라. 그 때에 왕의 지혜자가 다 들어왔으나 능히 그 글자를 읽지 못하며 그 해석을 왕께 알려 주지 못하는지라. 그러므로 벨사살 왕이 크게 번민하여 그의 얼굴빛이 변하였고 귀족들도 다 놀라니라. 왕비가 왕과 그 귀족들의 말로 말미암아 잔치하는 궁에 들어왔더니 이에 말하여 이르되 왕이여, 만수무강 하옵소서 왕의 생각을 번민하게 하지 말며 얼굴빛을 변할 것도 아니니이다. 왕의 나라에 거룩한 신들의 영이 있는 사람이 있으니 곧 왕의 부친 때에 있던 자로서 명철과 총명과 지혜가 신들의 지혜와 같은 자니이다. 왕의 부친 느부갓네살 왕이 그를 세워 박수와 술객과 갈대아 술사와 점쟁이의 어른을 삼으셨으니 왕이 벨드사살이라 이름하는 이 다니엘은 마음이 민첩하고 지식과 총명이 있어 능히 꿈을 해석하며 은밀한 말을 밝히며 의문을 풀 수 있었나이다. 이제 다니엘을 부르소서. 그리하시면 그가 그 해석을 알려 드리리이다 하니라. 이에 다니엘이 부름을 받아 왕의 앞에 나오매 왕이 다니엘에게 말하되 네가 나의 부왕이 유다에서 사로잡아 온 유다 자손 중의 그 다니엘이냐. 내가 네게 대하여 들은즉 네 안에는 신들의 영이 있으므로 네가 명철과 총명과 비상한 지혜가 있다 하도다. 지금 여러 지혜자와 술객을 내 앞에 불러다가 그들에게 이 글을 읽고 그 해석을 내게 알게 하라 하였으나 그들이 다 그 해석을 내게 보이지 못하였느니라. 내가 네게 대하여 들은즉 너는 해석을 잘하고 의문을 푼다 하도다. 그런즉 이제 네가 이 글을 읽고 그 해석을 내게 알려 주면 네게 자주색 옷을 입히고 금 사슬을 네 목에 걸어 주어 너를 나라의 셋째 통치자로 삼으리라 하니 다니엘이 왕에게 대답하여 이르되 왕의 예물은 왕이 친히 가지시며 왕의 상급은 다른 사람에게 주옵소서. 그럴지라도 내가 왕을 위하여 이 글을 읽으며 그 해석을 아뢰리이다. 왕이여, 지극히 높으신 하나님이 왕의 부친 느부갓네살에게 나라와 큰 권세와 영광과 위엄을 주셨고 그에게 큰 권세를 주셨으므로 백성들과 나라들과 언어가 다른 모든 사람들이 그의 앞에서 떨며 두려워하였으며 그는 임의로 죽이며 임의로 살리며 임의로 높이며 임의로 낮추었더니 그가 마음이 높아지며 뜻이 완악하여 교만을 행하므로 그의 왕위가 폐한 바 되며 그의 영광을 빼앗기고 사람 중에서 쫓겨나서 그의 마음이 들짐승의 마음과 같았고 또 들나귀와 함께 살며 또 소처럼 풀을 먹으며 그의 몸이 하늘 이슬에 젖었으며 지극히 높으신 하나님이 사람 나라를 다스리시며 자기의 뜻대로 누구든지 그 자리에 세우시는 줄을 알기에 이르렀나이다. 벨사살이여 왕은 그의 아들이 되어서 이것을 다 알고도 아직도 마음을 낮추지 아니하고 도리어 자신을 하늘의 주재보다 높이며 그의 성전 그릇을 왕 앞으로 가져다가 왕과 귀족들과 왕후들과 후궁들이 다 그것으로 술을 마시고 왕이 또 보지도 듣지도 알지도 못하는 금, 은, 구리, 쇠와 나무, 돌로 만든 신상들을 찬양하고 도리어 왕의 호흡을 주장하시고 왕의 모든 길을 작정하시는 하나님께는 영광을 돌리지 아니한지라. 이러므로 그의 앞에서 이 손가락이 나와서 이 글을 기록하였나이다. 기록된 글자는 이것이니 곧 메네 메네 데겔 우바르신이라. 그 글을 해석하건대 메네는 하나님이 이미 왕의 나라의 시대를 세어서 그것을 끝나게 하셨다 함이요 데겔은 왕을 저울에 달아 보니 부족함이 보였다 함이요 베레스는 왕의 나라가 나뉘어서 메대와 바사 사람에게 준 바 되었다 함이니이다 하니 이에 벨사살이 명하여 그들이 다니엘에게 자주색 옷을 입히게 하며 금 사슬을 그의 목에 걸어 주고 그를 위하여 조서를 내려 나라의 셋째 통치자로 삼으니라. 그 날 밤에 갈대아 왕 벨사살이 죽임을 당하였고 메대 사람 다리오가 나라를 얻었는데 그 때에 다리오는 육십이 세였더라.

5장은 다시 한번 제국의 거대한 영광과 권세를 과시하는 바벨론 왕의 망자존대를 타격하시는 하나님의 심판을 다룹니다. 느부갓네살의 광기를 이어받은 그의 아들(실제로는 손자) 벨사살 왕이 벌인 제국의 연회에 하나님의 심판 신탁이 들이닥칩니다. 주지육림의 연회가 벌어지는 대연회장의 석회벽에 왕의 시선을 일순간에 집중시키는 신비한 글자를 써내려 가는 손이 나타난 것입니다. 환상과 꿈을 해석하는 데 최고전문가가 된 다니엘이 다시 바벨론 궁정으로 소환되어 그 신탁을 해석합니다. 그것은 바벨론 제국의 멸망을 확증하는 신탁이었습니다. 한 나라를 지탱하는 데 필요한 공평과 정의의 무게가 적어서 나라를 반토막 내시겠다는 하나님의 심판이었습니다. 제국의 권력 중심부는 거의 언제나 권력에 탐닉하는 지배층들의 도덕적 무감각과 통치자의 윤리와 도덕심을 파탄시키는 유흥 문화에 빠지게 마련입니다. 불법과 파괴적 침략과 약탈과 약자에 대한 착취 위에 구축된 제국은, 자신을 한층 더 고양된 이념적 토대 위에 세울 수 없는 것입니다. 끝없이 팽창하는 제국은 그 자체를 유지하기 위해 거대한 관료적 위계질서를 요청하게 되고, 정복전쟁의 승리 뒤에는 반드시 공신과 권신이 등장합니다. 왕은 그들에게 식읍(食邑)이나 봉토를 하사하거나 고위관직을 내림으로써 그들을 지배층의 일원으로 편입시킵니다. 이처럼 제국의 권력을 나눠먹기 위해 모여드는 귀족층과 공신과 권신들의 숫자는 기하급수적으로 늘어납니다. 바벨론 제국은 엄청난 숫자의 호화 귀족("1천 명")을 보유한 공룡 국가가 된 것입니다. 이들 귀족과 이들의 가족을 부양하기 위해 추렴되는 고율의 세금과 식량 공급의 부담은 누가 지겠습니까? 하층민과 평민의 몫이 될 수밖에 없습니다. 귀족 1천 명이 모여 쾌락과 유흥의 밤을 즐기는 사이에 바벨론 제국은 무너지고 있었습니다. 벨사살은 아버지 세대의 숨 가쁜 정복전쟁에 참여하지도 않았고, 나라를 세우는 과정에서 별다른 위험과 고통도 없이 그냥 세습적 지위로 왕이 된 자였습니다. 그는 선대왕 느부갓네살의 오만과 굴욕과, 그에 뒤이은 영적 회심과 이를 공포한 조서에 대해 알면서도(5:22) 그러한 역사로부터 아무것도 배우지 못했습니다. 그의 옆에는 다니엘과 같은 "거룩한 신들의 영"으로 가득 찬 자문관이나 예지 넘치는 충신이 없었습니다. 그는 세계정세를 분석하지도 평가하지도 못하는, 심지어 예측하지도 못하는 눈먼 자문관들에 둘러싸여 있었던 것입니다. 그 결과 벨사살 왕은 세계를 정의와 공평으로 통치하시는 하나님의 동선을 끝내 파악하지 못한 채 쾌락과 유흥의 밤에 빠져들고 말았습니다. 벨사살은 그런 제국의 영화를 만끽하다가 하나님의 손가락 신탁을 받고 경악하게 된 것입니다.

벨사살(Belshazzar) 왕이 베푼 자기파멸적 연회(1-12절)

느부갓네살 왕의 아들로 그의 뒤를 이은 벨사살 왕은, 어느 날 귀족 1천 명을 위해 큰 잔치를 베풀고 그 1천 명 앞에서 술을 마시고 있었습니다(1절; 비교. 에 1:3-8). 귀족 1천 명을 보유한 나라는 역삼각형 구조의 불안정한 나라입니다. 왕과 귀족처럼 대우받으려는 자고한 자들이 넘치는 나라는 무게중심이 너무 높아 전복되기 쉬운 공동체입니다. 영어로 '부유하다'를 뜻하는 단어 rich는 왕을 의미하는 라틴어 '렉스'(rex)에서 유래한 말입니다. 부자는 왕과 같은 대우를 받으며 살고 싶어 하는 자들을 가리킵니다. 귀족 1천 명을 보유한 나라는 하층민과 평민들의 피땀을 과도하게 짜낼 수밖에 없고, 그만큼 그 나라는 억울하고 비통한 노예살이를 감수해야 할 사람들로 가득 차게 될 수밖에 없습니다. 나라를 떠받치는 최하층 사람들의 고통이 더 이상 견딜 수 없는 임계점에 이르면, 그 나라는 홀연히 망해 버립니다. 한 나라의 정치적 안정은 부자가 가진 부에 있는 것이 아니라 가난한 자들의 행복지수, 그들이 누릴 수 있는 삶의 질에 달려 있습니다. 한 나라의 행복지수는 부자들이 누리는 휴가일수와 소비 성향에 있는 것이 아니라 평민과 하층민이 누리는 휴가일수와 구매력에 달려 있습니다. 부와 행복이 사회 상층부에 의해 독점되어 있을 때, 그 사회는 보통 사람들조차 모두 귀족 사회에 진입하려는 권력 상승의 의지로 가득 차게 됩니다. 일반적으로 평민이나 하층민이 귀족 사회로 진입하는 길은 세 가지입니다. 교육과 시험을 통한 입신양명의 길, 결혼을 통한 신분상승, 전쟁이나 국난 때의 비상한 공훈이 그 길입니다. 우리나라에서는 두 번째 길과 세 번째 길은 거의 막혀 있습니다. 오로지 교육과 시험을 통한 입신양명의 길만이 열려 있는 것처럼 보입니다. 세계에서 유례가 없는 입시 경쟁, 시험 점수 경쟁, 대학 서열 경쟁이 점화되는 지점이 바로 여기입니다. 연간 사교육비로 투입되는 약 25조 원의 돈, 학원가 때문에 땅값이 올라가는 기이한 현상, 새벽 2시까지 연장되는 선행학습의 광풍은, 우선은 이미 귀족이 된 자들이 자신의 자녀들에게 그 신분을 세습시키기 위해 들이는 공격적인 교육 투자이지만, 동시에 자신은 평민으로 살았으나 자녀만은 귀족 사회에 편입되어 살기를 바라는 서민들의 눈물겨운 귀족 따라잡기 분투입니다. 강남의 학원 열풍은 일제 시대와 한국전쟁과 같은 역사적 격변기와 급격한 도시화와 산업화를 거치면서 형성된 "왕 같은 시민"들이 주도하고 있고, 그들의 성공에 자극받은 서민들이 그들을 모방하는 술래잡기 놀이와 같습니다. 비유하자면, 벨사살 왕이 주최하는 연회에 참여할 신분을 얻기 위한 노력인 셈입니다. 이처럼 거대한 사교육 시장과 학원 주도의 공격적 선행학습 열풍은, 철들지 않은 고등학교 시절에 치른 몇 차례의 시험성적과 고3 때의 수능성적이 일생 동안의 신분을 결정하는 준거가 되는 나라, 귀족 사회로의 진입이 유사 구원감을 줄 것처럼 보이는 나라에서만 나타날 수 있는 현상입니다. 그러나 귀족은 하층민과 평민의 피땀과 노동의 열매를 따먹는 불한당 계층이라는 것을 기억해야 합니다.

하나님 나라는 섬기려는 자들, 기꺼이 평민과 하층민이 되려는 자들의 부단한 자기하강적 봉사에 의해 유지됩니다. 우리 주 예수 그리스도께서는 대인(大人)으로 대접받고 큰 자처럼 섬김을 받고 싶어 하던 제자들을 향해, "너희 중에는 그렇지 아니하니 너희 중에 누구든지 크고자 하는 자는 너희를 섬기는 자가 되고 너희 중에 누구든지 으뜸이 되고자 하는 자는 모든 사람의 종이 되어야 하리라. 인자가 온 것은 섬김을 받으려 함이 아니라 도리어 섬기려 하고 자기 목숨을 많은 사람의 대속물로 주려 함이니라"라고 말씀하십니다(막 10:43-45). 이것이 하나님 나라 정치학입니다. 섬기는 자들의 자기복종이 바로 신상을 부서뜨린 산 돌 아닙니까? 모든 제국의 정치학은 권력투쟁학, 권력쟁취학, 정권탈취학, 정권사유학, 권력남용학이지만, 하나님 나라 정치학은 권력분산학, 권력비움학, 권력포기학입니다. 예수님의 이 말씀은 거짓된 권력에 기초한 지상의 모든 나라의 토대를 영원히 허물어뜨리는 말씀입니다. 이 말씀은 십자가의 대속적 죽음에 대한 결정적인 주석입니다. 인류를 구원하신 예수님의 대속적 죽음이란, 가장 높으신 하나님의 아들이 가장 낮은 종의 신분으로 자발적으로 강등되신 사건입니다. 이러한 예수님의 권력 포기와 자기낮춤을 통해 인류에게 생명과 구원이 임했습니다. 결국 다른 사람의 죄를 대신 져 주는 대속적 삶이란 예수님처럼 자신의 기득권과 권력을 비우고 일상적인 삶에서 부단한 자기낮춤을 실천하는 삶입니다. 이 말은 누구든지 자기를 희생하기만 하면 세상을 구원하는 구주가 될 수 있다는 뜻은 아니지만 예수 그리스도의 대속적 죽임이 주는 실천적 함의는 분명합니다. 즉 이 세상 어느 누구도 자신의 권력을 희생시키면 타인의 삶에 생명을 선사할 여지가 열린다는 것입니다. 그래서 귀족이 평민이 되면 그곳에 하나님 나라의 생명이 물결칠 가능성이 있습니다. 그런데 바벨론 제국은 하나님 나라와 정반대의 대척점에 서 있습니다. 귀족 1천 명이 하층민과 노예들과 평민들이 흘린 고혈을 게걸스럽게 먹고 마시고 있습니다.

술잔 몇 순배 돌고 돌아 취기가 좌중을 지배하기 시작합니다. 그때 치명적인 오만의 죄가 자행됩니다.

　벨사살은 선대왕 느부갓네살이 예루살렘 성전에서 탈취해 온 금그릇과 은그릇을 사용해서 술을 마시자며 그것들을 가져오라고 명합니다. 개정표준역 영어성경(RSV)은 "포도주의 영향 아래서"(under the influence of the wine) 벨사살 왕이 하나님의 진노를 살, 거의 신성모독적인 명령을 내렸다고 말합니다. 술이 그에게 만용과 허풍을 불러일으켰다는 뜻입니다. 벨사살은 하나님의 성전에서 약탈한 금은기명이 어느 정도 신성한 것인지에 대한 판단이 전혀 없는 상황에서 위험한 결정을 내린 것입니다. 그는 이런 신성모독적인 만용으로 자신의 연회를 만취와 자기자랑의 자리로 만들려고 한 것입니다(2절). 만일 야웨가 바벨론 제국이 정복한 그 숱한 나라들의 신들처럼 참 신이 아니라면, 이런 행동은 대수롭지 않을 수 있었을 것입니다. 벨사살은 이스라엘의 하나님 야웨를 바벨론 제국이 정복한 여러 나라 중 한 나라가 섬기는 힘없는 신에 불과하다고 생각했을 것입니다. 그렇다면 야웨 하나님의 성전에서 약탈해 온 금은기명도 자신이 마음대로 사용해도 되는 물건이라고 능히 생각할 수 있었을 것입니다.

　그러나 야웨 하나님은 바벨론 신과의 전쟁에서 패배당해 바벨론 이방군주의 유흥 기운을 북돋워 주는 데 동원될 신이 아닙니다. 야웨 하나님은 이스라엘의 국운과 궤를 같이 하는 민족 신이 아니며 특정 인종의 운명에 매인 신도 아닙니다. 야웨 하나님은 지극히 거룩하신 하나님입니다. 거룩하신 하나님은 이스라엘을 사랑하고 보호하시지만 그들의 죄악된 운명과 동일시되시는 분은 아닙니다. 야웨 하나님은 이스라엘이 멸망당하고 유다가 몰락했을 때 오히려 그 진면목이 드러나는 하나님입니다. 야웨 하나님은 역사의 대주재이시자 만물의 창조주시며 대왕이십니다. 다니엘과 세 친구는 이런 야웨 하나님을 알고 있었습니다. 그런데도 벨사살은 바벨론 제국이 최강 최고의 나라라는 망상에 사로잡혀, 자신의 귀족과 왕후와 후궁들과 함께 예루살렘의 하나님 성소에서 탈취해 온 금은그릇에 술을 담아 마셨던 것입니다(3절). 술을 마신 뒤 그들은 우상을 찬양하기 시작했습니다. 우상은 아마도 인간들이 술에 취한 상태에서만 찬양할 수 있는 대상일 것입니다. 정상적인 이성과 양심을 가진 사람에게 우상은 경배의 대상이 될 수 없는 헛된 것이기 때문입니다. 하지만 우상 찬양은 참 하나님을 버리고 배반한 인생에게는 필연적인 귀결입니다(롬 1:18-25). 벨사살과 그의 신하들은 일제히 술에 취한 상태에서 바벨론의 신들, 곧 금, 은, 구리, 쇠, 나무, 돌로 만든 신들을 찬양했습니다(4절). 금, 은, 구리, 쇠, 나무, 돌로 만든 신들은 바벨론 제국이 숭배하는 가치들을 대표하는 신들이었습니다. 다산, 풍요, 무력(武力), 운명적 편애 등을 상징하는 신들이었습니다. 이사야서 44:9-20은 바벨론 사람들이 우상을 제작하는 공정과 거기에 쏟아붓는 순정, 그리고 우상에게 거는 헛된 기대들을 희화적으로 보여줍니다. 그들은 나름대로 복잡한 공정을 거쳐서 만든 우상 앞에 엎드려 경배하고 기도한 것입니다. "너는 나의 신이니 나를 구원하라"(사 44:17). 벨사살과 그의 궁중 신하들이 우상을 찬양했다는 말은 우상들에게 제국의 안녕을 위탁하고 기원했다는 뜻입니다. 세계를 제패한 제국의 제왕이지만 그들은 여전히 우상에게 자기 왕국의 장래를 위탁하고 보호를 요청하지 않을 수 없었습니다. 이 얼마나 모순적이고 개탄할 만한 상황입니까? 하나님이 비운 자리를 우상은 쉽게 가로챕니다. 하나님의 자리를 비워 둔 자들은 실상 우상을 숭배할 가능성에 활짝 열려 있는 사람들입니다. 참 하나님과의 살아 있는 사귐에 이르지 못한 사람들은 우상을 예찬하는 식의 미신적 신앙에 잔류할 가능성이 높습니다. 술 취하지 말고 오로지 성령에 충만하여 악한 때를 대비하고 영적 지각력을 쇄신해야 할 것입니다(엡 5:18).

취기가 무르익고 우상을 찬양하는 열기가 최고조에 이를 그때, 잔치 분위기를 일순간에 깨는 침입자가 나타났습니다. 갑자기 사람의 손가락이 나타나서 왕궁 촛대 맞은편 석회벽에 글자를 쓰는데, 글자를 쓰는 그 손가락이 유독 왕의 시선을 끌었습니다(5절). 촛대 맞은편 벽에 나타난 글자였기에 참석자들의 눈에 금방 목격되었던 것입니다. 그럼에도 불구하고 다른 누구보다 왕이 그 글자의 돌발적인 출현과 그 글자가 갖는 불길한 의미를 가장 빨리 감지했다는 것은 의미심장합니다. 그만큼 벨사살 왕은 만취의 연회중에도 제국의 안전 보장에 집착하고 있었다는 뜻입니다. 순식간에 뭔가를 휘갈기는 듯한 그 신비한 손가락을 보자마자, 연회를 즐기던 왕의 얼굴빛이 갑자기 변했습니다. 순식간에 일기 시작한 여러 생각이 그를 공포로 몰아넣었습니다. 개정표준새번역 영어성경(NRSV)은 히브리어 구문을 잘 번역하여, 생각이야말로 사람을 무섭게 한다는 점을 잘 표현하고 있습니다("his thoughts terrified him"). 꼬리를 물고 일어나는 일련의 불길한 생각들이 왕의 마음속에 갑자기 일어났음을 의미합니다. 왕은 그 글자의 출현을 보고 그 짧은 순간에 여러 가지 생각, 곧 제국의 안정을 위협하는 여러 가지 일을 생각했을 것입니다. 실로 인간은 생각의 지배를 받는 존재입니다. 그런 점에서 인간은 관념적인 존재입니다. 벨사살은 두려운 생각에 충격을 받은 나머지, 그의 넓적다리 마디가 녹는 듯하고 그의 무릎이 서로 부딪칠 정도가 되었습니다(6절). 정신 안에 일어나는 두려움이 육체를 강력하게 타격하는 힘으로 작용한 것이지요.

왕은 이 글자가 뭔가 심각한 신탁일 것이라 생각하고 큰소리를 질렀습니다. 고대 메소포타미아의 왕들은 지상 왕국의 권력 관계와 흥망성쇠를 관장하는 천상의 신들이 인간의 역사에 간섭하는 것을 당연하게 여겼습니다. 그러므로 뭔가 신비로운 일이 일어나면 그 안에는 반드시 자신에게 전달될 신의 부탁과 의지, 곧 신탁이 매개되어 있을 것이라고 판단했습니다. 그런 점에서 고대 메소포타미아 문명권의 왕들은 모두 "경건한 유신론자"였습니다. 천상의 신들이 보낸 신탁이라면 즉각 응답해야 했습니다. 이런 생각에 이르자, 그는 큰소리를 질렀던 것입니다.

왕은 술객과 갈대아 술사와 점쟁이들을 어서 불러오라고 한 뒤에, 바벨론에 소환되어 있는 지혜자들에게 누구를 막론하고 그 글자를 읽고 능히 해석한다면, 자주색 옷을 입히고 금 사슬을 그의 목에 걸어 주며 그를 나라의 셋째 통치자로 삼겠다고 공언했습니다(7절). 바벨론 왕들의 특징은 성격이 급하고 충동적이었다는 점입니다. 벨사살도 아주 충동적으로 상급을 약속하기에 이릅니다. 전체적으로 그는 선대왕 느부갓네살보다 훨씬 부드러운 방식으로 글자 해석의 과업을 내립니다. 그러나 이번에도 왕의 지혜자들이 다 들어왔으나 능히 그 글자를 읽거나 해석하여 왕에게 알려 주는 자가 없었습니다(8절). 한 나라의 지혜자들이란 나라의 명운과 관련된 예지와 통찰력의 소유자여야 하는데, 바벨론 제국의 지혜자들은 제왕의 만찬석상을 홀연히 공포로 몰아넣은 신비한 글자를 해석할 수 없었습니다. 한 나라의 멸망은 그 나라의 망조(亡兆)를 돌이키고 무효화할 수 있는 결정적인 지략과 도모가 바닥날 때 확증됩니다. 주전 8세기 유다의 예언자 이사야는 이집트의 멸망이 그 나라의 지혜자들의 지략과 경륜의 핍절과 미래사를 예견할 수 있는 예지의 빈곤에서 비롯되었다고 말했습니다(사 19:11-14). 나라가 멸망할 때는 반드시 그 이유가 있게 마련이며, 그 망조를 유예시킬 지략과 경륜이 강구할 수 있는 법입니다. 그러나 주전 8세기의 이집트처럼 바벨론 제국의 지혜자와 모사들은 어찌할 도리가 없는 신비한 신탁 앞에 좌초당하고 있었습니다.

　이 상황을 지켜본 벨사살 왕은 크게 번민하여 얼굴빛이 변했고 귀족들도 다 경악을 금치 못했습니다(9절). 이때 왕비(혹은 태후)가 당혹에 빠진 어전회의에 입장해 극도의 두려움에 사로잡힌 왕을 진정시키고 이제는 잊혀진 인물인 유대인 다니엘을 소개합니다. 왕비는 먼저 "왕이여, 만수무강 하옵소서"라고 인사하며 너무 낙담하지 말라고 권고한 뒤에(10절) 다니엘이라는 인물을 소개합니다. 왕비도 다니엘을 소개할 때 '거룩한 신들의 영이 그 안에서 활동하는 사람'이라고 말합니다. 그녀는 다니엘이 "왕의 부친 때에 있던 자로서 명철과 총명과 지혜가 신들의 지혜와 같은 자"라고 말하며, 왕의 선대왕 느부갓네살이 그 다니엘을 "박수와 술객과 갈대아 술사와 점쟁이의 어른"으로 삼았음을 상기시킵니다(11절). 왕비의 말을 듣고 판단해 보건대, 현재 다니엘은 준은퇴 상태에 있는 것으로 보입니다. 새 왕이 등극하며 대규모 인사이동이 있었을 때, 다니엘은 아마 잊혀졌을 것입니다. 다행히 왕비가 자신이 왕세자비 시절에 들었을 법한 다니엘의 명성과 업적을 기억해 다니엘을 추천할 수 있었습니다. "벨드사살이라 이름하는 이 다니엘은 마음이 민첩하고 지식과 총명이 있어 능히 꿈을 해석하며 은밀한 말을 밝히며 의문을 풀 수 있었나이다"(12절). 이에 반하여 새 왕은 다니엘을 전혀 알지 못하고 있었습니다. 그래서 그런지 그는 국가 경영의 기본기를 착실히 닦은 인물로 보이지 않습니다. 다행히도 왕비가 그의 약점을 보완하고 있습니다. 왕비는 다니엘을 적극 추천합니다. "이제 다니엘을 부르소서. 그리하시면 그가 그 해석을 알려 드리리이다"(12절). 왕비의 소개로 인해 다니엘은 다시금 중용될 기회를 얻었습니다. 은퇴했던 다니엘이 다시 바벨론 제국의 권력 중심부에 나타났습니다.

다니엘의 신탁 해석(13-31절)

다니엘이 부름을 받아 왕의 앞에 나오자 벨사살 왕은 "네가 나의 부왕이 유다에서 사로잡아 온 유다 자손 중의 그 다니엘이냐" 하고 물었습니다(13절). 그리고 왕은 자신이 전해들은 다니엘의 영적 통찰력과 예지를 거론함으로써 기대감을 표명하고 나서 자신이 처한 곤경을 털어놓습니다. 왕도 다니엘의 총명과 비상한 지혜가 그 안에서 활동하는 신들의 영 때문임을 인정합니다(14절). 왕은 자신이 불러 모은 어떤 바벨론 지혜자와 술객들도 연회중 석회벽에 나타난 그 신기한 글자를 읽고 해석할 수 없던 상황을 설명하고(15절), 그 신비한 글자를 해석해 주면 큰 상을 베풀겠다고 제의합니다(16절). "너는 해석을 잘하고 의문을 푼다 하도다. 그런즉 이제 네가 이 글을 읽고 그 해석을 내게 알려 주면 네게 자주색 옷을 입히고 금 사슬을 네 목에 걸어 주어 너를 나라의 셋째 통치자로 삼으리라"(16절).

고결하고 맑은 다니엘은 왕의 예물이나 상급 제의를 일언지하에 거절합니다. "왕의 예물은 왕이 친히 가지시며 왕의 상급은 다른 사람에게 주옵소서"(17절). 그리고 상급이 없더라도 자신은 왕을 위해 그 신비한 글을 읽고 해석해 주겠다고 약속합니다. 이상과 몽조의 해석뿐만 아니라 바벨론의 언어와 학문 등 모든 분야에서 탁월했던 다니엘의 실력이 그 위력을 드러낼 순간이 다시 찾아온 것입니다. 그러나 다니엘은 그 신비한 글자를 해석하기에 앞서 벨사살 왕에게 약간 장황한 역사 교육을 실시합니다.

18-21절은 느부갓네살의 왕위 상실과 회복의 이야기, 곧 다니엘서 4장 이야기를 다시 한번 교훈적으로 요약합니다. 굴욕과 비천에 처했다가 지극히 높으신 하나님의 절대 주권과 세계 통치권을 인정하고 나서야 왕위와 왕의 위엄을 되찾은 느부갓네살 왕의 이야기를 상기시킵니다. 벨사살 왕이 알아야 할 선대왕 느부갓네살의 왕위 상실과 회복 과정을 요약적으로 들려준 것입니다. 벨사살 왕이 알아야 했던 것은, 지극히 높으신 하나님께서 왕의 부친 느부갓네살에게 나라와 큰 권세와 영광과 위엄을 주셨다는 사실입니다(18절). 그가 자신의 힘으로 바벨론 제국을 건설한 것이 아니라는 것입니다(대조. 4:30). 하나님께서 느부갓네살에게 큰 권세를 주셔서 온 백성과 나라들과 언어가 다른 모든 사람들이 그 앞에 떨며 두려워한 것인데, 그는 마치 자신의

힘과 권능으로 그토록 높은 권세를 얻은 것처럼 망자존대했습니다. 왕위에 오른 뒤로 그는 임의로 죽이며 임의로 살리며 임의로 높이며 임의로 낮추는 권력 남용과 전제적인 통치를 일삼았습니다(19절). 느부갓네살 왕은 마음이 높아지고 뜻이 완악하여 교만하게 행하다가 급기야는 왕위와 그 영광을 빼앗겼고(20절), 왕궁에서 쫓겨나서 야생동물처럼 살면서 비인간적인 굴욕을 경험했습니다. 왕권을 잃고 들판으로 추방된 느부갓네살의 마음은 들짐승의 마음과 같았습니다. 그는 들나귀와 함께 살며 소처럼 풀을 먹었고 그의 몸은 하늘 이슬에 젖었습니다. 그처럼 비참한 생활을 하던 중 야웨 하나님의 역사 주재권을 인정하면서 그는 이성을 되찾고 왕의 위엄과 영광을 다시 찾을 수 있었습니다. 느부갓네살은 한마디로 왕위를 빼앗겨 본 후에야 참된 왕의 길을 깨우친 회개한 왕이었습니다. 권력과 부귀영화는 그를 비인간화했으나, 굴욕과 비천, 추락과 권력 상실은 그를 인간답게 만들고 피조물의 본연을 되찾게 해주었습니다. 마침내 "하늘을 우러러본 후에" 느부갓네살 왕은 인간성을 되찾고 피조물의 겸손을 회복하고 왕위까지 되찾을 수 있었습니다. 그래서 그는 지극히 높으신 하나님께서 온 세상 사람들의 나라를 다스리시며 자기의 뜻대로 누구든지 그 자리에 세우시는 줄을 확실히 알고 고백하기에 이르렀던 것입니다(21절).

다니엘은 이런 역사 교육을 통해 한없이 높아진 제왕을 경각시키기 위해 왕이라고 부르는 대신에 "벨사살이여!"라고 부릅니다. 이어 다니엘은 왕을 책망합니다.

왜 이런 사정을 알고도 느부갓네살 그 선대왕의 아들이 되어 아직도 마음을 낮추지 않고 도리어 자신을 하늘의 주재보다 높이며 망자존대합니까? 도대체 어떤 마음으로 거룩하신 야웨 하나님의 성전 금은그릇에다 술을 마시고 금, 은, 구리, 쇠와 나무, 돌로 만든 신상들을 찬양하고 도리어 왕의 호흡을 주장하시고 왕의 모든 길을 작정하시는 하나님께는 영광을 돌리지 않습니까? 지금 왕의 길은 멸망을 초래하는 패역의 길입니다(22-23절, 저자 사역).

이스라엘의 하나님의 거룩한 성전 기명을 우상을 숭배하는 연회에 사용한 것도 큰 죄악이지만, 금과 은, 구리, 쇠, 나무로 만든 신상들을 찬양하는 죄는 더욱 큰 죄악임을 일깨운 것입니다. 이 우상들은 당시의 바벨론 제국의 왕이나 사람들에게는 오늘날 우리가 생각하는 것만큼은 "헛된" 우상이 아니었습니다. 나름대로 바벨론 제국의 영화와 권세를 상징하는, 합리적 종교성을 대표하는 우상들이었습니다. 그것들은 바벨론 제국의 무한 정복욕, 이웃을 해쳐서라도 번영을 추구하려는 자세, 정의와 진리를 배반하기까지 극한에 이르는 폭력 숭배 등을 신적인 숭배 대상으로 격상시키기 위해 특별 제작된 "신들"이었습니다. 다시 말해, 벨사살과 바벨론 사람들의 우상숭배는 곧 자기숭배였으며 자신들의 세계 지배욕과 정복 욕망을 신격화한 것이었던 셈입니다. 창조주시며 역사의 주재자인 야웨 하나님의 세계 통치 과정에서 우연한 발흥을 맛본 바벨론 제국의 왕이 자기영화화에 몰입하여 하나님께 대적한 것입니다. 바로 이때 왕의 맞은편 석회벽에 나타난 손가락이 심판의 메시지를 전한 것입니다. 그 손가락이 쓴 글은 이런 왕의 오만과 악행을 심판하기 위한 하나님의 신탁이었습니다(24절).

25절은 실제로 나타난 글을 소개합니다. "메네 메네 데겔 우바르신." 여기서 "메네"는 '세대' 혹은 '연대'를 계산한다는 뜻입니다. 즉 하나님이 벨사살이 다스리는 바벨론 제국의 존속 연대를 세어서 그것을 끝나게 하셨다는 뜻입니다. 메네가 반복되었으니까 문자적으로 보자면 '연대가 계수되었다. 연대가 계수되었다'는 뜻입니다. 이 반복은 강조를 의미합니다. 왕의 연대 혹은 제국의 연대가 "확실히" 계수되었다는 의미입니다(26절). 하나님은 한 국가나 단체의 존속 연대를 결정하시는 분입니다. 영원히 존속되는 국가는 없습니다. "대한민국 만세"는 있을 수 없습니다. 모든 나라는 우리 주 예수 그리스도의 나라 속으로 창조적으로 흡수통합되거나 그 나라가 도래하기 전에 해체되고 소멸할 것입니다(계 7:7-9). 그런데 하나님께서 한 나라의 존속 연대를 결정하시는 기준이 무엇일까요? 5장 전체의 맥락을 살펴볼 때, 하나님의 역사 주재권을 부인하고 스스로를 높여 하늘의 대주재를 거역하는 왕국은 반드시 망합니다(21-23절). 그러나 하나님 나라의 통치 원리에 근사치적으로 닮은 나라는 오래 존속되게 하십니다(왕하 10:30 참조, 아합 왕조를 무너뜨리고 등장한 열혈 야웨주의자인 예후에게 4대까지 이어지는 왕조를 약속하시는 하나님). 하나님 나라에 근사치적으로 접근하는 나라는 창조주요 역사의 대주재이신 하나님을 두려워하며 자기가 구사하는 권력에 한계를 설정하여 그 안에 거하는 겸손한 나라입니다. 군사력과 경제력을 절대화하여 다른 나라들을 유린하고 약탈하는 제국주의적 정복욕이나, 국가의 구성원 중 가장 연약한 자들을 착취하고 압제하며 가난한 자들을 돌보지 않는 느부갓네살의 통치는 반드시 멸망합니다. 따라서 이 제국주의적 정복욕과 압제적 통치를 무비판적으로 이어받은 벨사살의 통치는 반드시 허무하게 종결될 수밖에 없습니다.

하나님은 국가의 존속 연대를 결정하시기 위해 그 나라가 보유한 정의와 자비, 진리와 공평을 실천하는 양과 질을 측정하십니다. "메네" 다음에 반복된 단어인 "데겔"은 '무게가 측량되었다'는 뜻입니다. 즉 벨사살 왕을 저울에 달아 보니 부족함이 보였다는 것입니다. 무엇이 부족했다는 말입니까? 4장 27절에 비추어 보면 그 답을 알 수 있습니다. "공의를 행하셔서 임금님의 죄를 속하시고, 가난한 백성에게 자비를 베푸셔서 죄를 속하시기 바랍니다. 그렇게 하시면 임금님의 영화가 지속될 수 있을지도 모릅니다"(4:27, 새번역). 즉 국가 구성원 가운데 가장 연약하고 가난한 자에게 자비를 행하는 일만이 벨사살 왕의 통치를 연장시킬 가능성이 있다는 것입니다. 그런데 벨사살 왕의 통치를 하나님의 저울에 달아 보니, 그 나라를 계속 존속시켜야 할 이유인 공평과 정의가 부족했다는 말입니다(27절). 공평과 정의가 하나님께서 한 국가의 존속 연대를 결정할 때 고려하시는 핵심 기준인 셈입니다(창 18:19, 사 1:11-26; 9:5-7; 11:1-11, 암 5:24, 호 4:4-6 참조).

신라 1,000년(실제 973년), 고려 500년(실제 456년), 조선 500년(실제 518년)은 상대적으로 아주 오랫동안 존속된 왕조들이었습니다. 그렇게 오랫동안 국가를 존속시킬 만한 공평과 정의가 그 안에 있었다는 말입니다. 우리는 이 세 왕조가 종교적 영성을 국가의 통치 이념으로 삼았다는 것을 기억해 볼 필요가 있습니다. 우리는 불교와 유교 같은 나름대로 고상한 고등종교를 통치 이념으로 삼은 나라들을 우리 역사의 일부로 가졌습니다. 약 1천 년 동안 존속된 신라는 56대의 왕 가운데 오로지 여섯 명만이 일부일처를 어기고 중혼을 했다고 전해집니다. 땅을 가진 평민들에 비해 귀족층이 상대적으로 얇았을 가능성을 시사하는 대목입니다. 고려는 근본적으로 신분제가 정립된 불평등 사회였으나, 불교가 주창한 대자대비의 종교성이 가난한 자들을 위한 국가의 각종 경제적·의료적 복지정책(의창, 상평창, 대비원, 혜민원, 구제도감, 제위보 등) 집행에 요청되는 이념적·도덕적 동력 역할을 함으로써 500년 정도 존속할 수 있었습니다. 역시 500년 이상 존속한 근세 조선도 말기의 총체적 붕괴가 도래하기 전에는 유교적 덕치 이념으로 무장된 신생 왕조로서 도덕성과 윤리적 책임의식을 가진 지배층과 선비들의 나라였습니다. 유교적 민본사상과 신권민주주의적 정치 특성을 지닌 조선은 농민들을 돌보고 농민들의 아우성에서 천심을 읽으려는 뚜렷한 도덕적 정치 지향을 가졌습니다. 이 세 나라의 오랜 왕조 존속을 설명하는 방법은 여러 가지가 있을 수 있으나, 이들 나라가 가난한 자들을 돌보고 대우하는 일에서 뚜렷한 정책적 지향을 가졌다는 것은 부인할 수 없을 것입니다. 이 나라들은 세계사에 출현한 다른 나라들과 비교해 볼 때도 평균 이상의 공평과 정의 실현에 치중한 나라였음을 짐작할 수 있습니다. 이러한 진실은 이 나라들이 망하는 시점에 특히 분명하게 입증됩니다. 세 나라 모두 쇠락기와 멸망기를 맞았는데, 그 시기에는 나라마다 율령체제가 붕괴했고 공평과 정의를 요구하는 농민들의 이반된 마음을 충족시키는 데 현저하게 실패했습니다. 쇠락기 이전에는 그 나라들이 공평과 정의의 요구를 어느 정도 충족시켰음을 의미합니다. 이 세 나라의 멸망기를 특징 짓는 현상은, 가난한 자들을 천대하고 압제하는 귀족층의 부패, 왕실의 통치 윤리 몰락,

지방관리들의 도덕적 해이입니다. 공평과 정의의 쇠락인 것입니다. 공평과 정의의 붕괴가 결국 왕조 몰락의 결정적인 원인이었던 셈입니다.

　　현대 한국은 종교적인 분포로 말하면 기독교 세력이 꾸준히 성장해 왔습니다. 그럼에도 우리나라의 국체와 정체에 아직까지 기독교적 고상한 정치 이념이나 가치가 스며들어 있지 않습니다. 만일 기독교가 한국의 사회질서를 구축할 수 있는 기회가 온다면, 과연 불교와 유교 엘리트들이 보여준 국가 경영의 경륜과 도덕성, 지도력과 실력을 발휘할 수 있을까요? 만일 기독교 한국이 가능하다면, 그 존속 연대는 어느 정도가 될까요? 물론 이런 질문은 시기상조처럼 들릴 수도 있습니다. 왜냐하면 아직까지 우리 겨레가 기독교 신앙인들에게 속 깊은 마음을 주지 않고 있는 것처럼 보이기 때문입니다. 황석영이 『손님』에서 말하듯이, 기독교는 공산당만큼이나 우리 겨레의 모듬살이와 역사의 마당에서 손님 취급(외래 종교)을 받고 있는 실정입니다. 지난 세월 우리 겨레를 감화시켰던 불교나 유교처럼 기독교 신앙은 공평무사한 지도자와 인재들을 배출해 내고 있습니까? 이것은 가슴에 손을 얹고 같이 고민해 볼 질문이 아닐 수 없습니다. 적어도 우리 세대는 근현대사의 초입에 한국 교회가 발휘했던 지도력을 충분히 계승하는 데 역부족을 보이고 있습니다. 기독청년들은 한국 교회의 영적 쇄신과 신학적 사유의 성숙, 신앙 실천의 심화를 통해 공평과 정의가 강물처럼 흐르는 공동체로 한국 사회를 변혁하는 사명 수행에 적극 나서야 합니다. 우리는 여기서 단지 한 나라의 중심 종교가 불교인지, 유교인지, 기독교인지에 관심을 피력하는 것이 아닙니다. 보다 중요한 것은 '어떤 종교의 신앙 실천이 하나님의 통치 원리에 더욱 충실한가'입니다. 기독교회는 스스로 주창하는 그 절대적 진리(예수 그리스도를 통한 하나님의 구원과 하나님 나라)의 신봉자다운 절대적인 의미의 진리 실천에 투신해야 할 사명을 갖고 있습니다. 한국의 그리스도인들은 기독교 신앙의 절대적 옳음을 자기 자신에게 선포하고 그 실천의 책임을 능히 감당해야 합니다. 타종교에 대한 피상적 우월감을 피력하거나 우리 민족사의 한 시기에 상당한 고등종교 역할을 맡은 타종교를 폄하하는 것은 기독교회 본연의 일이 아닙니다. "나는 길이요, 진리요, 생명이니 나로 말미암지 않고는 아무도 아버지께로 갈 자가 없다"라는 예수님의 말씀(요 14:6)은, 그리스도인들이 타종교에 대한 기독교의 우월성을 강조할 때 동원할 말씀이 아니라, 그리스도인들 스스로가 자기 자신에게 절대적 진리의 절대적 실천 책임을 물을 때 호소해야 할 말씀입니다. 우리나라의 애국가는 대한민국이 하나님 나라가 완성될 때까지 존속되기를(대한민국 만세!) 간절히 바랍니다. 그러기 위해서는 대한민국이 하나님 나라를 닮아야 합니다. 이런 점에서 볼 때 다니엘서 5장의 "메네 메네 데겔 우바르신"의 메시지는 하나님의 계시가 분명합니다. 하나님께서 한 나라나 왕의 통치 연대를 정하실 때, 가난한 자들에 대한 공동체의 사랑과 돌봄, 권력 엘리트들의 탈법과 불법을 막는 사법적 견제력, 그리고 억울하게 희생당하는 사회 구성원들을 위한 사회적 재활 및 복구 에너지의 총 양을 측량하셔서 각 나라의 존속 연대를 정하신다는 사실은 참으로 두렵고 떨리는 진리가 아닐 수 없습니다.

　　과연 어떤 정치학과 경제학에서 가난한 자들에 대한 자비와 공평의 실현이 국가 존속의 핵심요건이라고 가르칩니까? 이런 방식의 국가 존속연대 결정 원리는 오로지 성경에서만 발견되는 하나님 나라 정치학이요 하나님 나라 경제학입니다. 그러면서도 성경이 선포하는 하나님의 말씀은 보편적으로 적용되는 진리입니다. 땅의 가난한 자들에 대한 하나님의 계약적 투신과 자애로운 감찰이 없다면, 이 세상은 단 한시도 존속할 수 없을 것입니다. 가난한 자들에 대한 하나님의 애끓는 마음은 미시경제학이나 거시경제학이나 다른 어떤 정치경제학도 상상할 수 없을 정도로 깊고 넓습니다. 한 나라의 존속연대는 가난한 자들의 불행 정도, 탄식 정도, 한숨과 눈물의 양에 의해 결정됩니다. 벨사살의 통치로 대표되는 바벨론 제국은 가난하고 연약한 자들을 정복하고 유린하고 압제하며 자기 영화를 이룬 나라이기에, 더 존속하려면 과격하고도 급진적인 자기부인을 하지 않으면 안됩니다. 하나님은 바벨론 제국이나 벨사살 왕이 좀 더 존속하기 원한다면 가난한 자들을 자애롭게 대하라고 명령하십니다(4:27). 지배층 집단의 야수적인 폭력과 각축으로 유지되는 나라는 반드시 분열되고 쇠락할 수밖에 없습니다. 벽에 나타난 그 마지막 글자, "우바르신"은 바벨론 제국의 종말을 암시하는 비어(秘語)였습니다.

"우바르신"은 "우"와 "바르신"의 합성어입니다. "우"는 '그리고'를 의미하는 접속사이고 "바르신"은 아람어 동사 '파라스'의 미완료형입니다. 히브리어 동등어인 "베레스"는 '나눠지다', '찢어지다'를 가리키는 말입니다. 즉 벨사살 왕의 나라가 공평과 정의의 무게가 적어서 메대와 바사 사람에게 나뉘어져 양도된다는 말입니다. 바벨론 제국의 속주 또는 인근 소왕국에 불과했던 메대와 바사(페르시아)가 바벨론 제국을 멸망시킬 강력한 나라들로 등장했다는 것입니다(28절). 이 무섭고도 적확한 글자 해석을 듣고서 벨사살 왕이 즉각 어떤 반응을 보였는지는 분명하지 않으나, 아마도 상당히 큰 충격을 받았을 것입니다. 벨사살이 자신이 약속한 대로 다니엘에게 큰 상을 내린 것을 보면, 그가 다니엘의 해석을 진지하게 수용했음을 알 수 있습니다. 왕은 다니엘에게 자주색 옷을 입히고 금 사슬을 그의 목에 걸어 주고 그를 위해 조서를 내려 나라의 셋째 통치자로 삼았습니다(29절). 그러나 그 연회가 있던 바로 그날 밤에 갈대아 왕 벨사살은 살해되었고, 메대 사람 다리오가 나라를 얻었습니다. 그때(주전 539년) 다리오의 나이는 62세였습니다(30절).

결론

역사로부터 아무것도 배우지 못하는 자는 역사적 격변의 희생자가 됩니다. 벨사살은 선대왕 느부갓네살의 교훈(4장)을 이해하지 못한 역사 문맹이었습니다. 그는 권력에 탐닉할 줄만 알았지 권력이 어떻게 유지되는지는 전혀 몰랐습니다. 느부갓네살의 광기와 왕권 상실 및 회복 과정은 바벨론 제국 황제들의 경험을 역사적 서사(敍事)로 재구성한 이야기일 가능성이 큽니다. 그것은 느부갓네살 한 사람의 경험이 아니라 다른 왕들도 누구나 부분적으로 경험하는 내용입니다. 자기가 이룬 업적에 도취되어 자랑을 일삼고 권력을 남용하다가 왕위를 잃고(왕적 총명과 위엄의 상실을 시적으로 표현) 광야로 추방되고, 그 후에 다시 왕에 합당한 총명과 위엄을 되찾는 이야기는 모든 왕들의 보편적 경험일 수 있습니다. 이것은 어느 시대나 나타날 수 있는 최고권력자인 왕의 정신적 진화 혹은 퇴화 과정입니다. 벨사살은 이런 왕의 정신적 진화 혹은 퇴화를 겪은 선대왕 느부갓네살의 역사에 대해 아무것도 모르는 자였습니다. 이것이 그의 비극이었습니다. 5장은 역사로부터 아무것도 배우지 못한 자는 역사의 실패를 되풀이할 수밖에 없다는 진리를 예해합니다. 과연 벨사살은 부왕의 교훈과 역사의 교훈을 망각함으로써 심판을 초래했습니다. 자기가 성취한 업적에 도취되어 주지육림의 연회에 탐닉하다가 멸망을 맞이했습니다. 막강한 권력을 위임받은 왕이라는 지도자는, 강한 자들의 욕망이 범람하지 못하도록 막는 하나님의 견제장치인 것을 알지 못한 것입니다. 그는 강한 자들을 억제하고 가난한 자들을 자유케 하는 것이 바벨론 제국을 일으킨 하나님의 섭리인 것을 이해하지 못한 채 권력을 사유화하다가 망했습니다.

고대 근동의 역사 무대에서 막강한 바벨론 제국의 등장은 주변 작은 나라들의 지배구조를 심각하게 흔들고 약화시켰습니다. 바벨론 제국의 등장으로 인해 작은 나라들 안에서 가난한 자들을 착취하던 토착 왕조가 무너지기도 했습니다. 그 결과, 가난한 농민들이 숨 쉴 여유를 갖게 되었고 빈천한 농민이 경작할 토지를 얻기도 했습니다(왕하 25:12, 사 10:10-11 참조). 이런 의미에서 바벨론 제국이 시리아 팔레스틴의 소왕국들을 정복하고 공격한 것은, 역설적으로 각 지역 소왕국들 안에서 시달리던 농민들을 자유케 한 행위였을 수도 있습니다. 마치 18세기 말과 19세기 초에 일어난 프랑스 나폴레옹의 유럽 절대왕정 타파 전쟁이 절대왕정에 시달리던 농민들을 해방시키는 전쟁의 성격을 띤 것과 같습니다. 바벨론 제국이라는 압도적 대국의 출현이 인근 지역의 소왕국들 안에 누적된 정치경제적 모순을 해소시키는 계기가 되었다는 것입니다(4:21). 그러한 하나님의 섭리를 입고 일어난 바벨론이 하나님의 섭리를 넘어서 야수적인 정복 국가로 변해 버렸습니다(사 10:7-9). 하지만 바벨론은 자신이 하나님의 신적 공평과 정의 실현을 위해 강대국으로 부상되었다는 사실을 모른 채 자기 길을 가다가 망하고 만 것입니다.

참으로 세계를 제패한 바벨론 왕의 권력은, 공평과 정의 실현을 위해 하나님께서 한시적으로 위임해 주신 권력이었습니다. 하나님이 세우신 바벨론 왕은 자신이 하나님의 저울에 달려 평가받을 존재라는 사실을 숙지했어야 했습니다. 하늘에 계신 하나님께서 자신에게 맡긴 권력을 의롭게 사용했어야 했습니다. 그러나 바벨론 제국의 왕들은 하나님이 맡기신 권력을 남용하고 악용하여 지주들과 사제들과 무사들을 우대하고 가장 가난한 백성들은 학대하고 업신여겼습니다. 왕과 그 주변에 모인 자들은 오로지 그 권력을 세습받아 자신들의 부귀영화를 유지하고 누렸습니다. 그들은 가난한 백성들이 피땀 흘려 얻은 열매를 땀 흘리지 않고 먹는 불한당들이었습니다. 왕과 그 주변의 귀족과 엘리트들은 고된 생존의 노동 없이도 연일 연회를 벌일 수 있는 자들이었습니다. 서로마 제국의 멸망기인 5세기경, 로마 제국의 왕과 귀족들도 1년에 180일 이상을 공휴일로 제정하여 유흥과 주연에 탐닉했다고 전해집니다. 로마 제국을 떠받치는 노예들의 노동에 의존하여 왕과 지배층은 죽음의 잔치를 벌였던 것이지요. 왕궁과 귀족들과 고관대작들이 사는 집 높은 담벼락 아래는 문란한 성생활의 결과로 태어났다가 버려진 유아들의 시신들로 가득 차 있었습니다. 최고지도자의 영적 민감함이 무뎌지고 위험 감지 시스템이 망가진 나라는 망조가 든 나라입니다. 바벨론은 이런 종류의 망조가 든 나라였다. 벨사살 왕이 만취하고 우상숭배에 몰두한 것은 임박한 멸망의 징후였습니다.

벨사살 왕은 하나님에 대한 최소한의 경외심마저 없던 아주 세속화된 군주였습니다. 그는 권력을 남용하며 권력의 치명적인 미각에 탐닉했지만, 그 위임된 권력에 담긴 숭고한 뜻은 전혀 파악하지 못했습니다. 멸망의 때가 다가와 문 앞에서 서성이고 있는데도, 술에 취하고 자기영화에 도취되어 있었던 것입니다. 술 취함은 현실도피이며 망각입니다. 죄인들은 실재에서 벌어지는 일을 피하려고 술에 은신합니다. 술에 취한 인간은 실재의 세계에서 벌어지는 사태의 의미를 전혀 포착하지 못합니다. 이사야 당대의 유다 왕족과 지주들은 하나님의 심판의 손길이 작동하고 있는 고대 시리아 팔레스틴의 역사적 실재를 전혀 감지하지 못한 채 비실재의 세계 속으로 도피했습니다(사 5:11-12). 벨사살은 자기 왕위를 빼앗기고 나라 전체가 멸망당할 위기에 처한 그 밤에도 술에 취해 있었습니다. 교만과 망각의 술에 취해 있었던 것입니다. 그가 술에 취해서 한 행동 가운데 가장 광기어린 행동은 야웨 하나님의 역사적 주재권을 업신여긴 것이었습니다. 야웨 하나님의 성전에서 약탈해 온 그릇들에 술을 부어 마시고 우상을 찬양하는 제의에 그것들을 사용한 것은, 야웨 하나님이 온 세계를 통치하시는 하나님인지 아닌지를 시험하는 듯한 오만방자한 행동이었습니다. 바로 그런 행동이 하나님의 심판을 초래했습니다(비교. 사 2:1-11).

벨사살과 같은 자는 세계 도처에 있습니다. 그들은 자신을 높이는 데서 한 걸음 더 나아가 자신이 이룬 성취에 도취되고 자신의 성취가 가져다준 권력을 극단까지 사용합니다. 멸망의 날이 코앞에 다가와도 그들은 알지 못합니다. 우리가 사는 이 시대는 가히 자아숭배의 세기입니다. 자기를 숭배하고 자신의 매력을 극대화하고 상품화해서 이익을 얻으려는 시대입니다. 과도한 자부심의 문화와 자기선전의 문화가 지배하는 현대 사회에서 교만은 악이 아니라 덕처럼 칭송받기도 합니다. 운동 경기나 전쟁, 시장 선점에서 이긴 자들의 자기도취적 환호성을 어디서나 들을 수 있습니다. 세계는 온통 이긴 자들의 자기자랑 이야기로 가득 차 있습니다. 이들은 벨사살과 같은 인간들입니다. 벨사살처럼 자신의 권력과 부귀영화에 취해서 하나님의 저울을 무시하는 자가 바로 무신론자입니다. 그들은 하나님이 얼마나 위대하고 전능하신 분이신지 알지 못합니다. 교만은 인간의 자아를 무한히 부풀려서, 하나님은 너무 작게 보게 만들고 자신은 지나치게 크게 보게 만듭니다. 그렇게 부풀려진 자아를 가진 인간의 눈에는 하나님이 보이지 않습니다. 교만의 죄는 하나님의 영광을 볼 수도 없고 이해할 수도 없게 만듭니다.

바벨론 제국이 동원한 세속적인 지혜도 제국의 역사 속에 작용하는 하나님의 심판 동선을 포착하는 데 무력했습니다. 세속 학문은 실용적이고 유용하지만, 정작 역사의 주재자이며 왕조의 흥망성쇠를 결정하시는 하나님의 심판 앞에서는 무기력합니다. 이사야서 19장에서 애굽의 지혜자들이 애굽의 역사를 파국으로 몰아가는 하나님의 심판 동선을 감지하지 못해 좌절하고, 두로와 시돈의 지혜자들이 하나님의 심판 동선을 감지하지 못해 망연자실하듯이, 바벨론 제국이 섬기는 우상들은 바벨론 제국의 장래 일을 말해 줄 어떤 능력도 갖지 못했습니다. 다니엘서 1-5장에서 바벨론 왕국 소속의 최고 지혜자들은 세 번씩이나 왕 앞에 불려나와 제국과 관련하여 거룩하게 계시된 진리를 말해 보라는 명령을 받았으나 세 번 다 좌절했습니다. 그들은 무능력을 인정하지 않을 수 없었습니다. 경제학, 정치학, 경영학 같은 세속적인 지혜는 가장 중요하고 영원한 삶의 쟁점에 대해서는 어떤 대답도 주지 못합니다. 그런 학문들은 이 땅에서의 지극히 순간적인 욕망을 다룹니다. 그런 학문들은 인간의 생각을 초월해 이루어지는 하나님의 속마음을 헤아릴 길이 없습니다(사 55:8, 9, 롬 11:33-36, 고전 1:18-25; 2:6-16). 이처럼 세속 학문은 역사 속에서 일하시는 하나님의 손길을 감지하지 못합니다(사 5:17, 19). 이사야서는 세속 학문들이 감지하지 못한 바벨론의 홀연한 멸망을 다음과 같이 묘사합니다.

> 처녀 딸 바벨론이여, 내려와서 티끌에 앉으라. 딸 갈대아여, 보좌가 없어졌으니 땅에 앉으라. 네가 다시는 곱고 아리땁다 일컬음을 받지 못할 것임이라. 맷돌을 가지고 가루를 갈고 너울을 벗으며 치마를 걷어 다리를 드러내고 강을 건너라. 네 속살이 드러나고 네 부끄러운 것이 보일 것이라. 내가 보복하되 사람을 아끼지 아니하리라. 우리의 구원자는 그의 이름이 만군의 여호와 이스라엘의 거룩한 이시니라. 딸 갈대아여, 잠잠히 앉으라. 흑암으로 들어가라. 네가 다시는 여러 왕국의 여주인이라 일컬음을 받지 못하리라. 전에 내가 내 백성에게 노하여 내 기업을 욕되게 하여 그들을 네 손에 넘겨주었거늘 네가 그들을 긍휼히 여기지 아니하고 늙은이에게 네 멍에를 심히 무겁게 메우며 말하기를 내가 영영히 여주인이 되리라 하고 이 일을 네 마음에 두지도 아니하며 그들의 종말도 생각하지 아니하였도다. 그러므로 사치하고 평안히 지내며 마음에 이르

기를 나뿐이라. 나 외에 다른 이가 없도다. 나는 과부로 지내지도 아니하며 자녀를 잃어버리는 일도 모르리라 하는 자여, 너는 이제 들을지어다. 한 날에 갑자기 자녀를 잃으며 과부가 되는 이 두 가지 일이 네게 임할 것이라. 네가 무수한 주술과 많은 주문을 빌릴지라도 이 일이 온전히 네게 임하리라. 네가 네 악을 의지하고 스스로 이르기를 나를 보는 자가 없다 하나니 네 지혜와 네 지식이 너를 유혹하였음이라. 네 마음에 이르기를 나뿐이라. 나 외에 다른 이가 없다 하였으므로 재앙이 네게 임하리라. 그러나 네가 그 근원을 알지 못할 것이며 손해가 네게 이르리라. 그러나 이를 물리칠 능력이 없을 것이며 파멸이 홀연히 네게 임하리라. 그러나 네가 알지 못할 것이니라(사 47:1-11).

E. H. 카아는 『역사란 무엇인가』라는 책에서 역사 변동의 원리를 설명할 때, 하나님의 행동을 역사 변동의 원인이라고 주장하는 성경적 역사관을 힘을 다해 배척합니다. 카아와 같은 세속 역사가들은 한 나라의 몰락과 멸망을 설명할 때, 정치적·군사적·행정적 실수와 실책만을 중심 요인으로 설정하여 논합니다. 하지만 다니엘서는 하나님 원인론을 내세웁니다. 하나님의 성품과 의지의 빛 아래서 왕조나 제국의 흥망성쇠를 예측합니다.

본문에서 다니엘은 벨사살의 도덕적 교만과 왕이 가난한 자들을 홀대한 것, 그리고 제국의 상류층과 지배층의 도덕적 타락을 멸망의 원인으로 꼽습니다. 왕과 지배층의 도덕적 타락은 정책적 판단착오를 초래하고, 이 정책적 판단착오는 국민을 배반하고 분열시키는 정치를 낳게 되어 있습니다. 그 사이에 정치적 모반자와 새로운 권력 결집자들이 등장하게 마련입니다. 거기서 왕조가 교체되는 변란이 발생하게 되지요. 하나님의 역사 주재권을 인정하지 않고 하나님께 영광 돌리지 않는 통치자는 자기파멸의 길을 걷게 됩니다. 오랫동안 하나님께 불순종한 죄인은 자신의 눈앞에 다가온 심판조차 감지하지 못합니다. 회개하고 싶어도 그렇게 하지 못합니다. 오랫동안 누적된 불순종과 불경건의 삶이 하나님께 순복할 힘마저 앗아 가기 때문입니다. 이것은 무서운 진리입니다. 예수님 당시의 헤롯 체제, 안나스와 가야바의 성전 체제는 임박한 멸망(주후 70년 로마 장군 티투스의 예루살렘 성전 함락)의 그림자를 감지하지 못했습니다. 인자의 오심은 사람들에게 인정받지 못했습니다. 예수님은 하나님께서 최후 심판 직전에 보내 주신 방주였는데, 이스라엘은 그 방주를 거절한 것입니다.

무화과나무의 비유를 배우라. 그 가지가 연하여지고 잎사귀를 내면 여름이 가까운 줄을 아나니 이와 같이 너희도 이 모든 일을 보거든 인자가 가까이 곧 문 앞에 이른 줄 알라. 내가 진실로 너희에게 말하노니 이 세대가 지나가기 전에 이 일이 다 일어나리라. 천지는 없어질지언정 내 말은 없어지지 아니하리라. 그러나 그날과 그때는 아무도 모르나니 하늘의 천사들도, 아들도 모르고 오직 아버지만 아시느니라. 노아의 때와 같이 인자의 임함도 그러하리라. 홍수 전에 노아가 방주에 들어가던 날까지 사람들이 먹고 마시고 장가들고 시집가고 있으면서 홍수가 나서 그들을 다 멸하기까지 깨닫지 못하였으니 인자의 임함도 이와 같으리라. 그때에 두 사람이 밭에 있으매 한 사람은 데려가고 한 사람은 버려둠을 당할 것이요 두 여자가 맷돌질을 하고 있으매 한 사람은 데려가고 한 사람은 버려둠을 당할 것이니라. 그러므로 깨어 있으라. 어느 날에 너희 주가 임할는지 너희가 알지 못함이니라. 너희도 아는 바니 만일 집 주인이 도둑이 어느 시각에 올 줄을 알았더라면 깨어 있어 그 집을 뚫지 못하게 하였으리라. 이러므로 너희도 준비하고 있으라. 생각하지 않은 때에 인자가 오리라(마 24:32-44).

의인이자 선지자인 세례자 요한의 목을 벤 헤롯과 성전 귀족들은 도래하는 하나님의 심판을, 주검더미에 몰려드는 독수리 떼의 실체를 보지 못했으나(마 24:28), 예수님은 정확하게 간파하셨습니다. 한 세대가 되기 전에 일어날 로마 제국의 이스라엘 파괴와 살육(주후 66-70년의 유대 반란과 로마 제국의 예루살렘 침략 전쟁)이 인자의 나라가 이 세상에 도래하기 직전의 전조임을 지적하셨습니다. 하나님의 아들을 대적하고 살해한 이스라엘의 종교권력은, 죽음의 잔에 취한 무신론적인 신념의 요새였습니다. 그들은 홍수처럼 쇄도하는 재난을 예측하지 못했습니다. 일차적으로 이 인자의 예언은 주후 70년 로마 제국의 티투스 장군이 예루살렘을 파괴하고 유린한 것으로 실현되었습니다. 그때, 이스라엘 종교권력의 중심인 성전과 정치권력의 중심인 헤롯 왕국은 아무 흔적도 없이 파괴되고 말았습니다. 하나님을 대적하는 나라와 왕은 하나님의 산 돌에 의해 파쇄될 우상에 불과한 것이었음이 드러난 것입니다.

석회벽에 나타난 하나님의 수기(手記)가 보여주듯이, 주지육림에 빠진 세계의 왕들은 연회장 맞은편 벽에 나타날 멸망의 선고를 기대해야 합니다. 전쟁을 통해 국력 신장을 꾀하는 자기숭배적 제국과 소수 인종을 박해하고 살해하는 강대국은 두려움 속에서 하나님의 수기를 기대해야 할 나라들입니다. 악독한 부동산 투기와 불의한 경제 활동으로 부를 축적하여 밤의 유흥문화를 즐기는 자들은 하나님의 심판 수기를 기대해야 합니다. 대한민국이 오래 존속되려면, 공평과 정의의 공동체로 거듭 태어나야 합니다. 불로소득으로 졸부가 된 불한당의 검은 돈이 흘러넘치는 밤의 주지육림과, 뇌물과 이권 수수로 양심과 영혼을 매매하는 만취 사태가 사라져야 합니다. 악독한 불로소득자, 부동산 투기로 돈을 번 자, 악한 법의 혜택으로 이익을 누린 자, 뇌물 수수로 부를 일군 자들은 모두 벨사살의 후예입니다. 그들이 벌이는 주지육림의 밤 잔치에 끼지 못하고 소외된 자가 복된 자입니다. 벨사살 왕궁의 잔치판 같은 사회에서 예수를 믿는 것은 만취한 벨사살의 문화로부터 구원을 받는 것입니다. 그것은 진리에 눈을 뜨는 일이며 양심에 타전되는 하나님의 심판 경보음을 듣는 일입니다.

6

기독청년들의 일상적 순교, 하루에 세 번씩 드리는 기도

다니엘 6장

다니엘 6장

다리오가 자기의 뜻대로 고관 백이십 명을 세워 전국을 통치하게 하고 또 그들 위에 총리 셋을 두었으니 다니엘이 그 중의 하나이라. 이는 고관들로 총리에게 자기의 직무를 보고하게 하여 왕에게 손해가 없게 하려 함이었더라. 다니엘은 마음이 민첩하여 총리들과 고관들 위에 뛰어나므로 왕이 그를 세워 전국을 다스리게 하고자 한지라. 이에 총리들과 고관들이 국사에 대하여 다니엘을 고발할 근거를 찾고자 하였으나 아무 근거, 아무 허물도 찾지 못하였으니 이는 그가 충성되어 아무 그릇됨도 없고 아무 허물도 없음이었더라. 그들이 이르되 이 다니엘은 그 하나님의 율법에서 근거를 찾지 못하면 그를 고발할 수 없으리라 하고 이에 총리들과 고관들이 모여 왕에게 나아가서 그에게 말하되 다리오 왕이여, 만수무강 하옵소서. 나라의 모든 총리와 지사와 총독과 법관과 관원이 의논하고 왕에게 한 법률을 세우며 한 금령을 정하실 것을 구하나이다. 왕이여, 그것은 곧 이제부터 삼십일 동안에 누구든지 왕 외의 어떤 신에게나 사람에게 무엇을 구하면 사자 굴에 던져 넣기로 한 것이니이다. 그런즉 왕이여, 원하건대 금령을 세우시고 그 조서에 왕의 도장을 찍어 메대와 바사의 고치지 아니하는 규례를 따라 그것을 다시 고치지 못하게 하옵소서 하매 이에 다리오 왕이 조서에 왕의 도장을 찍어 금령을 내리니라. 다니엘이 이 조서에 왕의 도장이 찍힌 것을 알고도 자기 집에 돌아가서는 윗방에 올라가 예루살렘으로 향한 창문을 열고 전에 하던 대로 하루 세 번씩 무릎을 꿇고 기도하며 그의 하나님께 감사하였더라. 그 무리들이 모여서 다니엘이 자기 하나님 앞에 기도하며 간구하는 것을 발견하고 이에 그들이 나아가서 왕의 금령에 관하여 왕께 아뢰되 왕이여, 왕이 이미 금령에 왕의 도장을 찍어서 이제부터 삼십 일 동안에는 누구든지 왕 외의 어떤 신에게나 사람에게 구하면 사자 굴에 던져 넣기로 하지 아니하였나이까 하니 왕이 대답하여 이르되 이 일이 확실하니 메대와 바사의 고치지 못하는 규례니라 하는지라. 그들이 왕 앞에서 말하여 이르되 왕이여, 사로잡혀 온 유다 자손 중에 다니엘이 왕과 왕의 도장이 찍힌 금령을 존중하지 아니하고 하루 세 번씩 기도하나이다 하니 왕이 이 말을 듣고 그로 말미암아 심히 근심하여 다니엘을 구원하려고 마음을 쓰며 그를 건져내려고 힘을 다하다가 해가 질 때에 이르렀더라. 그 무리들이 또 모여 왕에게로 나아와서 왕께 말하되 왕이여, 메대와 바사의 규례를 아시거니와 왕께서 세우신 금령과 법도는 고치지 못할 것이니이다 하니 이에 왕이 명령하매 다니엘을 끌어다가 사자 굴에 던져 넣는지라. 왕이 다니엘에게 이르되 네가 항상 섬기는 너의 하나님이 너를 구원하시리라 하니라. 이에 돌을 굴려다가 굴 어귀를 막으매 왕이 그의 도장과 귀족들의 도장으로 봉하였으니 이는 다니엘에 대한 조치를 고치지 못하게 하려 함이었더라. 왕이 궁에 돌아가서는 밤이 새도록 금식하고 그 앞에 오락을 그치고 잠자기를 마다하니라. 이튿날에 왕이 새벽에 일어나 급히 사자 굴로 가서 다니엘이 든 굴에 가까이 이르러서 슬피 소리 질러 다니엘에게 묻되 살아 계시는 하나님의 종 다니엘아, 네가 항상 섬기는 네 하나님이 사자들에게서 능히 너를 구원하셨느냐 하니라. 다니엘이 왕에게 아뢰되 왕이여, 원하건대 왕은 만수무강 하옵소서. 나의 하나님이 이미 그의 천사를 보내어 사자들의 입을 봉하셨으므로 사자들이 나를 상해하지 못하였사오니 이는 나의 무죄함이 그 앞에 명백함이오며 또 왕이여, 나는 왕에게도 해를 끼치지 아니하였나이다 하니라. 왕이 심히 기뻐서 명하여 다니엘을 굴에서 올리라 하매 그들이 다니엘을 굴에서 올린즉 그의 몸이 조금도 상하지 아니하였으니 이는 그가 자기의 하나님을 믿음이었더라. 왕이 말하여 다니엘을 참소한 사람들을 끌어오게 하고 그들을 그들의 처자들과 함께 사자 굴에 던져 넣게 하였더니 그들이 굴 바닥에 닿기도 전에 사자들이 곧 그들을 움켜서 그 뼈까지도 부서뜨렸더라. 이에 다리오 왕이 온 땅에 있는 모든 백성과 나라들과 언어가 다른 모든 사람들에게 조서를 내려 이르되 원하건대 너희에게 큰 평강이 있을지어다. 내가 이제 조서를 내리노라. 내 나라 관할 아래에 있는 사람들은 다 다니엘의 하나님 앞에서 떨며 두려워할지니 그는 살아 계시는 하나님이시요 영원히 변하지 않으실 이시며 그의 나라는 멸망하지 아니할 것이요 그의 권세는 무궁할 것이며 그는 구원도 하시며 건져내기도 하시며 하늘에서든지 땅에서든지 이적과 기사를 행하시는 이로서 다니엘을 구원하여 사자의 입에서 벗어나게 하셨음이라 하였더라. 이 다니엘이 다리오 왕의 시대와 바사 사람 고레스 왕의 시대에 형통하였더라.

다니엘은 왕조가 교체되어도 살아남은 지혜자요 국가 경영 자문관으로 맹활약하고 있었습니다. 바벨론 제국이 망하고 페르시아 제국이 세계의 패권을 잡았을 때에도 그는 여전히 이방군주의 구중궁궐에서 하나님의 세계 통치를 대행하고 있었습니다. 오히려 갈수록 승진하고 있었습니다. 다니엘은 시편 1편이 말하는 바로 그 물가에 심은 나무 같은 신앙인입니다. 어떻게 다니엘은 청소년 시절에 품었던 영적 지조와 절개를 노인이 될 때까지 지키고 발전시킬 수 있었을까요? 우리는 본문에서 한 가지 실마리를 얻습니다. 그것은 그의 체질화된 기도생활입니다.

6장은 다니엘의 기도생활을 좌절시키려는 극한 환난을 소개하고 있습니다. 다니엘은 이제 자신의 생애 가운데 가장 어려운 시련에 직면해 있습니다. 땅의 세계를 지배하는 페르시아 왕의 어인(御印, royal seal)이 찍힌 칙령이 내려져 한 달 동안 하나님께 기도드리는 것을 금지한 것입니다. 그의 대적과 경쟁자들이 다니엘을 파멸시키기 위해 꾸며낸 음모가 시작된 것입니다. 페르시아의 국법에 따르면, 어인이 찍힌 칙령은 왕도 취소할 수 없는 변경 불가한 명령이었습니다. 세계를 지배하고 통치하는 페르시아 제국의 왕이 내린 칙령은 현실을 지배하는 법이었습니다. 하나님의 말씀을 듣고 하나님께 기도하며 매순간 하나님께서 내리시는 명령에 청종하는 것을 막는 현실이었습니다.

페르시아 왕의 어인이 찍힌 조서는 최종적이고 궁극적인 현실처럼 보입니다. 이제 다니엘에게는 두 가지 선택만 남았습니다. 현실에 순응하면서 기도를 멈출 것인가, 아니면 페르시아의 어인의 힘보다 더 강한 하나님의 어인이 찍힌 칙령을 기대하면서 기도를 감행할 것인가? 마침내 다니엘은 순교적 각오로 기도합니다. 그리고 페르시아 왕의 어인이 찍힌 조서를 무효화하는 하나님의 어인이 찍힌 조서를 받습니다. 기도를 금지할수록 다니엘의 기도생활은 위력을 더합니다. 성도가 하나님께 기도하는 것을 금지하는 페르시아 왕의 조서는 여러 가지 모습으로 나타날 수 있습니다. 실제 생활에서 기도의 힘을 믿지 않거나 기도해도 소용이 없다고 하며 의심하고 불안해하는 것이 페르시아 왕의 어인이 찍힌 조서일 수 있습니다. 하지만 기독청년들은 기도가 한 나라의 법을 바꾸는 힘임을 기억하고 기도에 정진해야 합니다.

다니엘 기도 금지법을 선포한 페르시아 제국(1-9절)

이제 바벨론 제국은 망하고 페르시아 제국이 세계의 패자(覇者)가 되었습니다. 다니엘은 여전히 세계를 지배하는 제국의 권력 심장부에 남아 중책을 감당하고 있었습니다. 페르시아 제국의 다리오 왕은 고관 120명을 세워 전국을 통치하게 했는데(1절), 그 120명의 지방총독을 다스리기 위해 세 명의 중앙총리를 세웠습니다. 다니엘은 그 세 명 가운데 한 사람이었습니다(2절). 다니엘을 비롯한 중앙총리들은 지방총독들을 감독하는 자로서, 지방총독에게서 재정보고를 받아 왕의 국가 재정이나 통치력 누수를 막는 일을 맡았습니다(2절). 다리오 왕은 다니엘이 마음이 민첩하여 총리들과 고관들 위에 뛰어나므로 그를 세워 전국을 다스리는 총통급 총리로 삼고자 했습니다(3절). 이런 왕의 인사 의중을 알아차린 나머지 두 총리와 지방총독들은 다니엘을 향해 질투심을 느낀 나머지 그를 해칠 모의를 찾게 되었습니다. 하지만 그들은 국사(國事)에 관해서는 다니엘을 고발할 아무런 허물을 찾지 못했습니다. 그가 한 치의 그릇됨도 없고 아무 허물도 없이 자기 직임에 최선을 다했기 때문이었습니다(4절). 그렇게 높은 관직에 있으면서도 권력 남용이나 권력 비리가 없었다는 것은 순교자의 마음으로 관직을 수행했음을 의미합니다. 고위직에 있으면서도 뇌물을 받지 않고 자기 월급만으로 살면서 근무시간을 엄수하는 충성스러운 공무원은 순교자입니다. 아마도 우리나라가 현재 수준으로나마 유지되는 것도 어딘가에서 숨어 일하는 순교자적 공무원들 덕분일 것입니다. 세일즈 영업을 하는 사무원이나 동사무소에서 일하는 9급 공무원에게도 권력 남용의 위험은 늘 도사리고 있습니다. 그런 자리에서도 이득을 보려고 마음을 먹으면 얼마든지 그렇게 할 수 있습니다. 그런데 다니엘은 그토록 오랫동안 공직생활을 하고 최고위직에 있었음에도 아무런 흠이 없었습니다.

다니엘은 살아 있는 순교자였던 것입니다. 오늘날은 예수님의 십자가 죽음을 할부금 넣듯이 미분하여 살아 내는 일상적 순교자가 필요한 시대입니다. 권력기관에서 종사하는 모든 그리스도인들이 양심이 경각되어 순교할 각오로 청렴성을 지킬 수 있을 때, 성서한국은 곧 이루어질 것입니다. 성서한국은 특정 도시를 하나님께 봉헌하자는 식의 도발적이고 공격적인 태도보다는 눈에 보이지 않게 청렴을 유지하고 뇌물을 거절하면서 자기 월급만으로 살아가기로 결단하는 기독공무원들과 기독교사들, 그리고 부당한 이익을 거절하며 의로운 방법으로 이익을 남기려는 기독실업가들과 회사원들의 결단에서 시작됩니다. 물론 그처럼 경건하게 산다고 해서 만사가 형통한 것은 아닙니다. 다니엘의 경우처럼 순결하고 정직하기 때문에 박해와 질시의 대상이 될 수도 있습니다. 다니엘은 탁월한 실력과 정직한 직장윤리를 실천했기 때문에 오히려 동료들의 질시와 미움을 받아 궁지에 몰리게 되었습니다. 하나님의 율법에 대한 충성심을 흠잡는 것 외에는 다니엘에게서 어떤 흠도 잡을 수 없다는 것을 안 대적자들은, 일명 '다니엘 박해법'이라고 할 수 있는 법령을 발의하기에 이르렀습니다(5-7절). 그것은 30일간의 기도 금지법이었습니다.

 총리들과 고관들이 모여 왕에게 "다리오 왕이여, 만수무강 하옵소서"라는 의례적 인사를 마치고 본론을 꺼냈습니다(6절). 그들은 나라의 모든 총리와 지사와 총독과 법관과 관원이 공모하여 기안한 집단발의의 형식을 빌려서 한시적이지만 가장 엄중한 기도 금지 법령을 제정하여 반포해 줄 것을 왕에게 요청했습니다. 그들이 발의한 법령은 "이제부터 삼십 일 동안에 누구든지 왕 외의 어떤 신에게나 사람에게 무엇을 구하면 사자굴에 던져 넣기로" 한다는 것이었습니다(7절). 그들은 떼로 몰려가 이 금령을 반포하는 조서에 왕의 도장을 찍어 메대와 바사의 법령절대불개변의 관습을 따라 그것을 다시 고치지 못하게 해달라고 강청했습니다(8절). 어처구니 없는 악법이었으나 다리오는 조서에 왕의 도장을 찍어 금령을 반포했습니다(9절). 왕도 고칠 수 없다는 법령절대불개변의 원칙을 의미하는 어인이 찍힌 법령이었습니다. 이것은 다리오가 총애하는 다니엘을 왕 스스로도 구해 낼 수 없게 만들려는 대적들의 음모였습니다. 세계사나 한국현대사에는 이런 어처구니없는 악한 법들이 일사천리로 제정되어 인권을 탄압하고 헌법에 보장된 양심보호 조항마저도 유린한 예들이 무수히 많습니다. 하나님이 감찰하시는 이 세계 속에서도 이런 극한의 어리석음과 악을 현실화하는 법들이 활개치고 있습니다. 이런 법들은 인간의 양심에 못 미치는 원리로 움직이는 법으로서, 악한 정권에서 발효하게 마련입니다. 인간 정신의 가장 더러운 영역에서 기안되고 발효되는 법은 대개 법치주의라는 탈을 쓰고 인륜과 상식을 유린하는 경우가 많습니다. 법보다 더 중요한 것은 "그것이 하나님의 정의와 공평, 자비와 진리에 기초한 법인가 아닌가"입니다. 페르시아 제국의 다니엘 박해자들은 법령절대주의에 빠져 다니엘의 순결한 양심을 압박했습니다. 다니엘은 어떻게 응답했을까요?

사자굴에 던져진 다니엘(10-17절)

다니엘은 정공법을 선택합니다. 10절은 이런 엄혹한 현실 속에서 빛을 발하는 다니엘의 영적 돌파력과 기개를 증언합니다. "다니엘이 이 조서에 왕의 도장이 찍힌 것을 알고도 자기 집에 돌아가서는 윗방에 올라가 예루살렘으로 향한 창문을 열고 전에 하던 대로 하루 세 번씩 무릎을 꿇고 기도하며 그의 하나님께 감사하였더라." 그는 왕의 어인이 찍힌 칙령을 알고도 습관대로 자신의 다락방에 올라가 예루살렘을 향해 창문을 열고 하나님께 기도한 것입니다. 하나님과 깊고 치열한 의사소통에 들어간 것입니다. 하나님이 페르시아 왕의 칙령을 무효화하실 수 있는 참 대왕이심을 인정한 것입니다. 페르시아의 왕이 지상을 다스리는 최고 왕이 아니라 하늘의 대왕이신 이스라엘의 하나님 야웨가 지상의 역사를 다스리고 계심을 인정한 것입니다. 비록 이스라엘이 야웨 하나님께 범죄하여 이역만리 이방 땅에 유배되었다 할지라도, 약속의 땅, 그중에서도 야웨께서 택한 성읍 예루살렘, 그리고 그중에서도 야웨께서 당신의 이름을 두시려고 택하신 성전을 향해 기도하면, 하나님께서 하늘 성소에서 들으시고 그들의 죄를 용서하시고 그 기도에 응답해 주시기를 구했던 솔로몬의 중보기도에 기초해서 기도했던 것입니다(왕상 8:46-49).

다니엘은 예루살렘을 향해 난 창문을 열어 놓고 하루에 세 번씩 하나님의 칙령이 페르시아 왕의 칙령을 무효로 만들어 주기를 간청한 것입니다. 기도는 하나님의 통치를 믿는 사람들의 가장 강력한 무기입니다. 기도는 페르시아와 같은 현실을 하나님의 현실로 전복시키는 하나님의 통치 수단입니다. 하나님께서는 인간에게 이 땅을 다스리도록 위임하셨기에 인간의 역위임을 받으신 후에 인간 역사에 개입하시기를 기뻐하십니다. 우리는 하나님께서 맡기신 지상 통치의 위임을 기도를 통해 다시 하나님께 양도해 드림으로써 하나님의 개입을 요청해야 합니다. 하나님의 권능과 지혜가 이 땅의 폐쇄적인 질서를 재편하도록 간구하는 것입니다. 이 기도는 하나님의 뜻에 정통한 이해를 가진 사람이 드릴 수 있는 왕적 책임인 것입니다. 이 땅이 페르시아 왕의 어인이 찍힌 칙령이 지배하는 현실로 전락하지 않도록 기도함으로써, 기독청년들은 하나님의 천지 주재권, 하나님 나라 통치 대권을 가슴 깊이 확신하고 영접할 수 있어야 합니다.

그럼에도 불구하고 하나님께 일편단심을 쏟아 내는 기도는 단기적으로 박해를 초래할 수 있고, 죽음의 위기에 내몰리는 역경을 불러올 수도 있습니다(딤후 3:10-12; 4:17-18, 히 11:32-34, 35-40). 마침내 다니엘 기도 금지법이 효력을 발하기 시작했습니다. 다니엘이 기도하자마자 그의 대적들이 페르시아의 변개할 수 없는 법령을 어긴 다니엘을 다리오 왕에게 고발했습니다(10-11절). 법령이 반포 후 삼십 일 동안에는 다리오 왕 외의 어떤 신이나 사람에게도 구해서는 안된다고 한 법령을 다니엘이 어겼다는 것입니다. "사로잡혀 온 유다 자손 중에 다니엘이 왕과 왕의 도장이 찍힌 금령을 존중하지 아니하고 하루 세 번씩 기도하나이다"(13절). 다리오 왕은 이 말을 듣고 심히 근심하여 다니엘을 구원하려고 낮 시간 내내 마음을 쓰며 힘을 다했지만 소용이 없었습니다(14절). 그는 막강한 권신들의 성화에 못 이겨 악한 법을 선포했으나 그 마음은 다니엘의 위태로운 처지에 함께하고 있었습니다. 하지만 다니엘의 대적들은 더욱 강경하게 왕의 온정주의와 동정심을 압도했습니다. 그들은 모여서 왕에게로 달려가 메대와 바사의 법령절대불개변의 규례 관습을 상기시키며(15절), 즉시 다니엘을 끌어다가 사자굴에 던져 넣으라고 강압했습니다(16절). 하는 수 없이 다리오 왕은 다니엘을 사자굴에 던져 넣으라고 명합니다. 하지만 왕은 다니엘을 사자굴에 던지면서 의미심장한 격려의 말을 건넵니다. "네가 항상 섬기는 너의 하나님이 너를 구원하시리라"(16절). 그러자 형집행자들이 돌을 굴려다가 굴 어귀를 막았습니다. 그리고 왕의 도장과 귀족들의 도장으로 입구를 봉했는데, 이것은 어떤 인간도 다니엘을 구할 수 없게 하기 위함이었습니다. 다니엘의 대적들이 왕이 만에 하나 다니엘에 대한 처벌을 철회할까 염려하여 강구한 일종의 이중 잠금장치였다고 볼 수 있습니다(17절).

역전된 운명, 사자굴에 던져진 다니엘의 대적들(18-28절)

원치 않게 충신 다니엘을 사자굴에 집어던진 다리오 왕은 깊은 번뇌에 빠졌습니다. 그는 궁에 돌아가서는 밤새도록 깨어 금식했고, 무희들과 주연이 곁들여진 오락을 그친 채 다니엘의 안위를 걱정했습니다(18절). 그것도 모자라 이튿날 새벽에 친히 급히 사자굴로 가서(19절) 혹시 살아 있을지도 모르는 다니엘의 이름을 슬피 부르며 하나님의 구원이 밤새 일어났는지 물었습니다. "살아 계시는 하나님의 종 다니엘아, 네가 항상 섬기는 네 하나님이 사자들에게서 능히 너를 구원하셨느냐"(20절). 다리오의 이 행위는 다니엘에 대한 애정 표현일 뿐 아니라 하나님의 개입으로 혹시 살아 있을지 모를 다니엘의 생존에 대한 믿음을 반영한 것처럼 보입니다. 그가 알아 온 다니엘의 이력을 볼 때 하나님의 구원 개입이 일어났을 가능성을 상정했던 것입니다. 아니나 다를까, 다리오 왕이 다니엘을 소리쳐 부르자 놀랍게도 저 아래 사자굴에서 다니엘의 목소리가 들려오는 것이 아닙니까? "왕이여, 원하건대 왕은 만수무강 하옵소서"(21절). "나의 하나님이 이미 그의 천사를 보내어 사자들의 입을 봉하셨으므로 사자들이 나를 상해하지 못하였사오니 이는 나의 무죄함이 그 앞에 명백함이오며 또 왕이여, 나는 왕에게도 해를 끼치지 아니하였나이다"(22절). 다니엘은 살아 있었던 것입니다. 22절에서 다니엘은 이 극적인 구출이 자신의 무죄를 결정적으로 입증하는 사태라는 점을 분명히 합니다. 이것은 다니엘을 무고(誣告)한 대적자들이 앞으로 받을 응분의 심판을 예기케 하는 말입니다.

다니엘의 생존을 확인한 다리오 왕은 너무 기뻐서 즉시 다니엘을 사자굴에서 불러올렸습니다. 다니엘의 온몸은 조금도 상하지 않았습니다. 그가 하나님을 믿었기 때문에 하나님의 보호를 받았던 것입니다(23절). 물론 여기서 우리는 이 다니엘의 사자굴 경험을 지나치게 문자적으로 해석하거나 일반화해서는 안될지도 모릅니다. 사자굴에 던져진 모든 시대의 성도들이 다니엘처럼 생전에 대역전을 경험한 것은 아니기 때문입니다. 실제로 수많은 순교 이야기에서는 이름 없는 많은 성도들이 사자굴에서 찢겨 죽음으로써 오히려 믿음의 승리를 확증했습니다. 아주 예외적인 경우에만 다니엘과 같은 대역전승을 이생에서 거두었을 뿐입니다. 따라서 우리는 다니엘의 하나님께 감사할 뿐만 아니라 당장 사자굴에서 우리를 건져 주지 않더라도 하나님께 감사해야 합니다. 하나님은 당장 우리를 사자굴에서 건져 주시지 않고 부활의 약속만 주신 채 우리의 몸이 사자에게 찢기게 내버려 두실 수도 있다는 것입니다. 우리는 어떤 처분이 내려지더라도 하나님을 믿고 감사드릴 태세를 늘 갖추는 것이 필요합니다.

그러나 본문에서는 하나님의 구원 개입이 일어났습니다. 다니엘이 사자굴에서 뚜벅뚜벅 걸어 나온 것입니다! 사자굴에서 멀쩡하게 살아나온 다니엘을 본 왕은, 이제 다니엘을 참소한 사람들을 끌어오게 하고 그들을 처자들과 함께 사자굴에 던져 넣어 버렸습니다. 그들이 굴 바닥에 닿기도 전에 사자들이 곧 그들을 움켜서 그 뼈까지도 부서뜨렸습니다(24절). 이런 운명의 대역전극을 지켜본 다리오 왕은 온 땅에 있는 모든 백성과 나라들과 언어가 다른 모든 사람들에게 의미심장한 조서를 내립니다(25절). "너희에게 큰 평강이 있을지어다"라는 의례적인 인사로 시작되는 이 조서는, 다니엘의 하나님을 공인하고 그의 절대 주권과 그의 나라를 찬양하는 내용입니다.

> 내 나라 관할 아래에 있는 사람들은 다 다니엘의 하나님 앞에서 떨며 두려워할지니 그는 살아 계시는 하나님이시요 영원히 변하지 않으실 이시며 그의 나라는 멸망하지 아니할 것이요 그의 권세는 무궁할 것이며, 그는 구원도 하시며 건져 내기도 하시며 하늘에서든지 땅에서든지 이적과 기사를 행하시는 이로서 다니엘을 구원하여 사자의 입에서 벗어나게 하셨음이라(26-27절).

이 조서의 메시지는 두 가지로 요약됩니다. 우선, 페르시아 제국 치하의 모든 백성이 다니엘의 하나님 앞에 떨며 두려워해야 한다는 것입니다. 이스라엘 민족이 비록 이역만리에 유배되어 사는 소수 민족이지만 그들의 하나님은 살아 계신 영원하신 하나님이기 때문입니다. 이스라엘 민족의 명운과는 독립적으로 존재하시는 영원하신 하나님입니다. 둘째, 페르시아가 세계 최강의 제국이지만, 이 나라마저도 다니엘의 하나님이 다스리시는 하나님 나라 아래 종속된 나라라는 것입니다. 하나님 나라는 멸망하지 않을 나라이며 하나님의 권세는 무궁합니다. 하나님의 권세가 무궁하다는 것을 온 페르시아 왕실과 백성이 다니엘을 구원하시는 하나님의 손길에서 보았습니다. 하나님의 권세는 하늘에만 무궁할 뿐만 아니라 땅에서도 무궁하다는 것을 강조한 것입니다. 이적과 기사는 하나님의 전공입니다. 이 두 가지 중요한 진리를 다리오 왕과 페르시아 왕실은 사자굴에서 다니엘을 구원해 주신 하나님의 권능에서 확증했던 것입니다. 다니엘의 충실한 경건생활과 청렴한 공직생활은 그를 직장 동료들의 미움과 질시의 대상이 되게 하고 급기야는 극한 고난을 초래하는 빌미가 되기도 했으나, 궁극적으로는 하나님께 큰 영광을 돌려드리는 장엄한 구원의 대반전 드라마를 낳는 계기가 되었습니다. 이렇게 해서 다니엘의 삶은 다리오 왕의 시대와 페르시아의 고레스 왕 시대까지 형통했습니다(28절).

결론

6장의 주제는 상록수 신앙과 그것의 비결인 습관적인 기도생활입니다. 일생 동안 조금씩 일관성을 갖고 신앙 원칙대로 살아가는 사람은 순교자입니다. 십대부터 백발이 될 때까지 순수성을 유지하는 것이 바로 순교적인 신앙입니다. 기독교 신앙은 그 자체가 순교 지향적입니다. 기독교회 자체가 순교자들의 피를 먹고 자란 나무이기 때문입니다. 기독청년들은 순교를 두려워할 필요가 없습니다. 뿐만 아니라 기독청년들이 죽는 방식에는 순교 외에 다른 방식이 없습니다. 물론 순교 외에도 자연사와 병사, 비명횡사, 혹은 수치스런 죽음이 있을 수 있으나, 이것은 기독청년들이 선호할 죽음의 방식이 아닙니다. 순교란 불멸의 가치를 위해 필멸의 목숨을 상대화하고 희생시키는 행위입니다. 어떤 점에서 순교란 사실 엄청 이익이 남는 영악한 이해타산입니다. 그것은 썩어질 생명을 죽이고 영원할 가치를 살리는 결단이기 때문입니다. 돈과 우정 사이에서 하나만 살려야 한다면, 기독청년들은 돈을 희생해서 우정을 살려야 할 것입니다. 잠시 지속될 욕망의 충족과 영원한 희락의 추구 가운데 하나를 취해야 한다면 기독청년들은 당연히 후자를 취해야 합니다. 여기서 돈을 죽이는 것이 일종의 순교이며 영원한 희락을 위해 잠깐의 쾌락을 포기하는 것이 순교입니다. 기독교 신앙 때문에 손해를 보고 의롭게 살다가 가난해질 수 있다면 그것이 바로 순교입니다. 순교에서 죽는 것은 썩어 없어질 욕망이며 옛 자아이지 영원한 생명이나 불멸의 가치는 죽지 않습니다. 그래서 기독청년들은 순교를 두려워하거나 순교에 직면해서 낙담하지 말아야 합니다.

    주후 590년에 교황 그레고리 1세가 된 힐데브란트 수도사가 말한 것처럼, 제자도를 실천하는 것이 곧 순교입니다. 그는 로마 제국의 창검이 그리스도인들을 더 이상 순교자로 만들지 않는다면 일상생활의 소소한 현장에서 비영웅적 순교자가 되어야 한다고 말했습니다. 예수님은 3년간 강렬하게 살다가 단번에 산화하는 순교를 하셨지만, 비영웅적인 순교자는 예수님의 그 격렬한 영단번의 죽음을 일생 동안 미분하듯 죽으며 살아갑니다. 할부금 넣듯이 서서히 죽어 가는 경험을 축적해 가는 것입니다. 매일 죽는 연습을 통해 죽는 것입니다. 오래 살면서 매일 조금씩 죽는 것, 이것이 바로 우리 기독청년들에게 기대되는 순교입니다.

오늘날 기독청년들이 경험할 수 있는 일상적인 순교에는 무엇이 있을까요? 매일 하루에 세 번 기도하는 것도 기독청년들에게는 일상의 순교겠지요? 이런 점에서 이슬람교인들의 습관적 기도생활은 그리스도인들에게 강력한 도전이 됩니다. 하루에 몇 차례나 온몸을 구부려 드리는 기도는 숙연한 분위기를 자아냅니다. 1,099일 동안 약 4년에 걸쳐 이스탄불에서 중국 시안까지 이르는 실크로드를 답파했던 프랑스 저널리스트 올리비에 베르나르가 쓴 여행기『나는 걷는다』에는, 그가 터키, 투르크메니스탄, 키르기스스탄, 카자흐스탄 등을 여행하면서 만난 이슬람교인들의 생활화된 경건(손님 환대)과 습관적 기도생활에 대한 인상 깊은 묘사가 빈번하게 나옵니다. 이슬람교인들은 정한 시간에 형식을 갖춰 기도합니다. 알라에 대한 그들의 충성심은 세속화된 그리스도인들의 자유로운 영적 이완을 부끄럽게 만들 정도입니다. 이슬람교인들보다 더 습관적이고 규칙적인 기도를 못하는 그리스도인들은 도대체 어디에서 영적 능력을 공급받을 수 있을까요?

어떤 사람들은 형식적인 기도생활이 뭐가 그리 중요하냐고 반문합니다. 매 순간 기도해야지 하루에 굳이 세 번 시간을 정해 놓고 기도하는 것은 경직된 율법주의가 아닌가 하고 반문합니다. 그러나 이것은 하루에 세 번 기도해 본 경험이 없는 사람들이 하는 의심입니다. 일단, 하루에 세 번씩 습관적으로 기도하는 일 자체가 거의 초인적인 성실과 인내와 훈련이 없고서는 불가능합니다. 습관 속에서 기도에 몰입해 본 경험이 있는 사람은 자신이 확보한 정한 시간의 기도생활을 빼앗기지 않으려고 합니다. 이처럼 기도에 몰입하기 위해 고요한 시간과 장소를 확보하는 사람에게 성령의 기름부음이 임합니다. 성령의 기름부음은 하나님의 능력 안에서 멱을 감는 것과 같은 효능을 가져다줍니다. E. M. 바운즈는 1901년에 쓴 『기도의 능력』이라는 책에서 기도생활의 신비한 능력과 영적 의미를 성령의 기름부음이라는 말로 간결하면서도 체험적으로 해설하고 있습니다.[9]

기름부으심은 서재가 아닌 기도의 골방에서 설교자에게 임합니다. 그것은 기도의 응답으로 주어지는 하늘의 보화이자 성령이 주시는 달콤한 힘입니다. 그것은 잉태시키고 채우며 부드럽게 하고 스며들게 하고 잘라 내고 위로하는 능력입니다. 그것은 다이너마이트 같은 말씀이 되게 합니다. 그것은 위로를 주는 말씀, 책망하는 말씀, 드러내는 말씀, 돌아보게 하는 말씀이 되게 합니다. 청중을 죄인으로 혹은 성도로 만들며, 어린 아이처럼 울고 거인처럼 살아가게 합니다. 그것은 마치 봄이 오면 새싹이 돋듯 청중의 마음이 자연스레 열리도록 합니다. 기름부으심은 천재에게 주어지는 능력이 아닙니다. 그것은 학문의 전당에서 찾을 수 없습니다. 어떤 화술로도 그것을 내 편으로 삼을 수 없으며, 어떤 사업으

---

9. E. M. 바운즈, 『기도의 능력』, 이현우 역 (서울: 좋은씨앗, 2009), 114-115.

로도 그것을 살 수 없고, 어떤 정통의 권위자도 그것을 수여할 수 없습니다. 그것은 하나님의 선물이며, 사자(使者)에게 내리시는 왕의 인장(印章)입니다. 그것은 선택받은 자에게 하늘이 내리는 기사작위입니다. 그것은 셀 수 없는 시간을 눈물과 씨름으로 기도하며 기름부으심의 영예를 구했던 진실하고 용맹스러운 자의 것입니다. 뜨거운 열심은 선하고 감동을 줍니다. 천재성은 뛰어난 재능과 자신만의 위대성을 드러냅니다. 고귀한 사상은 무지함에 빛을 밝히고 영감을 얻게 합니다. 그러나 죄의 사슬을 끊는 문제라면 얘기가 달라집니다. 그것을 위해 뜨거운 열심과 천재성과 고귀한 사상보다 강력한 신적인 능력이 있어야 합니다. 하나님을 떠나 부패한 심령들을 다시 하나님께로 돌이키려면 훨씬 큰 무엇이 필요합니다. 깨어졌던 관계를 회복하고 순결하고 능력 있는 교회의 옛 모습을 재건하려면 하나님이 주시는 기름부으심이 필요합니다. 다른 것은 아무 소용이 없으며 오직 기름부으심만이 이것을 감당할 수 있습니다.

우리는 이런 기도의 위인이 남긴 간증을 감동적으로 읽고 들으면서도 좀처럼 기도하기 힘든 시대에 살고 있습니다. 물론 시대를 탓할 수만은 없지만, 우리를 둘러싼 삶의 여건이 녹록치 않습니다. 생산성의 신화가 지배하고 효율과 가시적인 성과에 목맨 현대 사회에서 낮 시간을 삼등분해 기도하는 것은 하나님을 향해 거룩한 바보가 되기로 결단하지 않는 이상 시도하기조차 힘든 일입니다. 유대인들은 전통적으로 다니엘의 기도 습관을 따라서 오전 9시, 정오, 오후 3시에 기도합니다. 본문에서 다니엘이 이 세 시점에 기도했다는 말은 나오지 않지만, 유대인들은 자신들이 낮 시간에 드리는 세 번의 기도 전통이 다니엘에게서 유래했다고 믿습니다. 낮 동안에 세 번이나 시간을 내어 기도하려면, 먼저 피상적인 생산성의 신화, 속도에 대한 신뢰, 시간이 돈이라고 생각하는 말초적인 시간 이해를 극복해야만 합니다. 조금만 생각해 보면, 모든 사람이 24시간이라는 동일한 물리적 시간을 사용하는 것이 아님을 알 수 있습니다. 죄와 불순종의 사람에게 주어진 24시간은 방황과 심판, 불안과 공포 속에서 상실되는 시간입니다. 하나님을 향해 생동감 넘치는 신뢰와 감사와 찬양을 드리는 사람만이 온전한 시간의 선물을 향유할 수 있습니다. 기독청년들이여, 때가 악하니 세월을 아껴 기도에 정진하는 법을 배우기 바랍니다. 기도로 채워진 시간만이 의미 있는 족적을 남기고 참 생산성을 창조하는 시간임을 실험하고 경험해 보십시다.

20-30대에 기도를 체질화한 사람은 인생의 승리자입니다. 승리, 그것은 참 간절한 말입니다. 물론, 여기서 말하는 승리는 결과만을 보는 세상적 출세와 성공을 뜻하지 않습니다. 오히려 자신의 나약한 의지에 대한 승리, 미움에 대한 사랑의 승리, 패배주의와 무기력과 의기소침에 맞선 하나님을 향한 지치지 않는 신뢰의 승리를 말합니다. 기도하는 사람이 승리자라는 말은 그런 뜻입니다. 기도는 즐거운 고역입니다. 즐겁지만 육체를 쳐서 복종시켜야 하는 단련입니다. 신앙생활 중 가장 감미로운 부분이 기도생활입니다. 그러나 우리 기독청년들은 기도하지 않습니다. 바빠서, 게을러서, 기도의 위인들을 만나 도제처럼 배울 기회를 갖지 못해서, 그리고 기도의 효능을 믿지 못해서입니다. 기도는 마치 가내수공업과 같아서 그 기술을 전수받으려면, 열심히 기도하는 사람들과 함께 훈련받으면서 배우는 것이 가장 좋습니

다. 여호수아가 모세에게서 40년 동안 회막을 지키며 기도하는 훈련을 받았고, 제자들이 예수님에게서 3년간 기도 훈련을 받았듯이, 기독청년들은 기도 훈련을 통해 기도의 용사로 성장해야만 합니다. 우리는 성도에게 기도는 숨 쉬는 것처럼 자연스러운 활동이며 하나님 아버지(아바 아버지, 롬 8:15-26)와의 내밀한 인격적 교제라고 알고 있지만, 문제는 우리가 계속 숨을 쉬려고 하지 않는다는 것입니다. 그 결과는 죽음입니다. 그러나 당장 죽지는 않습니다. 그럼 어떻게 죽을까요? 영의 사람[靈人]이 아닌 육체의 사람[肉人]이 되어 살아감으로써 점진적으로 죽어 갑니다. 영의 사람이 영적인 호흡을 계속하여 영의 사람으로 살지 못하면 육체의 사람 모드(mode)로 살아갈 수밖에 없습니다(롬 8:5-11). 사납고 무서운 인간성, 마모된 야수적 인간성으로 살아가게 된다는 말입니다. 성경은 그렇게 사는 것을 "산다"고 말하지 않고 죽음을 산다고 말합니다. 사나운 눈빛, 꼭 다문 입, 패기와 경쟁심으로 빛나는 이마, 질 수 없다고 버티는 환도뼈의 각도서린 입상(立像)은 '죽음의 생기를 내뿜는 활기'이며 '세상적인 생명력'입니다. 이런 '죽음의 생기'는 을지로, 충무로, 신도림역, 뉴욕, 파리, 런던 등에 집단 군락지를 형성하고 있습니다. 우리가 기도하지 않고도 잘 살아갈 수 있다면, 그것은 아주 역설적이게도 죽음의 생기로 살아가는 것을 의미합니다. 죽음의 생기는 자기를 파멸로 몰아가고, 이웃을 해치며, 공동체를 파괴하고, 하나님을 모독하는 반생명·반창조·반그리스도적인 기운입니다.

기독청년들은 페르시아 제국의 어인이 찍힌 포고령과 같이 자신이 능히 극복할 수 없는 현실에 직면할 때, 두 가지 길 가운데 하나를 선택하게 됩니다. 체제 순응과 거룩한 불복종이 그것입니다. 기독청년들은 이때 거룩한 불복종을 선택해야 합니다. 예루살렘을 향해 열린 창문으로 달려가 하늘의 창문을 향해 아우성쳐야 합니다. 페르시아 왕의 칙령이 위협하듯 명령하는 현실을 하나님께 고해야 합니다. 오늘날 우리 주변에 얼마나 많은 페르시아 왕의 칙령이 남발되고 있습니까? 얼마나 많은 현실의 법들이 하나님께 기도하는 것을 금지하고 있습니까? 그러나 이때에도 예루살렘을 향해 열린 창문을 확보한 사람은 세상을 이길 수 있습니다. 페르시아의 어인이 찍힌 현실을 초극하고 돌파할 수 있습니다. 이런 기도의 용사들은 하나님의 초월적인 간섭을 생각하고 기대하며 예루살렘을 향한 창문을 열고 기도하는 가운데 태산과 같은 문제가 눈 녹듯 사라지는 것을 경험합니다. 기도는 옥문을 부수고 죄악의 쇠사슬을 녹입니다(행 16:25-26). 따라서 성도들은 어려운 일이 생길 때마다 기도의 시간 속에 몰입함으로써 세상의 여러 환난과 두려움을 이겨 낼 수 있습니다(빌 4:6-7).

예루살렘을 향해 열린 창문 아래서 기도하는 삶은 기도를 습관화한 삶입니다. 성경에 등장한 위대한 믿음의 사람들은 한결같이 습관화된 기도의 사람들이었습니다. 아브라함(이동할 때마다 단을 쌓는 기동성 넘치는 기도의 용사, 창 12:8; 13:18), 이삭(고요한 기도, 창 24:63; 26:25), 야곱(집요한 기도, 창 32:11; 35:1-4), 모세(중보기도, 출 33:12-23), 여호수아(새벽기도, 출 33:11, 수 3:1), 한나(절망을 이긴 기도, 삼상 1:11-16), 야베스(영토 확장과 번영을 구한 기도, 대상 4:9-10), 엘리야(불로 응답을 받은 기도, 왕상 18:30-38), 억울한 사연으로 마음이 찢긴 누가복음 18장의 과부(백절불굴의 기도), 마가의 다락방 120문도(합심기도, 행 1:6-21; 2:1-8)

등은 모두 기도의 용사들입니다. 이들은 간헐적이고 충동적인 기도의 사람이 아니라 습관화된 기도의 사람들입니다. 이 모든 습관화된 기도의 가장 완벽한 모범은 바로 예수님이십니다. 숨 쉬듯이 기도하신 예수님은 가장 완벽한 기도의 모범을 보여주십니다(막 1:35, 눅 22:39).

예수님과 성경의 다른 기도의 용사들이 드린 습관화된 기도는 하나님께 시간을 정해 놓고 드리는 기도입니다. 하나님은 정해진 기도 시간에 집중적인 응답의 우로(雨露)를 내리십니다. 시온의 들판을 윤택케 하는 이슬 같은 은혜를 정해진 시간에 기도하는 성도들에게 내려 주십니다(시 133:3). 기도에 대한 큰 오해 하나는, 약한 사람이 최선을 다해 보지도 않고 하나님께 어린아이처럼 응석부리는 유치한 행동이 기도라고 보는 것입니다. 이것은 사실이 아닙니다. 기도하는 사람은 최선을 다하고도 자신의 힘으로 극복할 수 없는 인생의 장애물 앞에서 엎드립니다. 이것은 피조물의 가장 겸손한 모습이면서 가장 강한 모습입니다. 다니엘은 아예 십대부터 이런 기도의 세계에 입문했습니다(1:8-9; 2:17-18). 청소년 시기에 기도의 세계에 입문해서 응답받은 경험이 있던 다니엘은 일생 동안 기도생활로 그 곤고한 이방 궁궐의 인질 같은 세월을 견뎌 냈을 것입니다.

이처럼 습관화된 기도생활이 없었다면, 다니엘은 비극적인 운명을 이겨 내지 못했을 것입니다. 그는 십대에 이미 조국과 가정 그리고 자신의 인생이 송두리째 부서지는 경험을 했습니다. 무의미의 극치, 허무의 극단으로 내몰려 보았다. 부모를 잃고 조국을 잃고 자신의 싱싱한 젊음을 포로로 저당잡힌 청소년에게 무슨 낙이 남았겠습니까? 그 허무의 극한에서 그는 하나님과 연락되고 소통하는 삶을 개척함으로써 자신의 기구한 인생을 창조적으로 개척해 간 것입니다. 그의 대적들도 인정하듯이 다니엘은 험악한 세상 한복판에서 뱀처럼 지혜롭고 비둘기처럼 순결한 삶을 산 사람입니다. 그는 바벨론에서 페르시아로 이어지는 두 이방 제국의 총리로서 위대한 업적을 남겼을 뿐만 아니라 자신을 거의 완벽하게 관리한 사람이었습니다. 그의 삶을 지탱한 한 가지 확실한 원칙은, 왕이신 한분 하나님 앞에 무릎을 꿇고 나머지 모든 거짓 왕들의 요구를 물리친 것입니다. 비범한 경건생활 때문에 오히려 박해를 당하기도 했지만, 그럴 때마다 그는 예루살렘을 향해 열린 창문 밑에서 하루 세 번씩 기도했습니다. 다니엘서 9장에서 밝혀지지만, 그의 기도 제목은 참으로 크고 위대했습니다. 우리는 민족, 세계, 조국, 공동체의 문제까지 끌어안고 기도할 때에야 비로소 몰입되고 지속적이며 습관화된 기도생활을 유지할 수가 있습니다. 성경에 등장하는 성도들의 기도 범위와 오늘날 신자들의 기도 범위는 큰 차이가 납니다. 기복적이고 일신상의 영달을 위한 기도 제목에 집착하는 성도는 성경적 기도의 본류에 아직 들어오지 못한 것입니다.

너무나 번잡스럽고 산만하여 기도의 용사들이 나오기가 쉽지 않는 시대에 사는 기독청년들이 이런 시대 풍조에 도전할 수 있기를 바랍니다. 이른 새벽, 정오, 늦은 밤의 기도를 습관화한 성도는 하나님의 왕적 다스림 앞에 자신의 염려와 근심, 실패, 좌절을 내려놓습니다. 그는 풍랑 이는 바다에 돛단배처럼 떠 있는 영혼의 닻을 우주의 대주재이신 하나님의 품에 내린 사람입니다. 습관화된 기도생활을 통해 하늘에서 공급되는 엄청난 에너지를 방출하는 발전소를 구축하여 자신을 살리고 공동체와 교회를 살리고 나라와 세계를 살리는 일에 일생을 거는 기독청년이 됩시다. 그렇게 기도하는 기독청년들은 필시 그들의 생애 동안 사자의 입을 막아 주시는, 페르시아 왕의 칙령을 효력정지시키시는 하늘 대왕의 칙령을 경험할 것입니다. 다니엘이 기도를 시작할 즈음에 가브리엘 천사가 하나님의 칙령을 갖고 도착하지 않았습니까?(단 9:20-23) 기도는 하늘 대왕의 칙령을 듣고 전파하는 메신저의 특권임이 틀림없습니다(엡 6:10-14).

7

짐승의 나라들과 싸우는 기독청년들의 총사령관, 구름 타고 오시는 인자

다니엘 7장

다니엘 7장

바벨론 벨사살 왕 원년에 다니엘이 그의 침상에서 꿈을 꾸며 머리 속으로 환상을 받고 그 꿈을 기록하며 그 일의 대략을 진술하니라. 다니엘이 진술하여 이르되 내가 밤에 환상을 보았는데 하늘의 네 바람이 큰 바다로 몰려 불더니 큰 짐승 넷이 바다에서 나왔는데 그 모양이 각각 다르더라. 첫째는 사자와 같은데 독수리의 날개가 있더니 내가 보는 중에 그 날개가 뽑혔고 또 땅에서 들려서 사람처럼 두 발로 서게 함을 받았으며 또 사람의 마음을 받았더라. 또 보니 다른 짐승 곧 둘째는 곰과 같은데 그것이 몸 한쪽을 들었고 그 입의 잇사이에는 세 갈빗대가 물렸는데 그것에게 말하는 자들이 있어 이르기를 일어나서 많은 고기를 먹으라 하였더라. 그 후에 내가 또 본즉 다른 짐승 곧 표범과 같은 것이 있는데 그 등에는 새의 날개 넷이 있고 그 짐승에게 또 머리 넷이 있으며 권세를 받았더라. 내가 밤 환상 가운데에 그 다음에 본 넷째 짐승은 무섭고 놀라우며 또 매우 강하며 또 쇠로 된 큰 이가 있어서 먹고 부서뜨리고 그 나머지를 발로 밟았으며 이 짐승은 전의 모든 짐승과 다르고 또 열 뿔이 있더라. 내가 그 뿔을 유심히 보는 중에 다른 작은 뿔이 그 사이에서 나더니 첫 번째 뿔 중의 셋이 그 앞에서 뿌리까지 뽑혔으며 이 작은 뿔에는 사람의 눈 같은 눈들이 있고 또 입이 있어 큰 말을 하였더라. 내가 보니 왕좌가 놓이고 옛적부터 항상 계신 이가 좌정하셨는데 그의 옷은 희기가 눈 같고 그의 머리털은 깨끗한 양의 털 같고 그의 보좌는 불꽃이요 그의 바퀴는 타오르는 불이며 불이 강처럼 흘러 그의 앞에서 나오며 그를 섬기는 자는 천천이요 그 앞에서 모셔 선 자는 만만이며 심판을 베푸는데 책들이 펴 놓였더라. 그 때에 내가 작은 뿔이 말하는 큰 목소리로 말미암아 주목하여 보는 사이에 짐승이 죽임을 당하고 그의 시체가 상한 바 되어 타오르는 불에 던져졌으며 그 남은 짐승들은 그의 권세를 빼앗겼으나 그 생명은 보존되어 정한 시기가 이르기를 기다리게 되었더라. 내가 또 밤 환상 중에 보니 인자 같은 이가 하늘 구름을 타고 와서 옛적부터 항상 계신 이에게 나아가 그 앞으로 인도되매 그에게 권세와 영광과 나라를 주고 모든 백성과 나라들과 다른 언어를 말하는 모든 자들이 그를 섬기게 하였으니 그의 권세는 소멸되지 아니하는 영원한 권세요 그의 나라는 멸망하지 아니할 것이니라. 나 다니엘이 중심에 근심하며 내 머리 속의 환상이 나를 번민하게 한지라. 내가 그 곁에 모셔 선 자들 중 하나에게 나아가서 이 모든 일의 진상을 물으매 그가 내게 말하여 그 일의 해석을 알려 주며 이르되 그 네 큰 짐승은 세상에 일어날 네 왕이라. 지극히 높으신 이의 성도들이 나라를 얻으리니 그 누림이 영원하고 영원하고 영원하리라. 이에 내가 넷째 짐승에 관하여 확실히 알고자 하였으니 곧 그것은 모든 짐승과 달라서 심히 무섭더라. 그이는 쇠요 그 발톱은 놋이니 먹고 부서뜨리고 나머지는 발로 밟았으며 또 그것의 머리에는 열 뿔이 있고 그 외에 또 다른 뿔이 나오매 세 뿔이 그 앞에서 빠졌으며 그 뿔에는 눈도 있고 큰 말을 하는 입도 있고 그 모양이 그의 동류보다 커 보이더라. 내가 본즉 이 뿔이 성도들과 더불어 싸워 그들에게 이겼더니 옛적부터 항상 계신 이가 와서 지극히 높으신 이의 성도들을 위하여 원한을 풀어 주셨고 때가 이르매 성도들이 나라를 얻었더라. 모신 자가 이처럼 이르되 넷째 짐승은 곧 땅의 넷째 나라인데 이는 다른 나라들과는 달라서 온 천하를 삼키고 밟아 부서뜨릴 것이며 그 열 뿔은 그 나라에서 일어날 열 왕이요 그 후에 또 하나가 일어나리니 그는 먼저 있던 자들과 다르고 또 세 왕을 복종시킬 것이며 그가 장차 지극히 높으신 이를 말로 대적하며 또 지극히 높으신 이의 성도를 괴롭게 할 것이며 그가 또 때와 법을 고치고자 할 것이며 성도들은 그의 손에 붙인 바 되어 한 때와 두 때와 반 때를 지내리라. 그러나 심판이 시작되면 그는 권세를 빼앗기고 완전히 멸망할 것이요 나라와 권세와 온 천하 나라들의 위세가 지극히 높으신 이의 거룩한 백성에게 붙인 바 되리니 그의 나라는 영원한 나라이라 모든 권세 있는 자들이 다 그를 섬기며 복종하리라. 그 말이 이에 그친지라 나 다니엘은 중심에 번민하였으며 내 얼굴빛이 변하였으나 내가 이 일을 마음에 간직하였느니라.

다니엘서 7장부터는 다니엘이 직접 받은 네 가지 이상(visions)을 다룹니다. 7장의 핵심 내용은 바다에서 온 한 짐승의 나라에게 박해받는 성도들에게 천상의 인자가 나타나서 성도들과 함께 하나님 나라를 상속받는다는 것입니다. 짐승의 나라들이 다스리는 시간이 조만간 끝난다는 선언입니다. 7장의 넷째 짐승의 나라를 시작으로, 인간의 왕국들은 신들을 두려워한 경건한 고대 문명과 작별을 고하고, 지극히 인간 중심적인 문명, 지상 세계의 궁극성을 신봉하는 짐승들이 다스리는 나라로 변질되어 갑니다. 넷째 짐승의 나라를 대표하는 신성모독적인 왕인 마지막 뿔은 이런 문명사적 퇴행을 증명해 보여줍니다. 7장에 등장하는 마지막 뿔은 다니엘서 전반부에 등장하는 이방군주들, 곧 느부갓네살이나 벨사살, 다리오와 고레스와는 유가 다릅니다. 신들을 두려워하던, 나름대로 경건한 이 네 군주와는 비교가 안될 정도로 악한 군주인 것입니다. 그는 하나님의 인간 통치에 저항하는 반역을 집대성한 인물로서, 하나님에 대한 인간적 저항의 완성자입니다. 그는 땅의 권세를 장악하여 역설적으로 하나님 나라의 도래를 준비하는 반동적 역사의 주인공입니다. 이 마지막 뿔의 만행을 일시에 중지시키면서 하나님 나라를 열어 줄 7장의 진짜 주인공은 하늘에서 내려온 인자 같은 이입니다. 하늘에서 내려온 "인자 같은 이"라고 불리는 이 신비한 인물은, 짐승 나라와의 전쟁을 진두지휘하는 사령관이며, 짐승 나라의 만행에 맞서 지상에서 분투하는 지극히 높으신 하나님의 성민들의 지도자이기도 합니다. 하늘에서 내려온 인자 같은 이는 하나님의 신적 대권을 위임받아 지상에 하나님 나라를 세웁니다. 그러나 다니엘서 7장부터 전개되는 이 전쟁이 지상의 무기들과 군사력으로 수행되는 전쟁을 의미하는지, 구약성경에 간헐적으로 나타난 야웨의 전쟁(천둥, 번개 등 초자연적 권능을 동반한 전쟁)의 종말론적 총결편인지는 분명하지 않습니다. 이와 더불어, 다니엘서 7-12장은 악한 짐승의 나라와 전쟁을 치르는 동안에 하나님의 자녀들이 겪게 될 환난에 대해서도 거리낌 없이 말합니다. 이처럼 다니엘서 후반부는 악과의 전쟁을 고취하는 듯한 내용을 포함하고 있고, 신앙을 지키기 위한 지상의 전쟁에서 죽어 내세에 부활할 희망을 약속받는 성도들을 상정하고 있습니다. 하나님 나라의 도래 시점은 세상의 마지막 날로 유보되고 지상의 성도들이 누리는 하나님 나라는 잠깐이며 장차 그들에게 주어질 보상은 지상에서 얻은 하나님 나라가 아니라 부활과 그 이후의 상급이라는 전망이 다니엘서 12장으로 갈수록 더욱 우세해집니다.

7장은 크게 다니엘의 꿈(1-14절)과 해석(15-28절)으로 구분됩니다. 전반부는 다시, 네 짐승(1-8절), 태초부터 계신 이(9-12절), 그리고 인자 같은 이('커바르 에노쉬', 13-14절)에 대한 각각의 묘사로 나눠집니다. 후반부는 다니엘의 번뇌(15절), 총괄적 해석(16-18절), 보다 더 충분한 해석(19-27절), 그리고 다니엘의 응답(28절)을 다루고 있습니다.

네 짐승 환상(1-8절)

7장은 바벨론 제국의 벨사살 왕 원년(주전 553년)에 다니엘이 받은 환상과 그것에 대한 천사의 해석을 기록합니다. 다니엘은 침상에서 꿈을 꾸며 머리 속으로 환상을 받아 그것을 기록하고 진술했습니다(1절). 7장은 그의 꿈과 이상의 기록인 셈입니다. 여기서 꿈('헬렘', 단 2:4; 4:2, 6; 7:1)과 이상('헤쯔봐', 단 2:19, 28; 4:2, 6, 7, 10; 7:2, 13, 15)은 거의 같은 말입니다. '꿈을 꾸다'와 '이상을 보다'는 거의 같은 의미입니다. 계시의 기능을 가진 이상은, 마치 생시처럼 등장인물의 일관성이 있는 이야기 구조를 가진 꿈입니다. 분명한 메시지가 포착되는 꿈이 바로 이상인 셈입니다. 이상은 주로 "밤의 이상"이라는 말로 사용되는 경우가 많은데(창 15:1), 이상을 받는 사람이 때로는 깊은 잠을 잘 동안에(창 15:1-16), 때로는 비몽사몽간이라고 느끼는 순간에 받을 때가 많기 때문입니다. 다니엘은 밤에 잠을 자다가 환상을 보았다고 합니다. 그가 받은 환상은 하늘의 네 바람이 큰 바다로 세차게 부는 장면부터 시작됩니다(2절). 큰 하늘의 네 바람이 불자 바다로부터 각각 모양이 다른 큰 짐승 넷이 나왔습니다(3절). 왜 하필이면 짐승들이 바다에서 나올까요? "바다"는 구약의 창조 신학에서 매우 중요한 상징물입니다(시 74:12-17; 89편, 사 51장, 욥 38:8-11, 창 1:2에 "수면"['터훔']으로 번역된 말은 혼돈의 바다를 암시 참조). 바다는 분명 하나님이 창조하신 피조물인데, 하나님 나라의 완성과 관련된 한 가지 신비한 이유와 목적 때문에 하나님의 창조 주권이 유보된 채 남겨진 특수한 피조 영역입니다(계 13장; 21:1. 바다가 없는 신천신지의 도래). 그것은 하나님이 이 세계를 창조하실 때 남겨 두신 혼돈 세력의 처소입니다. 하나님은 이 세상을 창조하실 때, (전능하셨음에도 불구하고) 당신의 창조 주권에 저항하는 잠재적 반역 세력을 남겨 두셨는데, 그것이 구약성경의 창조 관련 운문들에 단편적으로 언급되고 있는 "바다" 혹은 "바다에 거주하는 괴물"입니다. 고대 이스라엘은 거대한 원시바다의 혼돈 세력과 전쟁을 벌여 땅을 창조하는 고대 메소포타미아의 창조 설화(바벨론의 에누마 엘리쉬와 우가릿의 바알 신화)를 하나의 전체 이야기로 채택하거나 받아들이지는 않았으나, 단편적으로는 혼돈 세력을 제압하신 뒤에 땅을 창조하신 야웨 하나님의 창조 전투(Chaoskampf)에 대해 언급합니다.[10] 그것도 시적인 여운을 담고 언급합니다. 이스라엘은 유일신 신앙 때문에 고대 메소포타미아의 다신교적 창조 설화를 무비판적으로 받아들일 수 없었으나, 창조 자체를 혼돈 세력에 대해 가하신 하나님의 명령 행위라고 보는 점에서 그것의 모태 문명인 메소포타미아 문명의 창조관과 어느 정도 궤를 같이합니다. 즉 혼돈 세력을 무찌르고 제압하며 그것에 질서를 지우는 통치 행위라는 관점에서 하나님의 창조 행위를 본 것입니다. 시편(74:12-17; 89:11-14; 104편), 욥기(38:8-11), 이사야서(17:12-14; 51:9)의 여러 구절은, 혼돈 세력을 향해 명령하심으로써 땅과 하늘을 창조하신

---

10. Jon D. Levenson, *Creation and the Persistence of Evil*(Princeton: Princeton University Press, 1994), 17

하나님의 창조 행위를 운문적인 형식을 빌려 찬양하고 있습니다.

7장에 나오는 하늘의 바람은, 하나님이 일으키신 바람으로서 원시 혼돈의 바다(창세기 1:2에서는 "수면")를 말린 그 거대한 바람이며, 노아의 홍수로 침수된 땅을 건져 내기 위해 불게 하신 그 큰 바람과 유사한 바람입니다. 히브리인들은 세계사에 출현한 거대한 무신론적 제국들을 바다에서 올라온 짐승이라고 보았습니다. 그것들은 분명 하나님의 피조물이지만 하나님께 저항하는 혼돈 세력의 구현자라고 본 것입니다. 바다에서 올라온 짐승으로 대표되는 제국은 예수님을 시험했던 마귀의 제안에 굴복한 자들의 나라입니다. 짐승의 나라들이 구가한 천하만국의 영광은 결국 마귀에게 절한 결과로 얻은 것입니다.

이런 관점에서 네 짐승을 자세히 살펴보겠습니다. 그 혼돈 세력의 거소인 바다에서 올라온 첫째 짐승은 전체적으로 사자 모양인데, 독수리의 날개를 가진 사자 형상이었습니다(4절). 예언자 예레미야는 바벨론 제국의 정복군주 느부갓네살을 사자와 독수리에 비유한 적이 있습니다(렘 49:14-22, 28). 다니엘은 환상 중에 그 사자 같은 짐승이 날개가 뽑히고 또 땅에서 들려서 사람처럼 두 발로 서게 함을 받았을 뿐만 아니라 사람의 마음을 받는 장면을 보았습니다(4절). 첫째 나라는 야수성과 인간성을 겸비했다는 말입니다. 우리가 세계 제국에 대해 느끼는 이런 양가(兩價) 감정은 바로 여기서 기인합니다. 주전 4세기 그리스 제국 알렉산더 대왕의 세계정복 전쟁사나 12세기 칭기즈칸의 세계정복사에는 야수적 잔인성과 함께 문명사적 인간 교류를 촉진시킨 면이 발견됩니다. 결국 4절은 짐승의 나라에도 인간적인 면이 있다는 점을 말합니다. 그러나 이 사실이 그 짐승의 악마적 특성을 눈감아 주는 면책사유가 될 수는 없습니다.

둘째 짐승은 곰을 닮았는데, 몸 한쪽을 들고 그 입의 잇사이에 세 갈빗대를 물고 있었습니다. 그리고 누군가가 그 짐승에게 "일어나서 많은 고기를 먹으라"고 말했습니다(5절). 둘째 짐승은 고깃덩어리를 삼키듯이 맹목적인 세계 정복을 일삼으며 동물적인 야수성을 만족시키는 나라입니다. 그런데 그 짐승에게 이런 파괴와 약탈을 명령하는 명령자가 있습니다. 이것은 악한 제국들 배후에서 그들이 악을 자행하도록 부추기는 마귀가 활동하고 있음을 보여주는 장면일 수 있습니다. 곰은 "일어나서 많은 고기를 먹으라"고 명령하는 자에게 속한 나라라는 것입니다. 아무런 이유 없이 강한 힘으로 무장하여 닥치는 대로 고기를 삼키는 곰같이 잔인한 나라들이 세계사에 얼마나 많이 출현했습니까? 세계사의 어떤 페이지를 펼쳐 보더라도 곰의 나라들로 가득 찬 살육과 파괴의 시대를 쉽게 만날 수 있을 것입니다. 인간은 이런 잔악한 파괴와 살상을 일삼는 악마성에 노출되어 있습니다. 다니엘서의 저작 배경이 된 시대를 살았던 고대 이스라엘 사람들은, 이처럼 인간의 나라를 짐승의 나라 혹은 삼키고 물어뜯는 야수적 악마의 나라로 보았고, 그 때문에 하나님 나라가 이 땅에 오기 전에는 아무런 희망이 없다고 보았습니다.

셋째 짐승은 표범을 닮았는데, 그 등에는 새의 날개가 네 개 있고 네 개의 머리를 달고 있으며 권세를 받았습니다(6절). 네 개의 머리는 알렉산더 대왕 사후에 네 나라로 분열되는 그리스 제국을 가리키는 것처럼 보입니다(비교. 8:8). 그러나 핵심은 거기에 있지 않습니다. 이 이상의 핵심은 하나님 나라의 도래를 강하게 열망하게 만드는 넷째 짐승입니다. 넷째 짐승은 무섭고 놀라우며 매우 강하고 쇠로 된 큰 이가 있어서 먹고 부서뜨리고 그 나머지를 발로 밟았습니다. 이 짐승은 전의 모든 짐승들과 달랐는데, 열 개의 뿔을 가지고 있었습니다 (7절). 다니엘은 그 짐승의 뿔을 유심히 보았는데, 뿔들이 서로 각축하고 있었습니다. 그런데 한 다른 작은 뿔이 그 사이에서 나더니 첫 번째 뿔 중 세 뿔을 뿌리까지 뽑아 버렸습니다. 이 작은 뿔은 사람의 눈 같은 눈들과 말하는 입을 가지고 있었습니다. 그 입은 "큰 말"을 하는 입이었습니다(8절). 결국 다니엘이 본 이상에서 넷째 짐승의 투쟁적인 뿔들 가운데 가장 나중에 나온 뿔이 가장 주목을 받게 됩니다 (겔 29:21도 권좌에 올라간 한 왕의 동선을 자라나는 뿔의 이미지로 묘사). 이 신비한 네 짐승과 한 작은 뿔에 대한 환상(1-8절)과 그것에 대한 해석 (15-28절) 사이에는, 태초부터 항상 계신 분과 그로부터 하늘나라를 얻는 인자 같은 이의 환상, 그리고 작은 뿔에 대한 심판 장면을 다루는 단락이 끼어 있습니다.

옛적부터 항상 계신 이와 인자 같은 이(9-14절)

이 단락은 다니엘이 네 짐승을 본 뒤에 그에게 나타난 하나님의 보좌 환상입니다. 마지막에 등장한 그 작은 뿔이 땅의 권력을 장악하여 신성모독적인 언동을 일삼는 사이에, 다니엘은 영화롭고 신비한 보좌에 앉아 계신 "옛적[혹은 태초]부터 항상 계신 이"를 봅니다(9절). "옛적[혹은 태초]부터 항상 계신 이"는 야훼 하나님을 일컫는 이스라엘의 경건한 완곡어법적 칭호입니다. 고대 이스라엘은 야웨 하나님이 알파와 오메가로서 영원 전부터 왕이심을 고백했습니다. 이 호칭은 하나님께서 이 세상을 창조하시기 전에도 보좌에 앉으신 왕이셨음을 강조합니다(시 74:12, "하나님은 예로부터 나의 왕이시라"). 창세기 1장은 오로지 왕적인 지위를 가진 창조주 하나님만이 구사하실 수 있는 천지창조 행위를 보여줍니다. 왕이 아니었더라면 감히 명령이나 말씀만으로 천지만물을 창조하실 수 있었겠습니까?(시 33:8-10) 다니엘은 이 세계가 창조되기 전부터 보좌에 좌정하고 계신 하나님 환상을 본 것입니다.

다니엘에게 나타난 태초부터 계신 이가 보좌에 앉아 계신 장면은 참으로 위로가 되었을 것입니다. 땅에서 악마적인 권력자가 천인공노할 만행을 일삼고 하나님을 대적하는 언동을 일삼는 그 순간에도, 하나님께서는 보좌에 앉아 이 세계를 통치하고 계시다는 것입니다. 한편, 하나님이 통치하시는 순간에도 땅에서는 그런 신성모독적인 일이 일어난다는 것은 두렵고도 고통스러운 현실입니다. 그러나 보좌에 앉으신 하나님의 영광스러운 현존으로부터 오는 경건한 두려움, 곧 예배 경험으로부터 오는 두려움은 이 세상의 악이 주는 두려움을 이기게 만듭니다.

짐승이 자기 자랑을 계속하는 동안, 옛적부터 항상 계신 이가 앉으실 보좌가 세워지고 땅의 짐승들에 대한 판결이 내려질 법정이 열리고 있습니다. 다니엘이 본 그 보좌에 앉은 이, 그분의 옷은 눈처럼 희었고 그 머리털은 양의 털처럼 깨끗했습니다. 그의 보좌는 불꽃이며 그 바퀴는 타오르는 불이었습니다. 다니엘은 불꽃을 내뿜으며 달리는 보좌 위에 앉으신 분을 본 것입니다. 그것은 에스겔이 그발 강가에서 보았던 하나님의 불꽃 보좌였습니다(겔 1:4-13). 불이 강처럼 흘러 그 앞에서 나오고 있었고, 그를 섬기는 자는 천천이며 그 앞에서 모셔 선 자는 만만이었고, 만민을 심판하는 데 필요한 책들이 펼쳐져 있었습니다(10절). 실로 장엄한 천상 재판 장면입니다. 첫째 장면에서는 하늘 바람들이 네 짐승들이 등장하도록 하기 위해 바다를 말아 올리는 것처럼(whip up) 바람을 몰아 올리는 데 비해, 이 두 번째 장면에서는 고요한 가운데 법정 개정이 준비되고 있었습니다. 짐승들은 공포와 전율을 일으키는 광경을 연출하지만, 천상의 법정은 얼마나 장엄한 아름다움으로 가득 차 있습니까? 그래서 그런지 짐승의 묘사는 산문으로 되어 있고 천상의 법정이나 인자 같은 이에 대한 묘사는 운문이며 시적입니다(9-10절; 13-14절).

하늘 법정이 열리는 동안에도 그 작은 뿔은 조롱의 말을 쏟아 냅니다. 다니엘이 작은 뿔이 큰 목소리로 말하는 것을 주목해서 보는 사이에, 그 뿔이 속한 넷째 짐승이 죽임을 당하고 시체가 손상되어 타오르는 불에 던져집니다(11절). 그 자랑하던 입은 죽음에 의해 침묵당합니다. 이 마지막 짐승은 앞의 세 짐승과 최후 장면에서 다른 운명을 맞이합니다. 세 짐승은 권세는 빼앗겼어도 그 생명은 보존되어 정한 시기에 회복될 희망을 갖고 기다리는 처지에 놓이게 되었으나(12절), 넷째 짐승은 즉각 죽임을 당한 것입니다.

바로 그 순간에, 다니엘이 세 번째 장면의 밤 이상(異像, nightly vision)을 봅니다. 하늘 법정의 개정 장면을 계속해서 관찰하고 있는 도중에, 인자 같은 이가 하늘의 구름을 타고 내려오는 환상을 본 것입니다. 13절은 접속사('와우' 같은)가 사용되지 않은 채 하나의 독립적인 부대상황을 도입합니다. 인자 같은 이가 하늘 구름을 타고 와서 "옛적부터 항상 계신 이"(아티크 요마야, the Ancient of Days) 앞으로 인도됩니다(13절). 그 인자 같은 이에게 지배권('샬탄')과 영광과 영원한 왕국이 주어집니다. 영원한 왕국은 땅의 짐승들에게가 아니라 그 인자 같은 이에게 주어집니다. 이 인자 같은 이가 모든 백성과 나라들과 다른 언어를 말하는 만민들을 지배하고 통치하는 권세와 영광을 받습니다(14절; 4:34 참조; 단 3:4, 7 비교). 하늘에서 내려온 인자 같은 이가 받은 권세는 짐승들의 권세와는 달리 소멸되지 않는 영원한 권세이며 그의 나라는 멸망하지 않는 나라였습니다. 그런데 여기서는 아직 인자 같은 이가 어떻게 해서 그런 권세와 영광을 얻게 되는지에 대한 언급이 없습니다. 오직 천상의 기원을 가진 인자 같은 이가 다스리는 나라가 영원한 나라라는 점이 강조될 뿐입니다. 과연 인자 같은 이는 누구일까요? 그는 아직은 신비에 싸여 있는 인물입니다. 결국 9-14절을 통해 볼 때 분명히 말할 수 있는 것은, 인자 같은 이는 하나님으로부터 파송된 존재로서 지상에서 하나님의 지극히 거룩한 성도들을 모아 하나님 나라를 건설하는 존재라는 것입니다. 천사와 같은 존재이면서 동시에 그 이상의 존재입니다. 인자 같은 이의 강림은 땅의 야수적 세력을 분쇄하는 결정적 계기가 됩니다.

환상 해석(15-28절)

15-28절은 네 짐승의 환상과 지극히 높으신 이의 성도들의 분투와 그들이 나라를 얻는 과정을 보도합니다. 인자 같은 이가 하나님으로부

터 얻는 나라와 권세와 영광과, 지극히 높으신 성도들이 상속하게 될 나라는 같은 나라입니다. 1-14절 단락과 이 단락을 종합하면, 천상의 인자에게 위탁된 나라와 권세와 영광은 땅에서 짐승과 혈투를 벌이기까지 영적 순전성을 지키는 싸움에 동참한 지극히 높은 성도들이 상속할 나라와 권세와 영광인 셈입니다. 아직까지는 인자 같은 이와 지극히 높으신 이의 성도들의 관계가 어떠한지 분명하게 진술되지 않고 있습니다. 이런 상황에서 15절은 이 네 짐승의 환상과 인자 같은 이의 강림 환상에 대한 다니엘의 반응을 이야기합니다. 15절도 13절처럼 '와우' 같은 등위접속사 없이 독립적인 상황을 묘사합니다. 다니엘은 머리 속의 환상으로 인해 근심하고 크게 번뇌했다고 말합니다. 그에게 하나님의 계시를 받는 경험은 엄청난 소진과 피폐의 경험이었습니다. 구약성경 전체에서 보면, 하나님의 거룩한 계시를 받은 예언자들이 치른 대가는 결코 작지 않았습니다(4:19 비교; 겔 3:15, 슥 9:1 참조). 다니엘서는 적어도 다섯 번 이상이나 미래에 일어날 일을 이해하는 과정에서 다니엘이 겪은 근심과 심리적 번민(동요, psychological turmoil)에 대해 말하고 있습니다. 15절의 아람어 본문은 '나의 영이 그것의 덮개(容器) 안에서 괴로워했다'라고 말합니다. 성경의 인간관에 따르면, 영의 덮개는 육체입니다. 영의 번뇌가 육체의 고통으로 전달되는 까닭이 바로 여기에 있습니다. 따라서 영적 번뇌는 육체에 심각한 영향을 끼칠 수밖에 없습니다. 다니엘의 영육 간의 번뇌는, 짐승의 나라들 치하에서 시달릴 동포들을 생각하면서 느낀 번민이었을 것입니다. 그래서 그는 하나님의 보좌 근처에 모셔 선 천사에게 그가 받은 모든 환상의 진상을 묻기에 이릅니다(16절). 다니엘의 이 보좌 환상은, 그것을 계시한 이와 계시를 받은 이가 서로 한 공간에서 만나 소통이 가능한 상호적이고 입체적인 환상이었습니다. 다니엘은 단지 환상을 보기만 한 것이 아닙니다. 그 환상 속에 참여해서 자신이 본 것의 의미를 묻기 위해, 옆에 선 천상의 존재에게 접근도 할 수 있었습니다. 다니엘은 이 인자 같은 이의 환상과 그가 얻을 영원한 나라에 대해 나중에 자세히 묻지 않을 수 없을 만큼 큰 번뇌에 빠진 것입니다. 천상의 해석자로부터 도움을 받지 않으면 도저히 납득이 안되는 상황에 내몰렸던 것입니다. 17절 이하는 이 천사가 다니엘에게 들려준 환상 해석('페샤르') 부분입니다. 이 해석자는 나중에 8:15-26에도 등장하는데, 7:15-27절의 해석자와 동일인물로 이해됩니다.

17-18절에서 이 천사 같은 해석자는 다니엘이 본 환상을 가장 간결하게 요약하고 해석합니다. 네 짐승은 시차를 두고 땅에 나타날 네 왕입니다. 네 왕은 이 세계를 지배할 것같이 위세를 부리겠지만 결국 이 땅의 통치권은 짐승들의 차지가 아니라 지극히 높으신 분('카디쉐 엘요닌')의 성도들이 차지한다는 것입니다. 짐승들의 나라는 말과 정책을 통해서 파괴적이고 신성모독적인 권세를 휘두르겠으나 결코 영속하지 못할 것입니다. 하나님 나라만이 굳건히 세워지고 확정될 것이며, 성도들은 하나님 나라를 상속하고 그 누림이 영원하고 영원하고 영원할 것입니다. 18절 하반절은 직역하면 "그들은 영원히 영원히 영원히 왕국을 소유할 것입니다"입니다. 이 간략한 해석의 강조점은, 짐승들이 누릴 권세의 한시성과 하나님 나라의 확실한 도래 및 성도들에게 선사될 하나님 나라의 영속성입니다. 만일 다니엘이 그 환상의 어두운 면으로 인해 크게 번뇌했다면, 이제 그는 그 어두운 패역의 역

사 뒤에 올 일로 인해 위로받았을 것입니다. 하나님 나라의 영원한 확정이 땅에서 이뤄진다는 것입니다.

그러나 천사의 해설은 다니엘의 번뇌를 누그러뜨리기에 충분하지 않았습니다. 그를 심란하게 만든 것은 넷째 짐승이었습니다. 그 넷째 짐승은 앞의 모든 짐승들과 달리 심히 무서운 짐승이며 성도들과 싸울 짐승이었기 때문입니다. 다니엘은 더 자세히 알기를 바랐고 더 깊은 해석을 원했습니다. 특히 그는 그 넷째 짐승이 자행하는 파괴적인 활동에 대해 물었습니다. 그 넷째 짐승의 이는 쇠였고 그 발톱은 놋이었으며 먹고 부서뜨리고 발로 밟는 왕국이었습니다(19절). 다니엘은 그 넷째 짐승의 머리에 있는 열 개의 뿔과 늦게 나온 다른 뿔의 정체도 알고 싶었습니다. 뿔은 권세의 상징입니다. 열 뿔이란 말은 열 왕을 의미하는데, 그것은 꼭 열 명을 가리키는 말이기보다는 넷째 짐승의 나라가 한동안 지속될 왕국이라는 뜻일 것입니다. 그런데 이미 있는 열 뿔 외에 또 다른 뿔이 나온다는 점이 특이합니다. 특히 마지막에 나온 이 작은 뿔 때문에 먼저 있던 세 뿔이 그 앞에서 빠져 버렸습니다. 그 마지막에 나온 뿔은 그만큼 강력한 뿔이라는 뜻입니다. 그 작은 뿔에는 눈도 있고 큰 말을 하는 입도 있습니다. 그 입은 그의 동류보다 커 보이는 입이었습니다(20절). 그는 극한적인 자기자랑과 신성모독적 언동을 일삼는 큰 입을 가진 왕입니다. 그의 자기자랑은 신성모독으로 변질됩니다. 지극히 높은 하나님에게 도전하는 말을 함과 동시에 성도들을 박해합니다(20절). 다니엘이 환상 중에서 충격을 받은 장면은 이렇게 사납고 잔인한 작은 뿔이 성도들과 더불어 싸워 이기는 형국이었습니다(21절).

작은 뿔이 성도들을 궁지와 수세에 몰아넣고 이기고 있을 때, 곧 이 사납고 잔인한 뿔에 받혀 숱한 성도들이 죽임을 당하고 학대를 당하며 그들의 환난과 고통이 절정에 이르렀을 때, 하나님의 보좌에서 급파된 인자 같은 이가 수세에 몰린 성도의 싸움을 주도하며 전세를 대역전시킵니다. "옛적부터 항상 계신 이가 와서 지극히 높으신 이의 성도들을 위해 원한을 풀어 주셨고 때가 이르매 성도들이 나라를 얻었더라"(22절). "옛적부터 항상 계신 이"는 창조주 하나님, 곧 신약의 용어로 말하자면 성부 하나님이십니다. 그 "옛적부터 항상 계신 이가 와서"라는 표현은 하늘에서부터 땅으로 내려오는 움직임을 가리키기보다는 재판을 시작하는 행위를 가리킵니다(13절). 지상의 역사에 개입하시는 하나님의 모습을 역동적으로 묘사한 말입니다. 그런데 하늘에서부터 땅으로 내려온 분은 "옛적부터 항상 계신 이"가 아니라 "인자 같은 이"입니다. 그가 땅으로 내려와 나라와 권세와 영광을 얻는 행위는 곧 하나님과 성도들을 박해하고 대적하는 그 사악한 작은 뿔을 격퇴하는 행위입니다. 비록 이 인자 같은 이의 전투적 이미지가 본문에 명료하게 부각되어 있지 않지만, 그에게 나라와 권세와 영광이 주어진다는 말에는 땅의 넷째 짐승에서 기원한 그 작은 뿔의 만행을 중단시키는 심판 행위가 함축되어 있습니다. 따라서 인자 같은 이가 구름을 타고(영광을 발산하면서) 땅에 내려온 행위는, 옛적부터 항상 계신 이가 "와서" 지상의 박해받는 성도들의 원한을 푸는 행위와 동연적(同然的) 관계에 있습니다. 하나님께서 성도들을 신원해 주시기 위해 이 인자 같은 이를 지상에 파송했다고 볼 수 있습니다.

"지극히 높으신 이의 성도들을 위해 원한을 풀어 주셨고"라는

22절의 아람어 문장을 직역하면, '지극히 높으신 이의 성도들을 위해 한 재판이 베풀어졌다'로 읽힙니다. 지상의 작은 뿔을 신속하게 폐위시키는 판결이 내려진 것입니다. 그런데 이 잔인무도한 작은 뿔에 대한 판결이 내려진 시점부터 성도들이 나라를 상속하기까지는 시간이 걸립니다. 그래서 성도들이 나라를 얻는다는 선언이 있기 전에 하나의 삽입절이 끼어듭니다.

22절의 세 번째 소절이 "때가 이르매"입니다. 작은 뿔의 멸망과 성도들의 나라 상속 사이에는 중간 대기시간이 있다는 말입니다. 악의 제왕이 사라진다고 해서 즉시 성도들이 하나님 나라를 차지하는 것이 아니라는 암시인 셈입니다. 분명 천상의 법정에서는 지상의 작은 뿔에 대한 멸망 심판이 이뤄졌으나, 그 천상의 판결이 지상에서 집행되는 데는 시간이 걸린다는 것입니다. 아마도 이 유예된 기간에 하나님의 성도들은 패배를 당하고 순교를 당하며 모진 시련을 거치게 될 것입니다. 이 유예된 시간 가운데 성도들이 당하는 고난과 희생 때문인지, 모셔 선 천사는 23절에서 다시 그 유예된 기간 동안에 넷째 짐승이 자행할 만행을 좀 더 세부적으로 묘사하기 시작합니다. 23-25절은 넷째 짐승의 만행에 대한 세부 묘사입니다.[11] 그 넷째 짐승은 이제 단지 특정한 왕이 아니라 특정한 나라를 대표합니다. 한 왕이 죽더라도 다음 왕이 성도들을 계속해서 박해할 가능성이 있다는 말입니다.

---

11. 이 23-25절 단락은 심판이 내려지기 전의 상황인지 아니면 심판이 내려지고 그것이 집행될 때까지의 중간 대기시간에 벌어지는 상황인지 분명하지 않다. 문맥상 후자처럼 보인다. 13절에서 이미 천상 법정의 개정 장면이 소개된 것으로 보아 지상에서 벌어지는 야수적 세력의 우세 상황은 천상 법정의 판결 이후에도 존속되는 땅의 현실처럼 보인다.

이 넷째 나라는 다른 나라들과 달리 온 천하를 삼키고 밟아 부서뜨릴 만큼 강력하고 사나운 나라입니다. 24절에서 천사는 다시 한번 그 넷째 나라에서 일어날 열 왕과 그 열 왕 뒤에 일어날 열한 번째 왕을 소개합니다. 열한 번째 나온 그 작은 뿔은 열 왕 가운데 세 왕을 복종시킬 것이며 마침내 하나님의 자녀들을 박해하는 폭군으로 변할 것입니다(24절). 그는 장차 지극히 높으신 이를 말로 대적하며 또 지극히 높으신 이의 성도를 괴롭게 할 것입니다. 그는 때(종교 절기)와 법을 고치고자 합니다. 그는 성도들의 역법과 율법을 바꾸려고 의도합니다. 그는 하나님이 세우신 질서를 고치려고 합니다. 이스라엘은 하나님이 세운 해와 달의 질서와 같은 창조 질서의 한 부분인데(렘 33:20-26), 그는 하나님의 창조 질서를 전복하려고 합니다. 이런 가운데 성도들은 그의 손에 붙인 바 되어 한 때와 두 때와 반 때를 지내게 될 것입니다(25절). 25절의 마지막 말들은, 그 왕이 겉으로 볼 때는 성공한 것처럼 보이나 그가 자행하는 모든 행동은 실은 하나님이 작정하신 마지막 날들에 대한 계획의 일부임을 독자들에게 알게 하기 위해 아주 주의 깊게 선택되었습니다. 하나님은 이 악한 왕에게는 성공을, 성도들에게는 환난을 주시지만, 오직 정한 기간 동안에 주어진 환난이라는 것이 중요합니다.

마침내 이 참혹한 환난의 끝에 이미 천상에서 내려진 하나님의 심판(13, 22절)이 지상에서 집행되기 시작할 것입니다. 심판이 시작되면 성도들을 학대하고 박해하던 그 왕은 권세를 빼앗기고 완전히 멸망할 것이며(26절), 나라(kingship)와 권세(lordship)와 온 천하 나라들의 위세(greatness)가 지극히 높으신 이의 거룩한 백성에게 주어질 것입니다. 그의 나라(3인칭 단수 속격 접미어)는 영원한 나라가 될 것이며 모든 권세 있는 자가 그를 섬겨 복종할 것입니다. 어떤 쿠데타나 외적의 침략이나 세계 제국에도 멸망하지 않는 나라가 될 것입니다.

다니엘이 받은 환상은 여기서 끝나지만(28절), 그 환상이 그에게 입힌 충격은 끝나지 않습니다. 그의 생각들이 그를 두렵게 하고 그의 얼굴을 창백하게 합니다. 다니엘의 번뇌와 고통은 악한 뿔이 이 땅에 가져올 고통과 박해, 성도가 당할 희생을 미리 보았기 때문입니다. 악한 자가 형통하고 승리하는 현실은 의인에게는 고통이며 번뇌였습니다. 악한 제국이 등장하리라는 전망 때문에 괴로워하는 것은 하나님 백성의 참된 성품입니다. 마가복음 13장이나 마태복음 24장의 예수님의 비통한 심정을 보십시오. 다가올 박해 이상을 본 예언자의 마음은 번뇌와 고통으로 가득 차게 됩니다. 이처럼 다니엘은 자신에게 임한 이상을 아무에게도(벨사살 왕이나 직장 동료들인 궁중 지혜자들에게도) 말하지 않고 그것을 비밀로 간직하며, 하나님께서 알려 주신 미래의 일들 때문에 한동안 조용한 번뇌를 경험했습니다. 한 때와 두 때와 반 때 동안 성도들이 당할 그 환난 때문에 다니엘은 크게 번민했고 얼굴빛이 변했으나 받은 환상을 마음에 간직했습니다(28절). 여기까지가 다니엘에게 나타난 밤의 이상(異像)입니다.

결론

7장의 대지(大旨)는 명백합니다. 하나님 나라가 이 땅에 세워지기 전에 지상 세계는 네 짐승의 나라들에 의해 지배당할 것입니다. 이 네 나라는 완전수를 대표하는 숫자일 뿐 반드시 특정한 네 나라만을 지시하는 것은 아닙니다. 즉 세계사에 출현한 모든 나라들은 네 나라 안에 포함된다고 보면 됩니다. 이 네 나라 가운데 마지막 나라의 왕은 전무후무한 신성모독적인 악한 군주들이 될 것입니다. 옛날이라면 그 출현을 상상도 못했을 신성모독적인 군주들이 나타날 것입니다. 어떤 의미에서 고대의 메소포타미아의 통치자들은 모두 경건했습니다. 그들은 대부분 신들을 두려워했고 천상세계의 지상 간섭과 개입을 당연시했습니다. 느부갓네살은 전형적인 고대 문명권에 속한 군주입니다. 다니엘은 이제 느부갓네살과는 비교도 할 수 없는 잔악하고 악독한 왕들이 세계사에 등장할 것이라고 본 것입니다. 이런 신성모독적 왕의 첫 반열에 셀류키드 왕국의 안티오커스 에피파네스 4세가 있습니다. 그는 주후 1세기부터 등장하여 기독교를 박해할 로마 제국의 여러 군주들을 예기케 하는 사악한 군주의 전범입니다.

이처럼 다니엘서 7장은 지상 역사를 지배한 네 짐승의 나라들이 하나님 나라의 등장 전에 지상에서 활개를 칠 나라들임을 밝힌 후에, 시간이 갈수록 왕국은 하나님에 대한 경건을 잃고 지상적인 가치에 매몰될 것임을 경고합니다. 인간의 문명이 하나님에 대한 두려움을 잃어 가는 시기라는 뜻입니다. 하나님께 대한 경건한 마음이라는 측면에서 볼 때, 이 왕국들은 시간이 갈수록 질이 나빠집니다. 인류의 역사가 진행될수록 이 세계 질서는 하나님 나라의 통치 질서와 더욱 멀어져 갑니다. 특히 하나님 나라가 등장하기 직전에는 아주 신성모독적인 군주들이 일어나 각 나라를 지배할 것입니다. 지상의 모든 권력자들이 하나님을 대항할 것이나, 이 작은 뿔이라고 불리는 특정한 왕은 유난

히도 성도들을 박해하고 입으로 하나님을 대적할 것입니다. 성도들은 그에게 박해를 받고 패배할 것입니다. 하나님 나라는 마음의 소원에 그칠 것입니다. 그러나 악한 자들의 죄악이 극에 도달할 때, 정한 때가 이를 그때에 하나님은 그들을 제거하실 것이며 약속된 하나님 나라를 세우실 것입니다. 성도들은 영원한 하나님 나라를 상속할 것입니다. 일차적으로 7장의 예언은 벨사살의 통치가 광포해지는 양상을 보면서 다니엘이 받은 환상이었을 것입니다. 동시에 그것은 주전 538년 고레스 칙령으로 바벨론 포로들이 자기 나라로 귀환해서 성전이 재건되면 하나님 나라가 시작될 것이라는 주전 6세기 중반의 유대의 귀환 포로 공동체의 때 이른 기대를 깨는 예언으로 이해되었을 수도 있었을 것입니다. 다니엘서 7장은 하나님 나라는 여전히 먼 미래에 속한 현실이 될 것을 역설하기 때문입니다(마 24:4, 6, 8, 24-28, 살후 2:1-3).

그런데 이 다니엘서 7장의 환상을 하나님 나라의 도래와 연결시켜 해석하신 분은 나사렛 예수십니다. 나사렛 예수께서 다니엘서 7장의 정경적 지위를 결정적으로 부각시켰습니다. 그는 자신을 "인자"라고 불렀습니다(마 9:6; 12:8, 40). 그는 자신의 사역의 큰 틀을 다니엘서에서 취한 것처럼 보입니다. 나사렛 예수는 자신을 다니엘 시대의 연장 속에서 생각했습니다. 예수님은 짐승들의 나라 뒤에 올 인자의 나라를 설정하고 있었습니다. 자신의 수난, 박해, 죽음, 부활에 대한 나사렛 예수의 예언들은 정확하게 다니엘서 7-12장의 주제적 압축입니다. 인자는 자신의 천사들을 통해 왕국에 속하지 않는 자들을 모을 것입니다(마 12:41). 나사렛 예수는 제자들에게 자신, 곧 인자가 바로 메시아임을 고백하도록 유도했습니다(마 16:13-16). 그는 죽음, 매장, 부활 후에 제자들의 신앙고백을 토대로 그들에게 응분의 상급으로 보상할 것입니다(마 16:27). 그의 제자들은 그와 함께 그의 통치보좌 옆에 앉아 이스라엘을 다스릴 것입니다(마 19:28). 그가 변화산에서 모습이 변하신 것은 다가올 그의 왕국 영광의 선취이면서 동시에 고난의 시기를 통과할 때 필요한 성부 하나님의 격려요 위로였습니다(마 16:28). 인자가 올 때 사람들은 그를 분명히 알아볼 것입니다(마 24:27). 하지만 인자는 먼저 사람들의 손에 박해를 받아야 할 것입니다(마 17:22; 20:18).

　복음서에서 나사렛 예수와 제자들 사이가 급격하게 갈라진 것은, 가이사랴 빌립보 도상의 신앙고백 사건과 그 이후에 나사렛 예수께서 임박한 수난을 예고했기 때문입니다(막 8:27-38). 예수님은 공생애의 거의 마지막 단계에서 자신이 펼치신 무리 사역과 제자 사역을 총결산하는 질문을 제자들에게 던졌습니다. 사람들이 "나를 누구로 알고 있더냐?"는 질문과 "너희들은 나를 누구로 알고 있느냐?"는 질문이었습니다. 이 두 질문 가운데 진짜 중요한 질문은 예수님의 제자들이 예수님에 대해 가지고 있는 앎이었습니다. 무리의 대답은 예수님의 흥미를 끌지 못했습니다. 그들은 예수님을 예언자 가운데 한 사람으로 보았습니다. 하나님의 말씀을 대언하는 예언자, 종교권력과 갈등하는 격정적인 인물 정도로 본 것입니다. 무리는 예수님의 요구를 가까이서 듣지 못했기 때문에 예수님의 내면에 일고 있는 생각을 잘 알 수 없었던 것입니다. 그들은 예수님이 일으키는 감동적인 말씀 사역, 병 고치는 사역, 성전권력을 쥔 종교 당국자들과의 갈등 정도만 알고 있었습니다. 따라서 무리는 예수님의 요구가 무엇인지 알 수 없었습니다. 왜

냐하면 구약의 어떤 예언자도 사람들에게 자신을 따라오라고 말하지 못했기 때문입니다. 엘리야, 예레미야뿐 아니라 어느 예언자도 자신을 따르는 사람들에게 예수처럼 그토록 급진적으로 "나를 따라오라"고 촉구하지 않았습니다. 그러므로 무리의 대답은 중요하지 않았습니다.

그에 비해 제자들의 대답은 정곡을 찔렀습니다. 베드로가 모든 제자들을 대신해서 고백했습니다. "당신은 그리스도이십니다." 이는 '당신은 하나님 나라를 이 땅에 세울 분입니다'라는 의미를 담는 말이었습니다. 그런데 사실 어떻게 베드로가 대중과는 달리 이런 기막힌 비밀의 진리를 터득할 수 있었을까요? 마태복음 16:16 이하는 베드로의 고백을 가능케 한 것은 혈육이 아니라 하나님 아버지라고 말합니다. 베드로가 관찰력과 직관력 때문에 예수님의 비밀을 간파할 수 있었던 것이 아니라는 뜻입니다. 인자이신 나사렛 예수의 인격과 사역에 대한 베드로의 깊은 이해 외에도 하나님 아버지께서 그의 영적 감수성과 하나님 나라의 도래에 대한 열망 등을 이용해서 그 같은 메시아 고백에 이르게 하신 것입니다. 따라서 베드로를 비롯한 제자들의 고백은 귀납적인 관찰과 경험의 결과이기도 하고 하나님의 전광석화 같은 초월적 계시 작용의 결과이기도 했습니다.

제자들은 나사렛 예수의 3년간의 공생애 사역—치유, 축사, 바리새인과 서기관들의 논쟁, 예수의 인격과 자기의식, 자기주장, 그리고 그의 가르침과 기적적인 사건들—을 바탕으로 예수님이 단지 예언자 가운데 한 분이라는 판단에서 한 걸음 더 나아갈 수 있었습니다. 그들은 당시 이스라엘 백성을 총체적으로 가르치고 위로하고 치유하는 나사렛 예수의 왕 같은 면모와 활동을 보면서, 그가 세상에 오실 그리스도,

곧 버금 왕이라고 고백하기에 이른 것입니다. 하지만 앞서 말했듯이, "당신은 그리스도이십니다"라는 고백은 예수님을 정치적으로 활약하도록 부추기는 일종의 선동적인 고백이었습니다. 그리스도는 기름부음을 받은 자를 의미하는데 그것은 하나님의 마음을 가지고 하나님의 능력과 지혜로 백성을 다스리는 하나님의 지상 부왕(副王)을 의미합니다. 이 "그리스도"라는 단어 속에는 약 600년 동안 나라를 잃고 변변한 국가를 구성하지 못한 채 강대국의 압제 아래 신음하면서도 고국 땅을 떠나지 않고 하나님의 강권적인 구원이 일어나기를 기다렸던 이스라엘 백성의 희망이 집약되어 있었습니다. 그들은 종말의 때에 오셔서 이스라엘을 열국의 압제에서 구해 낼 이상왕인 그리스도를 대망하고 있었습니다. 약 600년 동안 계속된 이스라엘의 희망과 신앙, 비원과 갈망을 구현할 인물이 바로 그리스도였던 것입니다. 그런데 베드로는 바로 이 칭호를 나사렛 예수에게 적용한 것입니다. 예수님은 이 그리스도 고백에 놀라며 이 비밀을 공개적으로 알리지 말라고 대응하십니다. 그 말은 이스라엘 사람들에게 정치적 혁명을 기도하려는 정치적 열광주의를 촉발시킬 수 있었기 때문입니다.

"그리스도"라는 말은 유대인들에게 엄청난 정치적 상상력을 불러일으킨 말이었습니다. 당시는 로마 제국의 유다 지배가 너무 철저하고 가혹했기 때문에 로마 제국의 가혹한 지배에 저항해서 민족적 에너지를 결집시킬 왕 같은 인물을 몹시도 기다리고 있던 때였습니다. 그러한 때에 제자들이 예수를 그리스도라고 고백함으로써 예수에게 모종의 정치적 역할을 기대하고 요청했던 것입니다. 이 고백에 대한 나사렛 예수의 반응이 예상 외로 냉정하고 차분했던 이유가 바로 여기에 있습니다. 그는 "그리스도"라는 말이 유대인들에게 불러일으킬 정치적 흥분을 충분히 가늠하고 있었기 때문에 극도로 자중하셨던 것입니다.

그럼에도 불구하고 예수님은 자신을 그리스도라고 고백하는 제자들의 고백을 거부하지 않고 받으셨습니다. 이 점이 중요합니다. 그는 이스라엘 민중 가운데 결집된 자신에 대한 신뢰와 기대를 하나님께 대한 신뢰와 순종으로 치환할 사명을 느꼈습니다. 즉 자신을 믿는 자들을 하나님에 대한 믿음과 신뢰를 가진 자로 묶어 하나의 공동체를 형성하기 원했던 것입니다. 그것이 바로 인자의 나라이면서도 하나님께로부터 받은 나라였습니다. 이스라엘 백성들이 나사렛 예수에게 보여준 열광적인 지지와 신뢰는 하나님 아버지께서 창조하신 지지와 열기였습니다. 따라서 나사렛 예수는 하나님에 대한 열망과 지지를 가진 사람들의 지지와 신뢰를 결집시켜 하나의 공동체를 이루기를 원하셨던 것입니다. 그것이 바로 나사렛 예수가 생각한 하나님 나라였습니다. 이런 나사렛 예수의 자기이해와 하나님 나라 이해는, 제자들의 통속적인 그리스도 이해와 하나님 나라 이해와 상당한 거리가 있었습니다. 예수님은 그런 긴장과 거리감을 언명하기 위해 자신이 그리스도라는 사실을 대중에게 유포시키지 말 것을 제자들에게 신신당부하신 것입니다. 그리스도에 대한 유대인들의 통속적 이해 때문에 예수님 자신이 정치적 희생양이 될 가능성을 애초에 차단하기 위해서였습니다. 여하튼 제자들은 예수님에게서 하나님 나라를 지상에 세울 그리스도를 보았습니다. 그는 하나님 나라를 예루살렘에 세워 세계를 통치하실 하나님의 대리자였습니다. 그동안 제자들과 무리에게 나사렛 예수는 유능하고 감동적이며 권위를 타파하면서도 새로운 권위를 과시하는 하나님 나라의 비유자이자 선생(랍비), 재치와 유머와 폭발적인 친화성을 갖는 예언자적 설교자 선생(에피스타타, 디다스칼로스), 종교 당국자들을 두려워하지 않고 감히 사자처럼 맞서는 용감한 논쟁자, 그리고 인정과 동정심이 넘친 치유자였습니다. 그의 가르침은 이 땅에 임박하게 강림할 하나님 나라에 관한 것이었습니다. 예수님은 하나님 나라를 말할 때마다 자신을 인자라고 말했습니다. 그 인자는 다니엘서 7:13의 "하늘에서 내려온 인자 같은 이"였습니다. 다니엘서 7:13의 성경적 전거를 이용해서 나사렛 예수는 자신을 인자라고 규정한 것입니다.

다니엘서 7장에서 이 인자는, 네 짐승의 나라들의 끝, 곧 이 세상 끝에 하늘에서 내려와 하나님 나라를 상속하여 하나님의 새 백성을 끌어 모을 하나님의 대리자입니다. 다니엘서 7:13의 "인자 같은 이"는 하나님 나라에 들어갈 새 백성을 모으는 한편 짐승의 나라들로부터 하나님 나라를 상속받는 지도자입니다. 넷째 짐승의 나라에 대한 심판이 내려진 뒤에, 그 공백에 들어서는 하나님 나라를 성도들과 함께 상속받을 왕인 것입니다. 하지만 다니엘서 7:13의 인자 역할에는 버림받고 고난받는 "인자" 이미지가 명시적으로 나타나 있지 않다는 점에서 공관복음서의 인자이신 나사렛 예수의 길과 약간 다릅니다. 그러나 다니엘서의 인자 안에도 박해받은 경험이 전제되어 있습니다. 천상에서 하늘 구름을 타고 내려온 인자가 땅에 와서 실제로 권력을 잡기까지는 유예 기간이 설정되어 있습니다. 천상의 법정에서 넷째 짐승의 나라의 작은 뿔에 대한 심판이 내려졌으나(11절) 그 천상의 재판이 땅에서 집행되기까지는 한 때와 두 때와 반 때가 소요되는데(25절), 그

동안에 작은 뿔이 하나님을 대적하고 계속해서 성도를 박해하는 것으로 설정되어 있습니다. 이 유예기간 동안에 작은 뿔이 성도를 이기는 형국이 펼쳐진다는 말입니다. 아마도 다니엘서 7:13의 인자 같은 이는 이 유예기간 동안에 성도들이 받는 고난에 참여하게 될 것입니다. 그 후에, 곧 지상에서 천상의 심판이 집행되는 순간에, 천상의 인자는 만왕의 왕 만주의 주로 등극하십니다(27절; 빌 2:6-11). 인자가 걷는 발자취를 한마디로 요약하면, 하늘 구름을 타고 이 땅에 와서(성도들의 고난에 동참하시고, 박해를 받으시고, 죽으셔서), 나중 영광에 참여하고 만왕의 왕에 오르는 것입니다. 다니엘서 7장의 이런 논리 안에서 나사렛 예수는 선(先)고난, 후(後)부활과 영광을 공생애 마지막 무렵에 자주 강조하신 것입니다.

그런데 예수님의 제자들은 가이사랴 빌립보에서 신앙고백이 있기 전에는, 이 수난과 박해, 굴욕과 죽음의 골짜기를 거치고 나서 하나님 나라를 상속받는다는 사상을 전혀 모르고 있었습니다. 그래서 예수님은 수난받는 인자, 죽임당하고 버림받은 후에 하나님 나라를 상속받는 인자 사상을 가르치기 위해 공생애 마지막 단계까지 기다리신 것입니다. 그동안 예수님이 과시한 능력, 폭발적이고 감동적인 가르침과 설교, 군중들을 매혹시킨 하나님 나라의 비전, 이 모든 것은 예수님을 죽음의 굴욕까지 감수하도록 설득하고 명령하신 하나님 아버지의 깊은 배려였습니다. 예수님이 받은 영광, 누린 능력, 하나님 아버지와의 깊은 사귐, 그리고 대중들로부터 받은 엄청난 영광과 지지의 박수소리는, 버림받고 죽임당하실 때 하나님의 매정한 처사를 견딜 수 있도록 예수님을 미리 연단시키신 것이었습니다.

여기서 깨달을 수 있는 귀한 교훈은, 하나님께서 우리에게 베풀어 주시는 능력, 출세와 성공, 대중들로부터 받은 칭찬과 박수 같은 것은 하나님을 위해 낮아질 수 있도록 배려하시는 하나님의 섭리라는 것입니다. 하나님께서는 우리를 부요케 하신 후에 낮아지도록 섭리하십니다. 능력을 맛본 후에 하나님을 위해 능력을 포기하게 하십니다. 대중의 박수와 인기를 누리게 하신 후에 하나님을 위해 그런 것을 포기할 수 있게 하십니다. 예수님은 자신의 공생애를 진행하면서 2막으로 구성된 자신의 인생 드라마 각본을 깊이 이해하고 계셨습니다. 사람들의 평가와 평판이 최고조에 달했을 때 예수님은 하나님을 위해 낮아질 결단을 시작하신 것입니다. 다니엘서 7:13의 인자 같은 이이신 예수님은 하나님 나라를 이 땅에 세우기 위해 결단하셨습니다. 그 결단은 유기적이면서 점층적으로 심화되었습니다. 첫째, 예수님은 강한 자이면서도 약한 자가 되기로 결단했습니다. 둘째, 진정 옳고 의로운 자이면서도 옳지 못하고 의롭지 못한 자처럼 대우받는 것을 감수하기로 결단했습니다. 셋째, 하나님과의 깊은 교제 속에 살았으면서도 하나님과의 사귐에서 끊어진 자처럼 대우받기로 결단했습니다. 넷째, '지금 당장' 예루살렘에 올라가서 곧바로 강한 왕국을 건설하여 적들을 무찌르고 제압하는 것이 아니라 붙잡혀 버림받고 죽음을 감수하기로 결단했습니다. 마지막으로, 이렇게 약해지는 것, 불의한 자의 운명을 뒤집어쓰는 것이 아버지 하나님의 뜻임을 알기에 하나님의 뜻대로 자신을 쳐서 복종시키기로 결단했습니다(빌 2:6-11).

이것이 다니엘서 7:13의 인자 같은 이와, 8-11장에 등장하는 고난받는 성도들의 대표자로서의 "인자 같은 이"가 되기로 결단하신(혹은 자신을 인자로 부르신 하나님의 부름에 순종하기로 결단하신) 예수님의 길이었습니다. 십자가를 진 자만이 인자가 될 수 있음을 보여주신 것입니다. 2세기의 유명한 유대인 랍비 아키바는 주후 135년에 일어난 유대인의 반로마 항쟁을 지도한 바르 코흐바를 메시아라고 불렀습니다. 시온주의를 추종하는 많은 유대인들은 1948년 이후 중동과의 전쟁을 통해 혁혁한 전공을 세운 모세 다얀이나 전쟁 영웅들을 메시아라고 불렀습니다. 그러나 예수님의 십자가는 로마 제국이 강요한 형벌을 감수하는 메시아의 길이었습니다. 나사렛 예수가 로마 제국의 손에 죽임을 당한 것은 하나님 아버지께서 당신의 권능을 극대화해서 드러내기 위한 서곡이었습니다. 이렇게 힘없이 죽임당한 나사렛 예수를 높이셔서 만왕의 왕, 만주의 주로 삼으시기 위해 하나님은 그를 부활시키시고 승천시켜 주셨습니다.

    나사렛 예수의 부활과 승천으로 그를 따르던 제자들도 다시 살아났습니다. 나사렛 예수가 예루살렘에서 당할 수난과 죽음을 공공연하게 이야기하자 그의 제자 공동체는 거의 와해될 지경으로 세차게 요동쳤습니다. 특히, 제자 공동체의 우두머리인 베드로가 격렬하게 저항했습니다. 수난을 당하고 죽임을 당할 예수님의 미래를 받아들이지 못해 아주 격렬하게 반항했습니다. 베드로는 인자의 수난과 굴욕과 죽음을 거치지 않고 임할 하나님 나라를 오랫동안 갈망해 왔기 때문입니다. 그래서 베드로는 예수님을 붙들고 간언했습니다(마 16:22). 이것은 엄청나게 파격적인 행동이었습니다. 스승과 제자 사이에서는 결코 있어서는 안될 일이었습니다.

    이때 예수님은 죽음의 길을 걷지 말라고 강요하며 거칠게 반대하는 베드로를 향해 "사탄아"라고 부르며 격렬하게 질책하셨습니다(마 16:23). 베드로를 사탄이라고 불렀던 이유는 그가 하나님의 일에 집착하는 것이 아니라 사람의 일—인간적 야망과 소원—에 집착하고 있었기 때문입니다. 여기서 우리는 예수님의 차가운 면모를 발견합니다. 자신의 수제자를 사탄이라고 부를 수 있는 참으로 냉정한 분이 우리가 친근하게 느끼는 그 예수님입니다. 올바른 신앙생활에서는 예수님에 대한 일방적인 이미지가 왕 노릇해서는 안됩니다. 예수님이 자신의 수제자를 사탄이라고 부를 수 있다면, 우리 같은 평범한 신자도 그런 단죄를 받을 수 있다는 말입니다. 우리가 올라가는 인생의 마지막 여정, 곧 예루살렘 상경길이 우리교회의 영광, 우리 가정의 영광, 우리 개인의 영광이라면, 우리 역시 그 길에 있는 가이사랴 빌립보에서 예수님과 심각한 불화에 빠질 수 있습니다. 예수님은 가끔씩 가던 길을 돌이키시며 우리의 밀착 추종을 빤히 응시하고 물으십니다. "너는 나를 누구라고 알고 따르느냐?" 의인이 버림받고 고난받고 마침내 죽임을 당하는 과정을 거치지 않고는 하나님의 다스림이 실현될 수 없다는 사실을 모른다면, 우리는 가이사랴 빌립보 도상에서 예수님과 심각하게 소원한 관계에 빠지게 될 것입니다.

마가복음 8:34에서 예수님은 정색을 하며 이렇게 요구하십니다. "누구든지 나를 따라 오려거든 자기를 부인하고 자기 십자가를 지고 나를 따를 것이니라." 이것은 성직자나 선교사에게 주신 말씀이 아니라 자신을 따르는 무리와 제자들에게 주신 말씀입니다. 여기서 "자기를 부인한다"는 말은 자기 생각에 옳은 길, 자기가 보기에 좋아 보이는 길, 더 영리하고 더 현명해 보이는 자신의 생각을 버린다는 의미입니다. 겟세마네 기도에서 말하는 바 그 자체로는 나쁘지도 않고 죄악된 것도 아니지만, 실제적·구체적 특정 상황에서 하나님의 뜻에 배치되는 인간의 뜻, 그것을 부인하는 것이 바로 자기를 부인하는 것입니다. 자기를 부인하면 자기에게 부과된 십자가를 지고 예수님을 따를 수 있습니다. 십자가는 기독교 신앙을 가졌다는 이유로 로마 제국(이 세상)이 강요하는 죽음, 손해, 박탈, 박해를 감수하는 행위입니다. 기독교인의 십자가는 로마 제국의 음란성과 폭력성을 폭로합니다. 예수님의 길을 따라가면 음란하고 패역한 세대와 창조적 갈등과 분열을 해야 합니다. "음란하다"는 말은 로마 제국과 같은 세속 권력과 유착하여 구차하게 살아가려는 타락한 신앙 양태를 규정하는 말입니다. "죄 많은 세대"는 하나님을 향해 대규모로 광범위하게 반역하는 세대를 가리킵니다. 이런 악하고 음란하고 죄 많은 세대에 살기 때문에 우리는 자기를 부인해야 비로소 예수님의 뒤를 따를 수 있는 것입니다. 악하고 음란하고 패역한 세대에 깊이 결박되어 세상의 권력과 영광을 추구하면서 동시에 예수님을 따를 수는 없는 것입니다.

무엇보다도, 예수님의 뒤를 밀착되게 추종하려면 악하고 음란한 세대의 일부로 살아가는 자신을 부인할 수 있어야 한다는 사실을 기억하십시오. 예수님을 추종하기 위해서는 모든 굴욕과 죽음까지도 감당할 수 있어야 합니다. 예수님과 친밀한 사람은 자기 십자가를 지고 예수님의 뒤를 바짝 따라가는 사람입니다. 예수님의 십자가를 이해하지 못하면, 예수님에게 사탄 노릇을 할 수도 있다는 사실을 기억하고, 자신의 신앙 발자취를 엄밀하게 검증해 보아야 합니다. 고난받는 주 예수를 "인자"로 영접하지 않고 배척한 자들은 그가 구름 타고 다시

오실 때 애통할 것입니다. 인자가 하늘에 나타날 때, 작은 뿔의 권세에 추종하고 사는 땅의 모든 지파들이 애통할 것이며, 권능과 영광을 가지고 하늘 구름을 타고 오는 인자 앞에서 심판을 받을 것입니다(마 24:30). 나사렛 예수를 죽음의 판결에 넘겨준 산헤드린의 판결은 무효가 될 것이며, 산헤드린의 재판관들은 인자가 권능의 우편에 앉는 것과 하늘 구름을 타고 오는 것을 볼 것입니다(마 26:59-64). 하지만 이 인자의 도래를 맞이하기에 앞서, 하나님 나라에 들어가기에 앞서, 성도들은 마지막 뿔에게 박해를 받고 수난을 당해야 합니다. 그리스도와 함께 다스릴 사람들은 그와 함께 고난도 받은 자들이기 때문입니다(롬 8:17, 빌 3:10-11; 딤후 2:12). 본문이 강조하는 것처럼 하나님 나라의 도래를 믿는 성도들은 그 믿음 때문에 환난과 박해를 자초하는 자이며, 그러기에 인내와 연단의 시기를 잘 보내야 합니다. 도적같이 오실 예수님의 재림에 대비하는 우리는 환난의 밤에 깨어 있어야 합니다(살전 5:1-8, 벧전 4:7). 그의 오심을 믿지 않는 자들에게 주님은 준비할 겨를도 없이 도적처럼 오실 것입니다(마 24:27-39). 제자들은 그의 재림을 반드시 대비하고 기다리며 깨어 있는 자들입니다(마 24:44).

전체 결론

다니엘서는 이 세계에 범람하는 악과 불의의 잠정적인 승리와, 그 가운데서도 하나님의 궁극적인 승리를 믿으며 연단되는 성도들의 영적 분투와 극적인 역전승을 생생하게 보여줍니다. 하나님의 살아 계심을 믿고 하나님의 궁극적인 세계 통치에 순복하며 살아가는 성도들에게는 어떤 참혹한 재난과 위기 상황에도 여전히 신앙의 여지가 있다는 것입니다. 성도들은 세계사에 출현하는 어떤 제국이나 강대국도 역사의 오메가 포인트에 가서 완성될 하나님 나라에 의해 분쇄되고 만다는 것을 확신합니다. 그들은 심지어 악한 제국이 자행하는 악과 불법도 하나님의 통치 아래 잠시 허용된 것일 뿐이라는 것을 알고 있습니다. 다니엘서 1-7장은 이 엄혹한 세속사회에서 기독교 신앙을 지키려고 분투하는 기독청년들에게 하나님 나라에 대한 네 가지 중심적인 진리를 선포합니다.

첫째, 하나님께서 역사의 주관자이시며 이 우주의 통치권자이시며 왕이시라는 진리입니다. 하나님의 통치권과 하나님의 어인이 찍힌 칙령만이 궁극적으로 실행된다는 말입니다. 다시 말해, 하나님 나라만이 영원하다는 뜻입니다. 지금 세상에서 활개 치는 강대국이나 기업체나 정당이나 결사체들은 하나님의 진리가 가해 오는 거룩한 타격을 감당하지 못하고 반드시 산산조각날 수밖에 없습니다. 하나님께서 세계를 통치하신다는 가장 생생한 증거는 이 세상 질서를 포악하고 잔인하게 주관하며 악을 범하는 정권이나 왕조일수록 단명케 하신다는 사실입니다. 독일의 히틀러 치하의 프랑스에서 들어선 비시 정부는 히틀러 체제의 장구한 승리를 믿고 히틀러의 악에 동조했으나 4년 만에 종식되었습니다. 일본 제국주의의 장구한 아시아 지배와 세계적 헤게모니를 믿었던 윤치호 같은 친일파들은 일본 제국을 초월하는 하나님 나라의 생생한 현실성을 경험할 감각과 예지를 상실해 버렸습니다. 지금 미국이 주도하는 반강제적인 신자유의적인 국제교역질서나 국제통화기금(IMF)이나 세계은행(IBRD) 같은 세계화 주창자들의 국제 헤게모니는 반드시 종식됩니다. 티벳과 위구르를 강제 합병하고 탄압하는 야만적인 중국의 헤게모니, 체첸을 강압적으로 지배하는 러시아의 패권도 아침안개처럼 사라지고 말 것입니다. 대신에 가난한 자들에 대한 긍휼이 넘치는 인애와 공평, 자비와 정의가 강물처럼 흘러넘치는 나라가 하나님 나라의 질서에 근접한 나라이며 이 땅에 오래 존속됩니다. 강한 자들의 불법과 폭력으로 발생한 가난한 자들을 불쌍히 여기는 나라만이 하나님 나라의 동맹국입니다. 기독청년들이 한국을 성서적으로 재구성하려고 할 때, 이 다니엘서의 하나님 나라 사상은 참으로 중요한 자산이 될 것입니다.

둘째, 이 세상 어디에도 하나님의 통치권을 벗어난 영역은 없다는 진리입니다. 세속사회는 없다는 말입니다. 무릇 기독청년들은 세속사회의 무신론적 상황을 과대평가하며 자신의 책임을 최소화하고 세속생활에 만족하면서 살아가서는 안된다는 것입니다. 다니엘서는 한 마디로 "흑암 중에 행하여 빛이 없는 자라도 여호와의 이름을 의뢰하며 자기 하나님께 의지하라"고 격려합니다(사 50:10). 참 놀라운 은혜는 하나님께 순종하려고 결심한 기독청년들이나 성도들에게는 반드시 신앙의 여지가 발견된다는 사실입니다. 20세기 가장 악독한 반인류적인 감옥 중 하나인 스탈린의 강제수용소에서도 하나님은 살아계셨습니다. 숟가락 외에는 어떤 개인 소유물도 허용되지 않고, 식사시간 15분 외에는 자유의 공기를 전혀 숨 쉴 수도 없던 그 지옥 같은 참혹한 굴락(Gulak)에서도 솔제니친은 하나님을 믿고 자유를 열망하고 생존 의지를 벼렸습니다. 자신의 처지가 가장 최악의 불행으로 전락했다고 생각하는 형제자매님들이라도 여전히 하나님을 찬양하고 하나님의 궁극적인 섭리와 통치권을 믿고 다시 일어날 여지가 있다는 것입니다. 칠흑같이 어둔 환경에서도 하나님을 찬양할 열망을 가진 자들에게 찬양할 이유가 있습니다. 칠흑같은 어둠 속에서도 신실하신 하나님의 이름을 의지하면 반드시 하나님을 믿는 신앙이 위력을 더하는 순간이 찾아옵니다. 유라굴라 폭풍 속에서 14일간이나 망망대해에서 표류하던 사도 바울도 하나님이 허락하신 그 칠흑같은 어둠의 시간이 지나자 자신을 찾아온 하나님의 사자를 극적으로 만나지 않습니까?(행 27:23-27) 따라서 기독청년들은 더 이상 세상 탓만 하면 안됩니다. 대반전과 대역전의 기회가 찾아오기 때문입니다. 기독교 신앙을 가진 부하 직원을 박해하는 직장 상사에게 기독교 신앙의 유익과 위력을 당당하게 증명할 기회가 찾아온다는 것입니다. 부당한 직장 상사, 조직 문화, 관행 등의 이름으로 악의 왕국에 순복하는 신민(臣民)이 되려고 하는 자는 뜨거운 풀무불에 던져져 구원을 맛보는 간증도 기대할 수 없습니다. 하나님을 믿는 신앙은 이 세상의 조직 문화, 직장의 관행 등으로 이뤄지는 죄악된 삶의 방식에 완벽한 대안이 된다는 진리를 확신해야 합니다. 골프 접대, 뇌물, 커미션, 리베이트 등 숱한 세속사회의 "지혜"와 "관행"보다 더 감동적이고 자신이 근무하는 회사에 더욱 영예와 이익이 되는 대안적 직장생활이 가능하다는 것입니다.

셋째, 하나님의 세계 통치, 곧 이 세상 나라들 위에, 나라들 속에, 그리고 나라들을 통해 작동하는 하나님 나라의 현실성을 증명하는 가장 기초적인 단위는 개인이라는 진리입니다. 하나님의 말씀에 순복하는 개인 신자의 존재는 하나님 나라가 이 세상을 거룩하게 전복하고 파쇄하고 변화시킬 지렛대라는 말입니다. 어린 시절부터 하나님 말씀으로 양육받은 믿음의 가정에서 자라는 청년들이 이 세계에 희망입니다. 다니엘과 세 친구는 엘로힘 하나님의 자녀들이자 야웨 하나님의 자녀들로서 그들의 이름(정체성) 자체가 이 세상에 대해 하나님의 거룩한 대항명제였습니다. 하나님은 당신의 전능하심과 지혜를 인류에게 과시하고 증명하시기 위해 다니엘과 세 친구 같은 증인들을 요청합니다. 그런 점에서 하루에 세 번씩 기도로 자신을 단련하는 체질화된 영성과 경건 훈련은 하나님의 세계 통치권을 입증하는 증거입니다. 현재 배움의 도상에 있는 기독청년들의 독서와 공부는 경건 훈련의 일부입니다. 사랑과 우정을 나누는 친구들을 사귀는 일도 경건 훈련의 일부입니다. 따라서 아침 일찍 일어나서 성경 읽고 기도하는 기독청년들의 체질화된 경건생활, 도서관에 박혀 일어날 줄 모를 만큼 독서에 몰입하는 훈련, 거룩한 우정과 사귐으로 서로를 지탱해 줄 신령한 교제권의 형성 등은 가장 기초적인 하나님 나라 운동입니다.

    넷째, 하나님 나라는 이 세상의 기존 질서와 거룩한 긴장과 충돌을 일으킨다는 사실입니다. 따라서 참된 기독청년은 직장에서나 세상의 어떤 결사체에서도 여러 가지 고난을 자초할 수가 있습니다. 출중한 실력으로 직장에 큰 이익을 남기고 직장 동료를 살리는 공익에 투철한 삶을 살았다하더라도 기독교 신앙을 적대하는 순수 악이 이 세상에는 준동하고 있습니다. 비둘기처럼 순결하고 뱀처럼 지혜롭고자 해도 피할 수 없는 풀무불이 있고 사자굴이 있다는 것입니다. 이때는 기독청년이 부활을 믿고 영생을 영접하며 몸을 던져야 할 때입니다. 순교해야 할 때입니다. 평소보다 일곱 배 더 뜨거운 풀무불로 뛰어들 정도로 하나님의 구원 간섭과 궁극적 신원하심을 믿는 신앙으로 무장되어야 한다는 말입니다. 다니엘서에서는 비록 기독청년들이 풀무불에서 건짐을 받고 사자굴에서도 살아나지만, 현실에서도 한 줌의 재로 화하거나 사자의 밥이 될 수도 있다는 사실을 잊어서는 안 될 것입니다. 그런 점에서 기독교 신앙은 부활 신앙으로 완성됩니다. 이 세상에서 대적자들 앞에서 속 시원히 풀무불에서 뚜벅뚜벅 살아나오고 사자굴에서도 멀쩡하게 살아나온다면 참 감동적이겠지요? 그러나 종말에 일으켜 주실 하나님을 믿고 한 줌의 재로 바뀌는 그 찬란하고 신비한 섭리를 받아들이는 것 또한 감동적이지요? 다니엘서는 현세주의적 승리주의 신앙보다 더 심오한 부활 신앙으로 기독청년들을 격려합니다. 다니엘서 전체 결론은 이사야 40:27-31이 가장 잘 요약하고 있습니다.

야곱아, 어찌하여 네가 말하며 이스라엘아, 네가 이르기를 내 길은 여호와께 숨겨졌으며 내 송사는 내 하나님에게서 벗어난다 하느냐. 너는 알지 못하였느냐. 듣지 못하였느냐. 영원하신 하나님 여호와, 땅 끝까지 창조하신 이는 피곤하지 않으시며 곤비하지 않으시며 명철이 한이 없으시며 피곤한 자에게는 능력을 주시며 무능한 자에게는 힘을 더하시나니 소년이라도 피곤하며 곤비하며 장정이라도 넘어지며 쓰러지되 오직 여호와를 앙망하는 자는 새 힘을 얻으리니 독수리가 날개 치며 올라감 같을 것이요. 달음박질하여도 곤비하지 아니하겠고 걸어가도 피곤하지 아니하리로다.

야웨를 앙망하는 기독청년은 지금 이생의 삶에서는 신원되지 않을지도 모르는 손해 보는 삶을 취하고, 오해를 무릅쓰는 진리의 길을 묵묵히 걸어갑니다. 오늘날 현실세계는 청년의 힘과 용맹으로 돌파하기에는 너무나 완강하고 악합니다. 오로지 야웨 하나님의 궁극적인 세계 통치, 이생을 초월하는 영원한 통치를 믿는 그 믿음으로 독수리처럼 비상하는 기독청년만이 이 세상을 이길 수 있습니다.